上海市公共管理一流学科项目资助
上海市 I 类高原学科公共管理学科资助

Ian Loader　　Neil Walker

剑桥·公共安全管理译丛

吴新叶 主编

CIVILIZING SECURITY

[英] 伊恩·路德　[英] 尼尔·沃克 著

安全的文明化

张熹珂　任勇　译

This is a Simplified Chinese edition of the following title published by Cambridge University Press:
Civilizing Security 978-0-521-69159-8
This book is in copyright. Subject to statutory exception and the provisions of relevant collective licensing agreements, no reproduction of any part may take place without the written permission of Cambridge University Press.
This Simplified Chinese edition for the People's Republic of China (excluding Hong Kong, Macau and Taiwan) is published by arrangement with the Press Syndicate of the University of Cambridge, Cambridge, United Kingdom.
© Cambridge University Press and Central Compilation & Translation Press, 2019
This Simplified Chinese edition is authorized for sale in the People's Republic of China (excluding Hong Kong, Macau and Taiwan) only. Unauthorised export of this Simplified Chinese edition is a violation of the Copyright Act. No part of this publication may be reproduced or distributed by any means, or stored in a database or retrieval system, without the prior written permission of Cambridge University Press and Central Compilation & Translation Press.
Copies of this book sold without a Cambridge University Press sticker on the cover are unauthorized and illegal.
本书封面贴有 Cambridge University Press 防伪标签，无标签者不得销售。

图书在版编目（CIP）数据

安全的文明化／（英）伊恩·路德（IAN LOADER），（英）尼尔·沃克（NEIL WALKER）著；张熹珂，任勇译．—北京：中央编译出版社，2019.4
书名原文：CIVILIZING SECURITY
ISBN 978-7-5117-3387-0

Ⅰ.①安…　Ⅱ.①伊…②尼…③张…　Ⅲ.①国家安全－研究　Ⅳ.①D035.3

中国版本图书馆 CIP 数据核字（2017）第 211351 号

安全的文明化

出 版 人：	葛海彦
出版统筹：	贾宇琰
责任编辑：	赵　灿
执行编辑：	闻　睿
责任印制：	刘　慧
出版发行：	中央编译出版社
地　　址：	北京西城区车公庄大街乙 5 号鸿儒大厦 B 座（100044）
电　　话：	（010）52612345（总编室）　（010）52612341（编辑室）
	（010）52612316（发行部）　（010）52612346（馆配部）
传　　真：	（010）66515838
经　　销：	全国新华书店
印　　刷：	北京紫瑞利印刷有限公司
开　　本：	710 毫米×1000 毫米　1/16
字　　数：	226 千字
印　　张：	21.25
版　　次：	2019 年 4 月第 1 版
印　　次：	2019 年 4 月第 1 次印刷
定　　价：	65.00 元
网　　址：	www.cctphome.com　　邮　　箱：cctp@cctphome.com
新浪微博：	@中央编译出版社　　微　　信：中央编译出版社(ID: cctphome)
淘宝店铺：	中央编译出版社直销店（http://shop108367160.taobao.com）
	（010）55626985

本社常年法律顾问：北京市吴栾赵阎律师事务所律师　闫军　梁勤
凡有印装质量问题，本社负责调换，电话：（010）55626985

安全的文明化

安全是当代公共话语体系中的一个基本话题,安全问题也已成为当今时代最重要也最亟待解决的议题。本书的作者伊恩·路德和尼尔·沃克认为,安全是十分重要的公共物品,而国家应该在"安全"这一公共物品的提供和保障方面承担首要责任,并因此成为安全文明化过程中的关键角色。作者从政治学、法学、社会学、犯罪学等多重视角,为我们全方位解读了安全的文明化问题。如果想要加深对于当代安全问题的理解,相信一定能从本书中有所收获。

伊恩·路德是牛津大学犯罪学教授、牛津大学犯罪研究中心主任。路德教授先后出版了《英国的警务与国情状况》(合作)(with A. Mulcahy, 2003)、《英格兰中部地区的犯罪与社会变迁》(合作)(with E. Girling and R. Sparks, 2000)等专著,同时还担任了《英国犯罪学杂志》的编辑,是当代警务与安全改革领域中的权威学者。

尼尔·沃克是欧洲大学学院(佛罗伦萨)法律系的欧洲法教授,并在2007年成为爱丁堡大学三百周年荣誉法学教授。他在跨国宪法理论、警务与安全研究等领域卓有建树,主编出版了《欧洲的自由、安全与正义》(2004)和《重新定位主权》(2006)等著作。

目　录

致谢 ………………………………………………………… i

导言　关于当前安全研究的开场白 ……………………… 1
1　不文明的安全? ………………………………………… 9
2　作为干预者的国家 …………………………………… 39
3　作为利益偏袒者的国家 ……………………………… 79
4　作为文化"巨无霸"的国家 ………………………… 103
5　愚蠢的国家 …………………………………………… 129
6　安全的益处 …………………………………………… 157
7　国家的必要价值 ……………………………………… 187
8　安全的民主治理 ……………………………………… 213
9　作为全球公共物品的安全 …………………………… 255

参考文献 ………………………………………………… 289
索引 ……………………………………………………… 321
译后记 …………………………………………………… 330

致 谢

我们致力于本书写作以及相关研究领域的合作已将近十年。在这十年间，我们得到了许多研究者和相关机构的支持、帮助和鼓励，在此致以我们真诚的感谢与敬意。首先，我们要感谢三个极具影响力的学术机构：伊恩·路德所在的基尔大学犯罪学系和牛津大学犯罪研究中心，尼尔·沃克所在的欧洲大学学院（佛罗伦萨）法律系，感谢我们的同事和朋友们在本书写作期间给予我们的无私帮助和激励。此外，伊恩·路德还要特别感谢欧洲大学学院 2004 年度"让·莫奈研究基金"的资助以及随后的热情接待，这使我们为本书的写作"迈出了成功的第一步"。

在本书研究和写作期间，我们曾经在多个研讨会和学术工作坊中介绍本书的一些阶段性研究成果和观点。在此，我们向所有参与相关主题讨论和评论的与会人士表达我们深深的谢意，也感谢所有阅读过本书草稿和部分章节内容的朋友和同事们。我们诚挚地感谢：安德鲁·阿什沃思（Andrew Ashworth）、理查德·贝拉米（Richard Bellamy）、格雷恩·德·布尔卡（Grainne de Burca）、达米安·查默斯（Damien Chalmer）、比尔·迪克逊（Bill Dixon）、贝诺特·杜邦（Benoît Dupont）、安德鲁·戈德史密斯（Andrew Ashworth）、本杰明·古尔德（Benjamin Goold）、卡罗尔·哈洛（Carole Harlow）、杰夫·海斯曼（Jef

Huysmans)、马丁·伊内斯（Martin Innes）、薇薇安·贾布里（Vivienne Jabri）、莱斯·约翰斯顿（Les Johnston）、苏珊娜·卡斯泰德（Susanne Karstedt）、利奥拉·拉扎勒斯（Liora Lazarus）、汉斯·林达尔（Hans Lindahl）、蒂姆·纽伯恩（Tim Newburn）、吉姆·谢普蒂基（Jim Sheptycki）、理查德·斯帕克斯（Richard Sparks）、维克多·塔德洛斯（Victor Tadros）、吉姆·塔利（Jim Tully）、杰里米·沃尔德伦（Jeremy Waldron）、罗布·沃克（Rob Walker）、迈克尔·威廉姆斯（Michael Williams）、詹妮弗·伍德（Jennifer Wood）、露西亚·泽德纳（Lucia Zedne）以及剑桥大学出版社的三位匿名评审（以上排名不分先后）。我们特别要感谢迪迪埃·比戈（Didier Bigo）和克利福德·谢林（Clifford Shearing），他们直言不讳地指出了我们的错误之处并分析了原因，这有助于强化我们的观点；他们同时还提醒我们注意文明的知识对话与政治对话的好处和可能性。同时我们也要感谢约翰·邓恩（John Dunn）对本书观点所提出的挑战，这一挑战启发和激励我们进行更为深入的思考。当然，文责由我们自负。

感谢剑桥大学出版社的约翰·哈斯勒姆（John Haslam）和凯莉·齐克（Carrie Cheek），你们堪称典范的专业精神促成了本书的尽早完成和出版。最后，感谢佩妮、伊洛西和伊莫金、吉利安、罗斯和刘易斯，以及不久前刚刚出生的艾丽丝和艾米丽娅，你们的爱和支持是我们灵感的源泉。谨以此书献给你们。

本书作者和剑桥大学出版社还向下列出版社表示我们诚挚的谢意，感谢你们允许我们使用贵社的版权文献。感谢赛奇出版公司（Sage Publications Ltd.），本书第一章中部分内容原题为《作为公共物品的警务：重建警察与国家间的联系》（Policing as a Public Good: Reconstituting the Connections Between Policing and the State），发表于《理论犯罪学》（*Theoretical Criminology*）2001年第5/1期；本书的主要观点曾以《必要的好处：国家在安全保障中的合法地位》（Necessary Virtues: The Legitimate Place of the State in the Production of Security）为题，首发于剑桥大学出版社2006年出版、J. 伍德和B. 杜邦主编的

《民主、社会和安全治理》（*Democracy, Society and the Governance of Security*）一书中；感谢哈特出版公司（Hart Publishing Ltd.），本书第九章的初稿曾以《确定跨国警务中的公共利益》（*Locating the Public Interest in Transnational Policing*）为题，发表于哈特出版公司 2007 年出版、A. 戈德史密斯和 J. 谢普蒂基主编的《建构全球警务》（*Crafting Global Policing*）一书。

导　言

关于当前安全研究的开场白

西方国家的公民把他们所享有的相对较为文明的政治环境视为理所当然，却忽略了在大多数时期、大多数地区，政治完全就是一种弱肉强食的状态。想要实现一种几乎不存在掠夺、符合公共福祉理念的政治模式，在任何情况下都可谓举步维艰，并且在缺乏某些特定前提条件的情况下是几乎不可能实现的。其中一个先决条件是特定人群所构成的集体，这一集体的维持有赖于神话，以及产生并监督政治权力的能力（Canovan 2005：138）。

在任何一个社会研究领域的发展历程中，或至少在个人形成对事物的思考之时，总有那么一个阶段需要正本清源，回到对基本概念的厘清；而挖掘理论基础的目的，是为了更好地了解这一领域内引起持久关注与思考的基本要素，以及它们之间的相互关系，这些基本要素在很大程度上已经被想当然地视作研究项目未经检验的理论预设。我们认为，对安全的社会和政治分析，以及安全与现代国家之间的关系，都已经到了需要回归基本概念的时刻。

当今时代，支持这一判断的依据随处可见，既包括了这一领域内一系列深刻而复杂的变革，这些变革能够影响到国家作为公民安全的首要维护者的能力；同时也包括了这些变革所引发的一系列相互竞争的反应。一方面，似乎有足够的证据可以证明，在全球化以及新自由主义化的背景之下，现代国家作为**仅有**（而不是**其中之一**）的安全维护者的地位正在不断下降，商业间谍、来自民主或非民主社会的非国家行为者，在当代社会内部和外部的安全承诺与保障中扮演着重要的角色（Johnston and Shearing 2003；Krahmann 2005）。这反过来也引起了一系列反应，包括从最初的拍手称好，到后来的审慎支持、完全困惑，再到大声呼吁人们关注那些不平等的、狭隘僵化的后果（Wood and Dupont 2006a；Zedner, forthcoming）。另一方面，在"9·11"事件，巴厘岛、马德里和伦敦的爆炸事件之后，面对跨国政治暴力带来的社会危险，人们发现不少证据来证明政府当局在维护安全的名义下对自身的权威进行重新认定、授权并合法化——从表面上看起来这个方面是自相矛盾的。于是政治人物和评论家开始投入到日常争论之中，其中一部分评论家们认为自由民主国家正面临来自"宗教恐怖主义"前所未有的威胁，国家必须果断采取紧急有效的措施来对抗"恐怖主义"，这是当前的首要任务；然而另一部分则认为，政府在"反恐战争"的外衣下，选择性地动员与应对恐怖威胁，其动员和应对方式将来之不易的民主权利和原则置于岌岌可危的境地。正是在这种背景下，"安全"已经成了日常政治话语和交流中的常用词汇。在我们看来，重新审视"安全"这个现代性最深刻的问题之一，进而从根本上反思"安全"的理念，思考"享有和感到安全对于人们意味着什么"，探究在安全与现代国家行为之间复杂和矛盾的相互关系，这些都是十分有价值的问题。本书便是这一系列思考和研究的成果。

我们对于"安全"这一难题的思考结果将会很快浮出水面。但有必要在导言部分便告诉读者我们*尚未*完成、也并不打算着手并进行研究的任务——从而能够准确地说明本书的目的，避免引起读者的误判。首先，我们并不准备从实证出发、详细地描绘当前世界各地从事安全保障工作的大量机构和人员，也不准备对致力于理解安全问题的理论范式和实证调查进行"最前沿"的研究（cf. Terriff et al. 1999；Zedner, forthcoming）。人们普遍认为，对当前安全问题的研究和探讨，远远超越了民族国家及其警察、军队和相关安保人员的范畴，这一点几乎是不言而喻的。私人安保行业遍及国内外，其形式多样，既有小型的本地化企业，又有大型跨国公司，在国内外安全保障领域均发挥着重要作用；他们从事"国内"安全保障、保护跨国经济利益，甚至支持和从事军事行动。我们还必须提及民间社会的非国家行动者们所从事的"基层"治安和保护性措施——尤其是在发展中国家的贫困社区,但不限于此。随着欧盟的发展,我们需要思考它作为"内部"和"外部"安全维护者的角色,并进一步思考各国政府、欧盟、联合国以及国际非政府组织在冲突后维持治安和社会重建活动中所发挥的作用,等等。面对这样一个多元化、碎片化、商品化,而且并非是由国家主导的环境,当地的新安全行为者是否能够正常运作并产生效果?它们与安全网络内"传统的"安保机构是否保持联系?又或者说,总体性的制度模式是否能够在不同的司法管辖区域和跨越领土边界的区域内发挥作用?对于这些问题,我们显然需要更多的经验性知识。这一点是不可否认的。但是,这种描述性研究和表述并不是安全的多元化所赋予我们的唯一任务,同样,它也不是我们在本书中所要解决的唯一问题。

其次,这不是一本关于"反恐战争"的著作。自"9·11"事件以来,西方世界的书店里充斥着一本又一本匆忙间组织出版的关于"恐怖主义"的专项研究,旨在分析基地组织及其党羽对自由国家和西方利益所造成的毁灭性危害的某些方面,赞扬或谴责美国和其他各国政府用以界定和回应恐怖威胁的方式。① 在这一类书籍中,毫无疑问有相当一部分是严谨的记者或学者对于这一严肃话题的鼎力之作,如本杰明·巴伯(Benjamin Barber, 2003)、贾森·伯克(Jason Burke, 2004)、约翰·格雷(John Gray, 2003)、迈克尔·伊格纳季耶夫(Michael Ignatieff, 2004)和大卫·罗斯(David Rose, 2004),他们的努力可谓有目共睹。但是在出版业,围绕着有关"反恐战争"的作者们已经出现了一种长期隐忧,他们或是以过于迫在眉睫的工作方式来追逐事件,或是陷入自发性思维的陷阱,正如皮埃尔·布迪厄竭力提醒我们的那样,这两种方式都不利于社会科学知识和理论的建构。正如本书所呈现的,我们有理由去观察所谓的"反恐战争"对当代政治和安全活动进行渗透的方式,并就此陈述我

---

① 笔者在最近(2006年5月16日)浏览亚马逊网站的图书目录时,用"war on terror"(反恐战争)作为关键词搜索,搜索出不少于1177本图书。

们的观点；正如我们试图从不同角度去描述构成多元化安全格局的各个行动者与机构，这在当前急需更精确的图解描述和更全面的解释。但我们要强调的是，这些都不是本书的主要目的。

3 那么接下来，我们要论述的是关于安全的理念及其与政治共同体的关系。对我们而言，本书试图从当前安全问题的即时性与紧迫性中后退一步，从而能够更好地理解前文所提到的问题，并深入探讨后文所提到的一些观点。正因为如此，如果想要坚持使用学科标签、使用应用性的社会政治理论，我们所主张的无非是试图以一种与目前的安全行动及其与国家行动之间的关系相契合的方式进行思考和写作，犯罪学、社会控制与治安社会学、政治学、公法和国际安全研究等领域的相关研究和思考均采用和体现了这种方式。在一些实质性内容上，我们主张并坚持认为，安全，作为一种社会学意义上"有分量"的公共物品，是所有良好社会不可或缺的组成部分；我们认为民主国家在谋求实现安全这一公共物品方面承担着必要和有效的责任——套用本书的书名，就是要努力实现安全的**文明化**，并挖掘其在**文明化**方面的潜能。在结论部分，我们通过考察如何更好地把安全概念化，并促进作为全球公共物品的安全，试图进一步拓展和完善这一观点。

在这种情况下，我们敏锐地意识到我们（所身处的和）正在研究与记录，并采取适度行动的，是一个对民主、平等和团结的安全文化十分冷漠的世界，而这种安全文化恰恰是我们想要界定和培育的；其中约翰·邓恩（John Dunn, 1993：122）就指出，"所有合理的、相对具体的社会和政治希望"都已被"删除"了。在当今世界，自由国家的政府越来越倾向于民粹主义，以各种破坏其公民民主自由权利的方式来回应排外的诉求。在当今世界，新自由主义和它所拥护的"利己主义秩序"（Dunn 2005：ch.4）已经成为主流，它以各种方式确保那些具有最高经济能力和社会资本的群体能够掌握所需要的治安与安全

4 资源，从而远离种种危险。当今世界仍存在着很多威权政府、分裂的或冲突后的社会，不安全、不平等与缺乏民主治理等问题同时并存。总之，在当今世

界，要求公共权力机关承认并试图协调所有公民的安全诉求与利益的想法，显得遥不可及并越来越牵强。

面对这些种种不利条件，人们很容易陷入宿命论的绝望之中，任由事物按照其自身意愿发展，或是通过对各种安全实践行为进行全面批判，从而寻求心理慰藉——从事犯罪学和安全研究的一些著名学者发现，这是一种非常具有蛊惑性的方式（e.g. Bigo 2002, 2006; Walters 2003）。就像我们所做的那样，人们还可以通过艰苦的、努力的、辛勤的工作去补充对于安全问题的社会批判，试图弄清楚对公民来说，安全地生活在一起意味着什么，进而去思考能够使安全生活的可能性更大而不是更不可能的社会和政治安排，并尽其所能地培育集体安全行为。培育和形塑集体安全行为的并非是逃避监管的市场力量，也不是（非）文明社会中不受约束的行动者，而是具有包容性的民主政治。

犯罪和安全问题的社会分析家已充分了解在安全和政治共同体之间所形成的狭隘的、排外的影响，并一再对此提出警示（Dillon 1996; Hughes 2007）。应该说他们没有理由这样做，我们在书中会对其原因进行说明。但是，对于从社群主义的角度思考安全问题的风险保持高度敏感，这本身是有代价的；也就是说，未能对其优点和社会效益进行充分的解释与理论化，而其优点和社会效益来自于政治共同体成员对于安全的共同追求和实践。在我们看来，这一理论视角未能注意到**所有**公民都与安全问题利益攸关；也没有认识到利己主义和利他主义的紧密结合，正如康德所言，利己主义与利他主义的紧密结合，使得我们置身于一个不得不并肩生活的世界，人与人之间既建构又威胁着彼此的安全；这一理论也未能指出信任和团结的情感纽带在增进安全方面的重要性和价值，这种情感纽带正是政治共同体所赖以存在、表达与维系的基础。上述种种都使我们有理由相信，安全为我们提供了一种途径，或许是最佳途径，通过这种渠道和途径，我们得以赋予公共物品的理念以实践意义，得以重塑社会民主政治，甚至可以赋予政治活动以全新的意义。

当然，这些可能只是天真的想法，就像在冷冽的寒风中徒劳地吹着口哨。

此外，对安全进行文明化的任务，最终并不仅仅是一个社会理论问题，而且还是一种政治实践。但如果需要的话，安全文明化的任务就能够转化为政治主题，或至少通过某种理论表述的形式予以进一步深化；正如 C. 詹姆斯（C. L. R. James 1963）所说，那些仅仅只知道安全的人其实对安全一无所知。正是出于这一目的，我们试图用这种方式去研究和撰写我们所了解的当代安全问题。

不文明的安全？

本书认为，安全，是非常重要的、难能可贵的公共物品，它是良好社会的构成要素之一；在这一公共物品的提供过程中，民主国家承担着必要并且有效的责任。我们同样认为，创建和发展适宜居住的、充满活力的政治共同体，尤其是提供适当形式的公共安全，是当代国家责无旁贷的任务。正如本书的书名所示，这已成为**安全文明化**的一个关键性议题。

关于"安全的文明化"，我们有两个基本观点，本书将对这两个观点进行深入探讨。第一个观点相对较为熟悉并且没有什么争议，即安全**需要**文明化。国家，即便是那些堂而皇之地宣称"自由"或"民主"的国家，当它们有意识地追求被称为"安全"的状态时，它们的行为方式却恰恰有可能对"安全"造成危害。那些非国家身份的行为者也同样如此，这一点在本书中会进一步提及。它们以各种形式践踏公民的基本自由权利；在为部分群体建构"安全"的同时，却把不安全的负担以不正当方式强加给别人，或是把国家和安全诉求的强制性范围延伸到了社会生活和政治生活领域。作为合法垄断了实质性和象征性暴力手段的行为主体，现代国家具有一种内在的矛盾倾向，即有可能会危害它们旨在保护的自由和安全。在当前全球很多地区面临恐怖主义威胁的情况下，国家及其警察队伍往往会倾向于以一种不文明的、制造或灌输"不安全感"的方式来部署它们的武装力量。我们认为，对于建构安全的政治共同体而言，维持稳定和加强团结是至关重要的，而国家在履行这方面职责时，必须与话语论争、民主监督和宪法控制等方式联系起来。国家是推动文明化的强大力量，是构建良好社会不可或缺的有效组成部分。但是如果要承担这一角色，

国家自身就必须文明化——即以民主的方式实现安全,同时以安全来保障民主。

但我们的书名《安全的文明化》还有另外一层不太为人所熟悉的含义,即认为安全本身**就是**文明化的。无论是出于主观还是客观原因,生活在焦虑状态中的个人很难成为良好的民主公民,就像欧洲理论家在反思 20 世纪三四十年代那段众所周知的黑暗岁月那样(Neumann 1953)。充满恐惧的公民往往不会注意,也不关心,甚至热衷于对基本自由权利的侵蚀。他们往往缺乏对他人的坦诚和同情,特别是那些被认为可能会对他们自身构成威胁的人们。他们经常给予一部分人以特权,比如熟人优先于陌生人、我们优先于他们、这里优先于那里。他们往往脱离公共生活,试图在私底下寻求私人安全"解决方案"的庇护,而同时又站在局外人的角度对权力机关进行尖锐而愤怒的指责,认为权力机关应该对犯罪行为、骚乱和恐怖活动采取强硬的安全措施。长时间的暴力事件尤其会影响甚至摧毁人们的意志力,政治判断能力,以及与他人团结一致的行动能力(Keane 2004:122 – 3)。在所有这些形式中,恐惧活动与股票交易一样,都是滋生威权主义和非文明化政府的温床。

但"安全的文明化"的涵义并不仅限于此。安全正在更积极的意义上进一步文明化。从社会学意义上看,我们认为安全是"有分量"的公共物品,其生产具有不能简化的社会维度,同时还有助于"公共性"概念的建构。换句话说,安全既是熟人和陌生人之间的相互信任和团结的生产者,同时又是它们的结果,而这种人与人之间的相互信任和团结正是民主政治共同体的前提条件。在这个意义上,国家在塑造"安全"这一公共物品方面承担着至关重要的文化和规划职能。在合适的条件下,国家可以创建具有包容性的实践共同体与认同共同体,同时又确保那些保持相关权利的、多样化的实体能够继续存续。在当今世界,国家在安全治理方面的优势和支配地位遭到了来自私营部门利益相关者、地方公共秩序行动、跨国警务网络的质疑和挑战;我们认为,建构结合了传统与现代形式的民主政治权力,对于培育和保持安全的文明化具有不可或缺的作用。

安全及其不满

当然，提出这些可能性的目的，在于引出一系列虽然显而易见，但非常重要的问题：什么是安全？安全意味着什么？感到安全又意味着什么？谁才是安全的客体——个人、集体、国家，还是全体人类？什么样的社会和政治结构才最有利于产生安全这一公共物品？这是一个全球化的时代，同时又是一个恐怖主义横行的时代，因此安全作为公共物品的意义和价值，以及追求安全的最佳途径和方式，这些都成了充满争议的政治论争。而我们在本书中所要论述的，正是这些问题和争论。

在当今时代，安全已经成了一个政治词汇。在民族国家内部，关于"法律和秩序"的问题长期以来一贯如此。威权国家习惯于利用安全承诺和相关说法作为培养忠诚度和维持统治的手段——在保证公共场所安全的同时，又使民众处于害怕清晨敲门声的恐惧之中（甚至是通过让民众处于害怕清晨敲门声的恐惧中，来保持公共场所的基本安全）（Michnik 1998）。近几十年来，民主国家也面临着通过犯罪棱镜进行统治的问题——这一现象在美国、英国、澳大拉西亚①等国家与地区尤为明显，在其他的自由民主国家也有所回应（Garland 2001；Simon 2006；也可见 Newburn and Sparks 2004）。但是自从"9·11"事件和随后的"反恐战争"爆发以来，安全问题已经成为世界政治中普遍存在的、有争议的因素，诚如我们所见，安全问题正以各种方式深刻影响着国家"内部"生活、国际关系和跨国关系，并进一步打破了内部安全与外部安全之

---

① 一个不明确的地理名词，一般指澳大利亚、新西兰及附近南太平洋诸岛，有时也泛指大洋洲和南太平洋群岛。——译者注

间、战争与犯罪之间、警察与士兵之间本已确定的区别和界限（Kaldor 1999；Bigo 2000a）。

现在，由于在一些问题上存在分歧、争端和冲突，使得安全政治出现了裂痕。比如，对主要通过警务和军事手段来主动实现安全的利与弊，存在着不同意见；对于如何在安全与自由、公平、民主等其他公共物品之间取得"平衡"，以及是否需要保持"平衡"，存在着一定分歧和争论；对于安全概念的理解也存在着矛盾和冲突，是仅限于免受人身伤害，还是更广义上的"人类"和"全球"安全。面对这些争论，我们意识到了本书的标题与写作目的可能会面对以下三种回应的其中之一。有的人可能会认为这冒犯了政府和安全维护者的良好意图与目的；或者是认为过于天真幼稚，错误地追求一种自相矛盾的想法；与我们同样追求安全文明化的远大抱负的人们也可能会唾弃我们的观点，认为我们对于"安全的观念可以以及应该意味着什么"的理解过于狭隘。我们试图进一步探讨上述每一项预期中的反应。这样，我们就能着手指出某些关于安全的既定观念和公共话语的局限性，并阐明如何将有关安全的论争转向一个不同的领域——我们认为这将更富有成效。①

第一种回应可以说是当前的主流观点，来自于一个相当明确地力求**促进**安全的游说团体，并且对安全需要文明化的观点表示异议。根据这种观点，安全是一种极其重要的人类的善（human good）。政府的第一要务是保护人民免受内部和外部的威胁。安全是享有民主权利和自由等公共物品的先决条件，完全

---

① 在这一部分，我们所关注的不仅是以学术调查和交流的范式、以其仔细谨慎的特征来研究安全问题，更重要的是在当代公共话语和政治话语中寻找有关安全问题的表达。我们所讨论的立场——被我们称之为"旨在促进安全的游说团体"、"旨在促进自由的游说团体"和"旨在促进全人类安全的游说团体"——显然要比简单地类型化要更加复杂。比如，很少会有不愿意给基于权利的限制留一点空间的"安全问题的说客"，就像很少会有公民自由主义者符合他们对手的政治漫画，对公民共享的安全沾沾自喜。我们试图在此说明的是每一种世界观的总体取向以及它们的支持者本能地想要"达到"和找到的具有情感说服力的观点和主张，这些往往构成了当今安全政治的大致轮廓和内在区分。

不需要与它们相互制衡。安全也是文明社会的基石和标志，根本就不需要"文明化"。此外，可以而且应该直接自觉地使用约瑟夫·奈（Joseph Nye, 2002）所谓的"硬实力"来谋求安全，这些硬实力包括启用、资助和热情支持军队、情报机构和警察。这些机构承担着保护国家和公民的责任，其目的与效力不应当过度受制于那些有可能对敌人有利的法律权利和保障，或是妨碍采取果断行动的民主协商形式。归结到本质意义上说，正是这种言论，最近几十年来在民主国家和威权国家激发了无数的"毒品战争"，以及对犯罪行为和骚乱的"镇压"，并且在"9·11"事件之后助长了可能是永久性的"反恐战争"，并对其进行合理化。

这种对于安全的态度和认同可谓源远流长，最早可以追溯到让·博丹和霍布斯，在今天早已深入人心（Robin 2004）。这种观点代表了很多政治家和警察的洞察力、冷静务实和深谋远虑。对于充满焦虑的公民来说，这在感情上很有吸引力。但这种观点并非没有严重缺陷，其中有两点需要进行简要说明。首先，它试图掩盖追求安全过程中可能存在的悖论（Berki 1986：ch. 1；Zedner 2003）。也就是说，由于国家对强制力的集中垄断，它在保障公民个人安全的同时，对个人安全也构成了威胁；但即便是对于这么深刻的问题，这种观点都很少停下来进行深入思考。正如贝尔奇（Berki 1986：13）所说，安全问题既是**为了**国家，也不可避免**地成了**国家的问题——我们将在本书的后面几章对此进行更全面的探讨（参见 N. Walker 2000）。旨在促进安全的游说团体其实也并不清楚人类是如何彼此影响对方的安全或不安全——也就是说，人们相互牵连既是个人安全始终存在的潜在威胁，同时又是安全得以实现的必要前提条件。促进安全的游说团体同样也很少注意到，安全，从某种重要意义上来说，注定会超越我们掌控的范围——"更像是我们心中的渴望，而不是外在于我们的事实"（Ericson and Haggerty 1997：85）。这不仅意味着可能永远都不会有"足够"的安全措施——在坚持承诺提供安全保障的同时，又不断强调存在着威胁与危险，不得不说这是一个意味深长的悖论。这也同时警示我们，用以其人之道还治其人之身的方式来回应对于秩序的需求（如零容忍警务、从严量刑、多建监狱、反毒品"战争"、反对犯罪或反恐"战争"），经常是饮鸩止渴。

想要掩饰这种悖论，就需要与安全游说团体的第二个、也是最有害的缺陷紧密联系起来——事实上也正是这些悖论才导致第二个缺陷。他们总是倾向于强调安全问题的普遍性，并把"安全"问题——更确切地说是有关安全的宣传和活动——作为政治文化和日常生活中占主导地位的、容易引起情绪化的因素。就像博赞等人（Buzan et al. 1998）提醒我们的那样，安全不仅是一种社会生存条件，更是对平稳有序的社会关系的描述。安全还是一种政治行为，一种建构并定义问题的语言行动。把某种事物称为"安全"——或者博赞等人（Buzan et al. 1998：25）所说的"安全化行动"，就意味着建议并试图以此动员民众，告诉民众"我们"面临着致命的威胁，需要采取及时、有效和果断的特别措施。换句话说，这意味着试图使手头上的问题——无论是犯罪、毒品，还是非法移民问题，都脱离出正常民主政治的范畴，并认为突发事件需要采取紧急甚至非常措施。

安全游说团体正是这么做的，并且总是对此抱持着"盲目轻信和热情的肯定"（Holmes 1993：250）。他们把公众的不安全感与犯罪行为、骚乱和恐怖活动联系在一起，甚至直接解释成犯罪、骚乱和恐怖活动，并通过这种方式将民众对安全问题的焦虑制度化为日常生活的特征。此外，他们还将安全与政治共同体的概念联系在一起，而政治共同体概念的建构恰恰围绕着我们/他们、这里/那里、朋友/敌人，以及内部/外部这样的二元对立。围绕着恐惧问题而产生的"统治者与被统治者之间的情感融合"（Holmes 1993：49），很容易就形成一种氛围，抑制——甚至积极地阻止——对国家的主张和行动进行严格审查。通过将安全转换为安全保障问题，转换为警察追强盗，转换为士兵抗击敌人，就会造成一种不安全的恶性循环（暴力—恐惧—强硬反击—暴力—恐惧—等等）；这种恶性循环大大加强了警察的权力、安全技术以及相关说法，使其变得难以控制和取消。在上述种种活动中，安全游说团体使有关"安全"的言论和行动**无处不在**，或者我们可称之为**流于表面**并且**泛泛而谈**，从而在社会意识的表面再现"安全"，并使之依附于明白可见的行政权威和警察力量。这种做法并没有真正理解是什么因素构成了民众客观上（或互为主体的）和主观上的安全感——也就是说，它并没有理解在何种条件下，安全才能成为**不证自明的**、**深刻的**和**精准的**，更遑论去创造这种条件。对于我们来说，这其中的区别至关重要，我们将在本书中对此继续进行深入分析和探讨。

对于本书既定目标的第二种回应，他们最关注的是**反对**采取安全保障行动——这种观点往往把安全保障项目看作是一种无可救药的职能错位。这一回应来自于被我们称为"旨在促进自由的游说团体"，他们质疑并反对有关安全文明化的建议。他们认为，安全保障是一个令人烦恼的、危险的概念。安全政治，特别是我们刚刚所提到的各种形式，被认为是威权的、甚至是野蛮的——"有悖于公民的福祉"（Keane 2004：46）。安全政治强调国家利益（和安全的概念）优先于个人，这显然有损民主的价值；同时还具有以"多数人"的名义，甚至在"多数人"的支持下，践踏公民自由和"少数人"权利的能力。简而言之，安全政治事实上助长了它宣称要消灭的暴力。因此，考虑到安全保障行动与警察和军队之间的密切关系，必须以自由和人权的名义对安全保障行为加以约束，否则的话，干脆就放弃它。

让我们对这一批判性观点的两个分支领域进行简要介绍。第一种观点与席卷全球的人权运动有所相似，试图通过质疑其必要性来**限制**安保权力，并坚持通过保护或提高安全政治所忽视的民主自由和个人权利来约束安全保障的需求，从而使得安全保障行动陷入功利的计算、动摇，甚至终止。从这个角度来看，面对傲慢的国家和全球治理体系——无论是在"正常"还是"非常"时期，人身保护权、获得法律咨询的权利、对拘留和警察讯问权的限制、陪审团制度、上诉权等等，都是人们维护个人自由空间这一愿望的充分表达和实现工具。① 第二种观点则与在"批判性安全研究"的松散旗帜下所进行的工作有关（Krause and Williams 1997），且进一步加深和激化了第一种见解和观点。他们认为，安全保障行动不可避免地会成为警察和军队的附属物，并必然会受制于其威权主义的倾向。从这个意义上讲，安全更像是一种政治技术工具，它必须"持续不断地制造不安全的图景，从而保持其自身存在的意义"（A. Burke 2002：18），而这种方式无疑是与民主政治的概念相抵触的；或者说，安全是一种政治行为，由于它与国家中心主义利益集团和排外集团的形成与发展，与反民主的政治主体和集体身份认同的形成与发展，均有着十分密切的关系，因此也被深深地打上了后者的烙印（R. B. J. Walker 1997）。这两种情况的结论是相同的。他们认为，应该"**抛弃**"所谓的安全保障行动，目前的安全研究与相关的政治行为都会对安全造成干扰甚至解构，因此应致力于寻找能够超越它的思考和行为方式（Dillon 1996；Aradau 2004）。

这种对不文明安全行动的批判具有十分重要的价值——事实上，我们对此深表赞同。但这些批判性的观点也同样存在一些疏漏。特别是每一项批判性研

---

① 追求"安全"与追求"自由"的游说团体在有关"安全的权利"方面存在着一个很有意思的交集。这在当前的政治词汇中十分常见，他们往往宣称无辜的、热爱和平的多数人有权利追求免受犯罪和暴力侵扰的生活——他们认为这种权利优先于"违法的少数人也应受到保护"的权利（Loader, forthcoming a）。但这种"权利"长期以来都以司法形式出现——不需要再进行同义反复。例如，1948 年通过的《世界人权宣言》第 3 条就宣布"人人有权享有生命、自由**和人身安全**"；《欧洲人权公约》第 5 条也对此进行了重申。在这些情况下，反思"二战"之后人权宪章的反极权主义诉求，我们就会发现这里所讨论的"安全的权利"实际上是一项受到严格限制的权利，与前文所提到的同类文件中反对国家干涉的自由权是相同或基本一致的。然而，正如莱拉·拉扎勒斯（Liora Lazarus, forthcoming）所强调的，在有些司法管辖区，比如南非，最近以来有关安全的宪法权利就采取了更具有实质性意义的形式，并更贴近于我们在上文中所提到政治话语——即"免受任何暴力侵害的权利，不论这种暴力来自于公共部门还是私人来源"（《南非宪法》第 12 条第 1 款 C），并且已经成功用于相关诉讼。在对"安全的权利"进行更广泛的政治和法律表述时，人们不可避免地就会认为，权利话语和权利保护行动正转而反对"追求自由的游说团体"，而它们所采取的反对方式看起来有可能使安全保障问题更趋向于普遍化。

究都以明示或暗示的方式表明，安全——被理解为免于遭受和不会感觉到身体的伤害，但安全保障行动却问题重重，无论从情感上和行动上均不利于民主和自由的价值观与制度实践（Huysmans 2002）。这造成的结果就是，所有的批判性观点看起来都像是消极和反对的力量，它们逐渐退出了"安全游说团体"在其中有效运作、游刃有余的领域，倾向于采取一种非此即彼的立场：要么努力控制其严重的过激行为，要么就彻底摈弃这个念头。这种立场之所以具有影响力，部分原因是因为很少有其他人表现出强烈意愿、积极捍卫处于危机中的自由。从这个意义上讲，关于安全所带来的福祉，以及安全作为公共物品的性质和类型，他们很少甚至根本没有进行有建设性的思考。至于试图建构一种理论和实践，探讨能够将安全和政治共同体结合在一起并促进民主和自由的积极方式，他们在这方面更是无所作为；使安全成为现存社会关系的**应有之义**，这意味着什么、又需要做些什么，对此他们也没有进行深入的思考。总而言之，他们并不认为能够从政治上对安全进行文明化。

第三种回应来自于主张"全人类的安全"或"社会安全"的观点，他们在两个方面与我们意见相同，即试图超越目前这种安全—自由的二元对立，并想要用自己的方式来实现安全的文明化。根据这种观点，想要实现安全的文明化，就必须打破安全与"威胁、使用和控制武力"之间想当然的联系（Walt 1991：212），并且**扩展**到社会和政治生活的其他领域（e. g. de Lint and Virta 2004）。① 我们重点谈谈这一观点的两种不同表现——一种是国际层面的，一种是国内层面的。前者主要来自于联合国 1994 年《人类发展报告》，该报告提出了"全人类安全"的概念并寻求舆论的支持，这一观点随后被联合国和欧盟主持开展的一系列工作所采纳，并对此进行了深入探讨

---

① 赫尔曼斯对持有这两种观点的支持者进行了很有意思的区分，第一种被称之为"农民"，也就是我们此前讨论过的、关于安全话语如何建构政治认同和政治共同体的评论观点；第二种被称为"拓荒者"，也就是试图把安全话语拓展到其他公共政策领域的学者（Huysmans 2006：ch. 2）。

（Commission on Human Security 2003；Barcelona Group 2004；cf. Paris 2001）。它试图把安全与战争和和平问题分离开来，并且把安全问题作为一种策略手段，旨在敦促各国政府像处理紧急事件那样来高度重视和对待一些长期性的威胁，如饥馑、无家可归、疾病和生态退化等——如生态退化就被全球治理委员会认为是"终极安全威胁"（Commission on Global Governance，1995：83）。如果从国内层面来解读和阐释这种观点，其理论基础在于认识到仅仅依靠警察或刑事手段是无法解决治安问题的，其结论就是控制犯罪或减少犯罪的危害，归根结底是经济和社会政策的问题，并需要更广泛地融入到经济和社会政策中去。这一观点在犯罪社会学和社会民主政治领域已获得普遍认同，近年来在情境犯罪预防、犯罪科学和犯罪控制的其他技术性手段中都有所体现，并支持通过跨部门合作对犯罪行为进行社会预防（Crawford 1997；Hope and Karstedt 2003）。根据这个观点，即便是"肤浅地"把安全理解为避免受到身体伤害或威胁，仍然无法与更深层次上的"健康幸福"或"本体性"安全分离开来，因此也有赖于更广泛的社会福利制度和服务（Fredman，forthcoming）。

在试图扩展安全概念的含义及应用方面，还有许多值得称赞的地方。这提醒我们，免于遭受身体的胁迫仅仅只是人类全面发展和繁荣的一部分。它准确地指出了安全政治和警务机关在这一更广泛任务中的局限性，以及常常是适得其反的作用。但是在安全概念的拓展和延伸方面也存在着不少困难。与自由游说团体相类似，在如何使个人或群体免受身体胁迫的威胁与恐惧方面，它们并没有进行深入的思考和辩驳——反而是仓促地、不恰当地贬低了"肤浅"层面的安全的重要性。但更重要的是，它超越了安全—自由的二元对立，并**以新的方式致使安全问题无所不在**。在国内犯罪问题上，它把安全问题与更好的教育、充分就业或改善社会条件等方面联系起来，这样就使安全问题具有了普遍性。但是这种方式容易导致公共政策边缘化甚至是"刑事化"，致使公共政策忽视了自身的价值和目标，而更多地从作为预防犯罪和减少犯罪危害的工具的角度被予以思考、拨款和评估。换句话说，对于本体性安全的追求，自身也面临着"被安全化"的风险，这使得安全问题在更宽泛意义上普遍存在，而不是像我们之前已经提到过的：既**深刻**又**广泛**。因此对其前提条件的复议和反思都会被视为一种威胁，会引发狭隘和排外的反应，并要求提供更多以治安和处罚为中心的"浅层次"意义上的安全。在国际层面，"全人类安全"的说法同样也面临着扩大"安全化"的动力和风险，比如从反传统政治角度对生存威胁开展讨论，并相应地要求从军事到政治、经济、社会和环境部门等各个领域，对生存威胁采取紧急措施（Buzan 1991；Buzan et al. 1998）。这些方式拓展了安全问题的范畴，却使主张"全人类安全"的观点逐渐远离了当代安全政治的研究范畴和领域，后者倾向于把**所有的**政治问题都转化为安全政治。

在本书中，我们想要接受挑战并提出第四种观点——我们试图对安全的概念进行重新界定，从而建设性地思考安全与政治共同体关系；安全**并不是**面向政治整体的某种固有特征，而是一种经过审慎思考、"有分量"的公共物品。我们也将证明，在多元化和全球化的背景下，我们如何从制度原则和制度设计的角度来认识经过修正的安全观念。为了实现这些目标，我们显然需要回应一些批评意见，这些批评意见指责安全的"文明化"（或类似内容）必然会带有等级制和殖民主义的包袱——相当于把"我们的"标准和处事方式带给野蛮落后的"他们"，无论是在国内还是在国外。我们将会在本书中进一步论述这些观点。而在这里，我们只需要记录引导我们进行深入研究的直觉，也就是说，当我们把两组词语放在一起进行思考的时候，我们就会从中有所收获。第一组词语是市民的、文明礼仪、文明化、文明社会，这些词语涉及遏制暴力、培养相互尊重的对话方式；第二组词语包含了政治、政体、政策、警察，这些词语与最适于民主和平发展的法规和文化框架有关（Keane

2004：chs. 3 – 4）。①

我们的目标并不是要在安全观念与自由游说团体之间达成平庸的妥协，或是占据一些不合情理的中间立场。相反，我们希望走出这种二元对立，从一个完全不同的视角和领域来讨论安全问题。查尔斯·泰勒在关于本真性（authenticity）的研究中，把它描述为"溯源行动"，这个词语很好地表达了我们心目中的意思。泰勒认为，溯源性研究

> 表示，我们要确定并阐明卑微行为或恶劣背后较高的理想，然后从它们自己的理想目标出发对这些行为进行批判。换言之，我们不应该完全摒弃这种文化，或者仅仅是赞同这种文化，而是应该通过使参与者更加了解他们所认同的伦理道德规范来提升自身的实践行为水平。（Charles Taylor 1991：72）

从事有关安全的溯源性研究，既不是"从头到尾地谴责"，也不是"不加批判地赞美"，更不是在已被普遍接受的有关安全和自由的思想与实践之间"小心翼翼地权衡取舍"（Charles Taylor 1991：23）。相反，它要求严格地把安全列入"道德"范畴，并致力于把它的"正确含义"定义为"鼓舞人心的理想"（Charles Taylor 1991：73）。在我们看来，这就需要对安全的两方面含义

---

① 在这里，我们首先要声明，本书的书名和主题并不打算参考诺伯特·艾利亚斯有关"文明化过程"的著作，也不打算与其保持一致（Elias 1939/1978，1939/1982）。艾利亚斯在培养礼仪、管理情绪冲动和控制私人暴力等方面进行了长期的历史社会学研究，这显然会与本书所论述的观点有所重叠，读者很快就会发现这一点。但对我们而言，安全的文明化，更具体地说是通过把因安全和威胁所激发的强烈情绪重新导引到政治和法律体制内，从而遏制私人暴力行为的发生，并同时控制公共机构潜在的暴力倾向。在这里，我们的理论灵感和抱负更多地体现于圣雄甘地被问及"如何看待西方文明"时的著名回应。甘地认为"西方文明本身是好的"，但他对西方各国政府宣称自己已完成"文明化"的观点进行了内在批判，虽然"文明社会"仍然是一个理想的、未竟的政治蓝图，但几乎所有的暴行都是以其名义进行。

进行恢复并发展，这两个方面的含义在某种程度上被湮没或忽略了。正如关注全人类安全的学者所做的那样，我们首先需要强调把个人作为基本道德单位和安全参照物的观念——这一观念源自于有关现代性的政治理论。① 安全的个人化必然就意味着，同时也提醒我们，安全具有不可还原的主观性维度。正是这一观点使得孟德斯鸠认为："政治自由在于安全，或至少在于个人的安全感"（引自 Rothschild 1995：61；另见 McSweeney 1998：ch.1）。这反过来又为下一步溯源行动提供了线索；也就是说，从"*securitas*"这个词的拉丁语词根来看，它意味着免于遭受担心、忧虑或焦虑的困扰，是一种自我肯定和具有充分自信的状态。这一系列被重新发现和恢复的含义表明，安全既具有主观维度，也具有客观维度，在这两个维度中，"表面"的身体安全与"深刻"的本体性安全之间存在着错综复杂的联系。正是这种存在于安全与有关社会联系和团结的一般性问题之间的密切联系，把安全问题提升到了超越秩序、保护和安全等概念的高度，并成为我们研究的主题。安全，关系到人们与生活圈内熟人和陌生人之间，以及与他们所生活的政治共同体之间的**关系**，并因此以互相支持的方式与"归属感"和"批判性自由"的价值与实践联系在一起（Tully 2002），这种认识激励着我们去努力建构关于安全的另一种理论和实践。

国家的状态

本书的导言部分也把我们引到了另一个争论非常激烈的全球性话题——关于"国家的状态"。这一争论采取了两种相互之间密切相关的形式。其中最为广泛讨论的问题是，在全球化条件下，国家对其领土的法律和政治主权以及相应的民族文化的一致性，是否正在被资本、人口、信息、货物和经济力量的流

---

① 本书第二章将对这一观点进行深入阐述。

动所侵蚀？它们纵横交错并削弱了领土边界的意义。另一个更加具体的问题是，国家对合法强制的垄断并承诺保护本国公民的安全免受国内外威胁的方式，在面对紧急事件时，正逐渐地让位于国家之外的私人安保集团、国家之下的"基层"社区警务等形式以及在国家之上运作的跨国安全网络。

在上述两个问题的争论中，我们可以发现一系列相互竞争的观点。有关"全球化"问题的争论主要来自于以下学者，其中一部分学者强调民族国家在面对经济力量的自由流动和去疆域化时，可能最终会走向终结（Albrow 1996；Bauman 1998；Beck 2000）；另一部分学者则否认"传说中"的全球进程（novel global process）的存在，并强调各国政府持续驾驭其经济和社会发展的能力（Hirst and Thompson 1996）；还有部分学者认为，虽然全球范围内的相互关联性并没有超出我们的预期，但是行星网络和流动（planetary networks and flows）的"广度、深度、速度和影响"彻底改变了政治共同体的性质和场域（Held et al. 1999：16）。有关治安和警务问题的争论也与此类似，一部分学者认为，"现代民主国家在其犯罪控制和执法制度的演变方面已经到了一个分水岭"（Bayley and Shearing 1996：585），而另外一部分学者则不那么关注当前的"转型"问题（Jones and Newburn 2002）。

本书的目的并不在于就这些问题达成任何决定——这样的话，我们就需要重新写一本书了。尽管如此，对当代国家在警务和安全保障的具体领域表现出来的矛盾状态进行评估，对本书的研究目的是有所助益的。在我们看来，一方面，仍有足够的证据证明国家能力的持续存在、彰显甚至扩展，无论是面对"传统的"国内犯罪和骚乱形式，还是面对危害公民安全的"新的"跨国威胁，国家能力都能覆盖内部和外部安全问题。然而另一方面，这又是与治安和安全行为者的迅速多元化这一现象共存的。无论是大大小小的商业企业、扎根本地的公民团体，还是运作于民族国家之间或民族国家之上的官僚网络，这些行为者回应了国家无法满足或不会去满足的对于秩序的需求，并且在承诺向焦虑的公民提供安全保障方面，似乎正日益与国家形成竞争。因此，我们将首先对这些相互竞争的趋势进行简要概述，对于它们在安全文明化工程中所展现的问题进行初步说明。

国家在提供安全保障方面仍然承担着强有力的、至关重要的作用，如果要为这一论点辩护，需要指出以下几点：

• 国家警察力量仍大量存在于现代社会生活中。尽管他们的职能和有效性常常受到质疑，并且在许多国家都受到以市场为导向的管理主义的影响，但近年来我们仍然目睹了犯罪控制策略在全球范围内的扩散与传播，无论是采取零容忍、"提升生活质量"，还是采取信息主导、问题导向或是社区警务等形式，这些政策都继续赋予警察以特权地位。这种集中性并不仅仅局限于有强大国家传统的社会。即便是在一些基础设施薄弱、权力中心相互竞争的弱小国家或衰败国家，警察机关仍然是国家日常生活中最锐利和清晰的形象，并常常以威胁公民自由和安全的方式出现。在世界各地，警察在民族国家的社会想象中占据着重要地位，并在意识形态上被认为是解决秩序问题的**有效手段**。任何有关治安和安全的理论观点，如果忽略了警察的存在及其影响，那么这种理论解释就远远不够充分。

• 近年来，犯罪控制的责任一方面"下移"到了各级地方政府，另一方面"上升"到了新兴的国家间和跨国机构与网络。但这代表着国家内部的洗牌，而不是将责任扩散到非国家的行为者。例如在一些国家（如英国和法国），这一趋势非常明显，地方政府近来在制定地区警务和社区安全战略中所承担的作用日益重要；而在一些联邦制国家（如德国、美国、加拿大和澳大利亚），其传统便是由地方政府负责当地的治安与警务。在上述两种情况中，当代国家和各级地方政府与"被赋予责任的"企业、社区和独立业主实现了相互配合，国家**以此**来管理安全事务（O'Malley 1992；Simon 2006）。同样，在跨国警务实践中，无论是采用双边或多边国家合作形式，还是采取新的安全机构的形式（如欧洲刑警组织，该组织由欧盟赞助创建），在很大程度上仍然是由国家行为者所"掌控"，并由公共警察部门具体执行。

● 现代国家的警察和安保机构（及其相伴生的话语体系）常常以跨越领土边界、超越既定的政治和法律范畴等方式，持续扩大它们的权力、资源和技术范围。这里就可以列举出，有的国家在最近对历史上一直较为分散的警察系统进行了重组（如荷兰和比利时），也有的国家组建了新的国家警察机构，比如英国就新建了"重罪和有组织犯罪署"（Serious and Organized Crime Agency）。而且自从"冷战"结束以来，国家安全机构开始参与执法行动，这些都标志着"内部"和"外部"安全之间的界限开始变得模糊。欧盟组建并派出平民（即警察）维和部队在欧盟以外的冲突地区控制危机局势，这也是一种类似的模糊行为。这些趋势在"9·11"事件之前就已显现，并在"9·11"事件之后作为"反恐战争"的一部分而得到加速和深化。新的国家安全机构建立起来，原有机构的权力和预算则进一步膨胀。国家宣布处于非常状态，并因而侵犯或暂停了某些基本权利的行使。对国内外公民的各种监视愈演愈烈，国家与国家间在情报收集、信息交流与共享方面进行广泛合作。随着内部/外部安全之间日益疲软的界限越来越模糊，军人开始从事治安和警务活动（追捕通缉犯，在外国城市进行维护秩序的巡逻），而美国和英国政府则致力于贯彻"新帝国主义"，在阿富汗、伊拉克等准主权国家建立行政机构（和公共警察部队）。

在接下来的章节中，我们还会讨论并进一步充实这些例证。目前，我们对这些观点进行概述的目的是为了强调一个事实，即国家权力仍然与我们心心相连。距离马克思所预言的国家的"消亡"还非常遥远，世界各国仍在继续加强"武装力量"（Castells 1997：303）和部署能力，这些力量可以保护——但也可能会危及——公民的生命和自由。不过这些简短的例子同样也指出了公共权力正在进行重要的重构。无论是在民族国家内部还是外部，都出现了很多统治的场域。围绕着新的治理思路和理念，国家内部安全的责任由国家、区域和地方机构所分担，并"扩展"和"连接"到非国家的机构（Rigakos 2002：42）。跨国警务活动往往在不透明的政府环境中开展，这样就造就了一类新的安全行为者。每个行为者都试图通过不同的方式来掩盖透明度和问责制的底线，这使得长期存在的民主授权与合法性问题有了新的转折。

有鉴于此，安全文明化的进程必须提出一些虽然古老但仍非常重要的问题，即关于如何控制和引导公共权力的问题。在警务与安全领域，安全文明化必须从理论与实践两个方面，致力于将有关实质性暴力和象征性暴力的国家权力置于民主审查与法律控制之下。但是全球化进程已经重塑，或正在重塑安全环境的多重场域。全球化的进程不仅仅是"'拆分'主权、领土和政治权力之间的关系"。正如赫尔德和麦格鲁所说，全球化进程还使得"政治的正确场所和公共利益的表达……成为一个令人费解的问题"（Held and McGrew 2002：127，129）。

然而这个难题并不仅仅是与国家的转型和国家内部的变化有关。今天，我们已经无法假定，政府在授权或提供治安与安全保障方面仍然处于至关重要的主导地位。其他非国家的行为者已经声称它们在这个领域具有权威和竞争力。如果要为庄士敦和希林（Johnston and Shearing 2003）所提出的由多重机构进行"安全治理"的观点辩护，应该指出以下几方面的内容：

• 私人安保行业已成为全球范围内的大生意。长期以来，在英国、美国、加拿大和南非等国，受雇于商业安全机构的私人保安数量已经远远超过了公共警察的总数。私人安保人员受雇于公司、国家和地方政府以及公民个人，他们驻扎在办公大楼、机场、高等院校、住宅区、学校、医院、购物中心、市政建筑、法院甚至警察局。人们进入并使用的大片城市空间都是由私人安保人员进行管理的，他们受雇于商业公司，关注的是财产保护而不是控制犯罪。在某些条件下，这些安保人员也会参与"一线"执法和维持秩序的警务工作（Rigakos 2002）。反过来，焦虑的公民也依靠安保市场来获得一系列保护性硬件设施（警报器、大门、门禁、闭路电视监视系统等），并采取自行维护治安的形式——这种自行维护治安的形式常常得到保险公司和新自由主义政府的鼓励和倡导。有一些人成立了"私人住宅协会"，或是通过"封闭式社区"来寻求安全，并在这一过程中撤回他们对公共设施（包括治安管理）的需求和支持。反过来，公共警察也越来越多地表现为市场行为者，他们把非核心"业务"外包出去，吸引企业赞助，注重市场营销；甚至把他们面向公众的服务分类出售给个体"消费者"。

● 所有这些都发生在具有强大国家的稳定社会。在那些弱小国家或衰败国家，或是正在经历政治转型的国家，公共警察并不是唯一或主要的安全行为者，他们也无法宣称自己垄断了国家领土范围内的合法武装。今天，在全世界很多地方——如意大利、哥伦比亚、巴西、北爱尔兰、俄罗斯、阿富汗、美国和欧洲的部分城市贫民区，我们都可以发现对国家权力形成竞争和挑战的替代性权力中心，即"影子主权"（Nordstrom 2000），它们拥有自己的行为规则和执行机制（Gambetta 1993；Varese 2001）。在这些情况下，那些有能力逃离出去的人们，再一次冒险离开他们的居住地，仅仅是为了进入工作和闲暇都有所保障的其他领域。相比之下，留下来的无依无靠的群体不仅要经受武装警察和游击队的支配，而且还会受到犯罪团伙、"合同警察"和城市自卫队的任意摆布。另外，在一些"孤立的小地方"——比如南非和阿根廷的部分地区，贫困社区正在努力建立非暴力的、侧重地方能力建设、非国家主导的安全治理形式。

● 这些事态的发展同样也不局限于现代国家的边界之内。"安全"也已成为全球性产业，跨越了领土边界并进一步消蚀着内部/外部安全之间的差异。几家私人安保企业在全球范围内销售他们的产品（Johnston 2006）。在弱小国家和衰败国家，它们向焦虑的公民与交战各方出售有关安全的咨询建议、安保设备和相关工作人员。它们宣称可以填补苏联解体和东欧剧变所遗留的"安全漏洞"。在局势混乱、犯罪猖獗的地区，它们为在当地运营的跨国公司提供安全服务和保护。对此，我们也可以说，在世界上很多冲突地区和后冲突地区都存在着"暴力私有化"的现象，像 MRPI、Dyncorp 这样的"私营军事企业"——彼得·辛格（Peter Singer 2003）称其为"企业战士"，它们推销和出售军事"知识"和装备，干预陷入困境中的政府和其他武装集团（Avant 2005）。在战后伊拉克，私人安保行业是发展最快的行业之一，这就很生动地说明了这种趋势。

我们还会在本书后面部分对这些例子进行更详细的论述。在这里提到这些例子，主要是为了说明国家所身处和面对的是一个以市场为导向的多元化的环境，在保障公民安全方面，国家不得不与大量的非国家行为者进行竞争。在安全领域，国家不仅越来越少地参与提供基本的治安与安全保障——奥斯本和盖布勒称之为"划桨"（Osborne and Gaebler 1992），而且往往也缺乏用来"掌舵"的有效监管能力。这一领域由国家之外的新的规则和场域所构成，在这个领域中，市场力量或公共秩序摆脱了公共意志的控制，而后者唯有民主国家才能提供（Bauman and Tester 2001：139）。

在这种背景下，安全文明化进程所面临的不只是（或主要是）控制主权权力任意行使和歧视性行使或国家权力的滥用。它面临的更大问题是，政治机构明显缺乏足够的能力与合法性，来防止那些"嗓门最大、口袋里最有钱"的群体（Johnston and Shearing 2003：144）为了实现自身的"安全"，却将"不安全"（insecurity）的负担不合理地强加给别人。或者，在更宽泛的意义上来表达同样的观点：

> 近年来，社会正义的主要障碍并不是国家的侵略性意图或倾向，而是国家变得越来越无能并且越来越多地采用"别无选择"这种冠冕堂皇的陈词滥调。在刚刚过去的20世纪，我们主要关注的是极权主义的压迫；然而我认为，我们在新世纪所面临的主要威胁已经不再是极权主义，而是能够保障人类社会自主权的"整体性"能力的瓦解。（Bauman and Tester 2001：139）

这是我们在本书所论述的困境——在一方面，国家显得过度干预，并且对国家的民主和法律约束并不充分；而另一方面，却无法对非国家的"安全"行为者实行有效的监管和控制。在我们看来，这一困境的两个维度都会造成不利影响。第一个维度会导致不文明的并且对自由造成威胁的安全行为；而第二个维度则会产生不公平的、非文明的"不安全"环境。这就需要我们进行富有想象力的思考，探寻适合于当前条件变化的"有效政治监管和民主责任制形式"（Held and McGrew 2002：122），以及这种制度安排能够产生并维持的政治共同体形式。从社会学意义上讲，正是在推进这种思考的过程中，我们主张安全是一种"有分量"的公共物品，并认为民主国家在提供安全方面具有必要的优势和美德。

警务与安全研究视野中的国家

我们怀疑很多人会发现我们试图论证的观点并不被看好——这是一个在社会学意义上站不住脚，从规范角度又受到怀疑的观点。原因在于，如果有的学者曾深入阅读大量有关治安与安全研究的文献并广泛阅读当代社会和政治思想，他多少都会发现对国家持强烈怀疑态度的观点（如 Tilly, 1985）。在有的情况下，这种怀疑被明确地表达出来，有时甚至是慷慨激昂地表达。但更多的时候，这种怀疑被掩藏起来，并没有表达出来，也没有为此辩护，仅仅是一个悄然引导调查分析的隐性假设。通常情况下，它假设国家主权权力在社会和政治生活中是一个危险的存在（即国家是恶的），或者最多被认为是一种在万不得已时才会使用的武力（即国家是必要的恶）。在这两种情况下，国家都被假定为对公民自由和安全的长期威胁，是一个需要不断警惕、监督和控制的实体。在少数情况中，国家被认为能够在创造陌生人之间的信任和团结方面发挥积极作用，而陌生人是安全的民主社会的基本组成部分。

应该说，如果我们把该研究领域作为一个整体来看，这一假设是不正确的。在治安和安全研究中,大量非理论性的、以政策研究为主的研究(主要来自犹如雨后春笋般出现的应用报告、书籍、期刊和智库)仍然持续关注国家所提出的问题,而国家在确保秩序与安全方面的地位并未受到质疑。因此,这些研究**事实**上往往是安全游说团体的拥护者,它们认为可以用有效的治安警务或军事手段来解决安全问题,并认为当前的问题在于确定策略并证明这些策略是切实可行的,比如有针对性的巡逻、改进情报或技术、改善社区关系、零容忍警务或以问题为导向的治安警务、军事援助或干预等。但是在那些更偏重社会学、需要理论自觉——也因此十分重要的学术领域,我们可以发现根深蒂固的国家怀疑论的痕迹,研究警务和治安的学者们(尤其是英美)往往倾向于以"要么淡化国家形式的重要性,要么彻底谴责"的方式来思考安全问题(Ferret 2004:50)。关于这一点,值得我们停下来反思这种国家怀疑论的惯习(habitus),并简单地介绍一下"警务社会学的社会学"(Ferret 2004:50),这可能会有助于我们理解这一知识领域为何以这些方式建构。

为此,我们可以对19世纪初期以来警察部门与国家合作的三种方式进行考察与思考(Loader and Walker 2001)。我们不妨从马克斯·韦伯的观点开始入手。韦伯在《以政治为业》一文中提出,如果站在社会学的角度给国家下定义,就必须根据它所"特有的**手段**"(Weber 1948:78;黑体部分为原文强调),即暴力的使用。然后他用以下文字来描述现代国家的特征:

> 国家是这样一个人类团体,它在一定疆域之内(成功地)宣布了**对正当使用暴力的垄断权**。请注意,"疆域"乃是国家的特征之一。现在的特点是,其他机构或个人被授予使用暴力的权利,只限于国家允许的范围之内。国家被认为是暴力使用"权"的唯一来源。(Weber 1948:78;黑体部分为原文强调)

韦伯在这里提供的是关于17到19世纪社会历史过程的简洁的理论升华,

在这个过程中，现代（欧洲）国家夺取了分散的地方权力中心使用暴力的"权利"，并巩固自身所需的体制资源，以确保其外部（军事）边界和边界内的国内和平。（参见 e. g. Elias 1939/1982；Tilly 1975；Liang 1992）。总之，通过**垄断实体性暴力手段**，国家就有能力在后威斯特伐利亚时代，即在主权国家的世界中维护和捍卫其自身利益，同时也能在国内政治的舞台上威胁并战胜其他暴力形式（以及各种搭便车的形式）。

建立在这种强制性基础上，警察机关与国家之间进一步形成了两种联系。第一是象征性的联系。由于现代国家努力寻求培育和培养国家认同，因此警察队伍深深地介入了国家建构的广泛文化工程。历史上，警察队伍在塑造民族国家的边界和身份认同、划定"国家领土"和培育"国家公民"方面发挥了重要的工具性和象征性作用（Emsley 1993：87；另见 Walden 1982；Emsley 2000）。换句话说，国家认为自己**垄断了象征性暴力**，而警察机关仍然是布迪厄（Bourdieu 1987）所谓"合法化命名"的身份和社区塑造力量的管理机构之一，也是国家共同体得以时常被想象和再现的机构之一（Loader and Mulcahy 2003）。

第二种联系则涉及警察机关与治理越来越多的人口之间的关系。20 世纪以来，现代国家认为自己对其公民的福祉负有责任和义务，警察机关也就与其他机构——如卫生、住房、社会保障、环境保护、公共物品供给等部门密切联系在一起，共同致力于实施更广泛的"福利主义"项目。在不同的时间和地点，不同程度地要求警察在政策制定和执行的层面上与其他机构在国家担保物品和服务的供应方面进行协调、指挥、支持或"顶替"。正是在这些方方面面，**警察机关成为了社会治理的工具**，也因为如此，现代警务机关仍保留着"警察"（Polizei）这个前现代概念的痕迹（Knemeyer 1980），其中"警察"（和"警察科学"）关注的是提供和管理安定繁荣的基本条件（Foucault 1981；Pasquino 1991；Neocleous 1998）。

警务社会学和社会控制的社会学发端于 20 世纪六七十年代，并始终对警察机关与国家之间这种联系所造成的后果保持着警惕。相关领域的研究者们致力于通过解释、理解、揭露、批评、反对并寻找（更好的）方法来限制实体性和象征性政府权力的集中。这种对于国家和警察机关间关系持怀疑态度的观点，为什么会成为这一领域的主流？有三方面的原因可以解释这一问题。

首先，绝大部分处于西方自由主义传统语境中的学者，特别是英美的警务研究者，占据了"非常不信任政府"的文化和政治空间（Bayley and Shearing 1996：585），在这种文化和政治空间中，对国家的怀疑是一种根深蒂固的、历史悠久的文化敏感性，并且能够在各个政治谱系中找到相关因素——如保守主义者、自由主义者、社会主义者和女性主义者。① 其次，除了这种世俗化倾向的普通结构性影响之外，我们还应该记得，警务社会学是在20世纪60年代和70年代的政治和社会动荡的大熔炉中产生的。在反对学生叛乱、反越战抗议和产业冲突的大背景下，国家和作为强制性力量的"前线"——警察机关，往往通过暴力镇压抗议活动来维护不公正的政治秩序，以完全没有任何"助益"而只"放大"越轨行为的方式来维护已经败坏的道德秩序，这些看起来都是非法的（J. Young 1971）。当时有一位评论家曾经嘲讽道："警察也是普通人……在一个满是大麻吸食者的环境里，警察所能做的也只是随之摇摆；面对跨族群的伴侣、同性恋者，他们很自然地举起了警棍"（Brooks 1965，cited in Skolnick 1966：61）。第三，这还与社会科学领域盛行的学术氛围密切相关〔该领域的学者们围绕着欧洲越轨行为与社会控制研究小组（European Group for the Study of Deviance and Social Control）这样的学术团体，松散地组织起来〕，当时流行的学术氛围反对国家，尤其是福利国家正在努力灌输和执行的学科整合。在这种氛围中，（警务）社会学家们"偏袒"（Becker 1967）抗议者、离经叛道者和穷人——换句话说，就是"劣势方"的利益，支持

---

① 本书第二章将详细讨论这种根深蒂固的怀疑主义立场的原因。

他们对抗国家所掌握的唯我独尊的权力和权威。总而言之,"问题"很大程度上在于国家。

关于其产生条件的原因,警务和安全的社会分析往往围绕着"国家对合法暴力的垄断"这一假设而展开,国家对合法暴力的垄断能力——某种程度上,像一个"霸权"那样,是"国家的问题"的核心。因此,分析和研究任务的重点——基本上是自由主义的,集中于揭露和限制这种霸权倾向的多种表现方式。因此过去三十年来,研究议程主要围绕着警察权力与暴力、警察自由裁量权的滥用、"警察文化"颠覆控制警务工作的方式、准军事警务的兴起,以及在警察内部和外部对少数群体的歧视等问题。因此,也突出了责任和问责制问题——无论是为那些受到警方凌虐的人寻找有效的补偿,还是控制主要官员的决定权,他们往往能够以非民主的方式决定执法政策的形式和方向。

这些都不是小事。而且,由于我们已经说明过的原因,这些仍然是十分紧迫和切中要害的问题。还不仅仅是这样。但是,仅解决或主要关心这些问题的国家怀疑论的惯习,并不能够很好地解决当今时代的安全问题——无论是从社会学的角度还是在规范意义上。从社会学的角度来说,它仍然不足以适应权力一方面在国家内部以及国家之间进行重新分配,一方面却又从国家外流的方式,以及这些转型过程所逐渐带来的新的不安全形式。从规范性的意义上,它不能完全解决这个问题,即国家仍然是"解决"这一困境的必不可少的一部分,并且是市场社会中产生和维持有关警务和安全问题的"公共利益"的关键手段;尽管拥护市场社会的新自由主义骄傲地宣称,并不存在这种困境。然而,国家怀疑主义仍然是一种普遍的、根深蒂固的情绪,无论是在警务和安全研究领域的内部还是外部,也无论是在政治谱系的右翼、左翼,还是中间阵营。安全文明化的任务需要寻找一条能够通过并超越它的路径。

本书的计划

正是由于这些原因，在本书的第一部分，我们致力于对国家怀疑论进行怀疑主义的解读。出于这些目的，我们总结了国家怀疑论的四种"理想—典型"形式，在对警务和安全的社会分析中，在更广泛的社会和政治理论中，以及在相当部分的当代政治词汇中，都可以发现这四种形式。这四种形式在一些关键内容方面都有所重叠，而不仅仅限于核心假设——正是由于国家具有以多种方式恃强凌弱的行为能力，使其成为最容易（对安全）造成危害的力量。然而，每一种形式都把对于"国家的问题"的具体阐释与随之而来的一系列担忧结合在一起，这一系列担忧主要是对国家的实体性权力、象征性权力和政府权力的运作和影响产生的忧虑。因此从第二章到第五章，我们将对上述怀疑论观点的各种形式进行解释学重构和评判性评价，这些观点依次将国家描述为：**干预者、派系力量、文化"巨无霸"和傻瓜**。

在第二章，我们重点研究了现代国家作为个人权利和利益的干涉者的基本形象，并从这个角度来介绍和探讨国家与安全之间的在历史上、在社会学意义上和概念之间的联系，这里的国家是在现代社会想象中发展起来的——目睹了国家**以及**关于国家的批评的出现，并携手共进、逐步成形。接着我们将从细节上探讨这些概念之间的三个联系。在第三章，我们重点描述并分析了如下观点，即认为国家是当前这种不公正的社会经济关系格局强化其既得利益的手段，认为国家（及其警察机关）是需要监督、曝光、斗争并最终被超越的力量，它们的存在并不必要，也不受欢迎。第四章重点研究的是，国家以及与它相关的警务和治安形式，如何与**特定**文化秩序的生产和再生产联系在一起，而这种联系方式并不利于少数族群的利益、文化和习俗。在第五章，我们将探讨被很多分析者视为现代国家最棘手的问题——现代国家并不具备获取所需知识的能力，而这些知识是完成其目标所必需的，其中也包括了安全的目标。为了阐明这点，我们对当代安全治理的各种问题以及节点治理理论进行了讨论。主张节点治理的理论家们认为，他们已经找到了一种方法，既能够超越这些问题，又能够超越源自于这些问题的"国家的问题"。

针对上述每一项，我们都会概括出正在讨论的怀疑论者的"最佳案例"版本，指出处在国家、安全和自由之间的交叉地带，以及用于替代国家中心主义的安全概念所可能造成危险的备选方案。此外，我们也审视了存在于思想和情感结构之间、国家与非国家的安全实践的转型之间的相互作用。正是有鉴于此，我们再一次，并且更详细地探讨本章前面部分所阐述的那些经验例证。在这一过程中，我们的目的是为了指出每种国家怀疑论形式的优点，并强调它对我们所理解的安全文明化任务所构成的特定挑战；这不仅仅是对国家的批评者的"妥协"（cf. Wood and Dupont 2006a：6），而是因为我们也认可这其中的许多批评意见。但是，针对上述每一种形式，我们也会指出重要的盲点，这些盲点恰恰是我们的正面论述想要努力改善的领域。

在第二部分，我们将进一步探讨更积极的案例，来考虑并试图减轻或纠正国家怀疑论的每一种形式均警示我们的危险。尽管如此，我们仍然认为维持国家在保障安全这一公共物品方面的地位，既是有必要也是有益的。这里的关键在于建立更全面的安全概念，即认为安全是"厚重而有分量"的公共物品，我们将在第六章中对此进行讨论。这一概念包含了三个方面的要素。相对较无争议地，它假定安全为其他公共物品的生产提供了一个必要的平台，但又进一步认为这一工具性维度是与以下认知相共生的：首先，安全具有不可简化的社会维度；其次，它构成并完善了"公共性"的概念，"公共性"仍然是，或者我们认为是良好**社会**的关键组成部分。在第七章中，我们更详细地说明了国家，或与国家相当的功能实体所从事的各种文化和秩序性工作，它们单独地，或主要提供安全这一公共物品，并认为这将转化为我们所谓的"锚定的多元主义"（anchored pluralism）。表明安全进入我们所谓的多元化发展模式。在第八章，我们主要探讨现代安全的各种病症。在现代安全实践行为中，我们所看到更多的是国家传统的陋习，而不是美德，随后我们将根据一套制度原则来阐明，锚定的多元主义政治如何打破使得安全问题无处不在的恶性循环，并努力使安全成为不言而喻的前提条件。最后，在第九章，我们将把视野拓展到国际舞台和跨国领域，从国际视角来思考安全意味着什么，并将安全视作为全球性的公共物品。

2

作为干预者的国家

国家作为干预者的形象是指国家往往会干预与其无关的事情，而其干预行为却有损于相关群体的利益；我们将从这个问题开始，着手研究各种形式的国家怀疑论及其对国家警务问题日渐增多的批判。这是因为，将国家比喻为干预者能够在三种有所区别又相互关联的意义上体现出其重要性。首先，它具有重要的历史意义。正如我们将会发现的那样，现代国家及其强制力的起源，不可避免地与对于现代国家及其强制力的批判性思考的渊源有着千丝万缕的联系，这一点对于我们的整体观点也很重要。现代国家的发展与权力世俗化密不可分，正是在世俗化的进程中，我们既看到了对政治统治正当化的责任日益增强，又发现这种正当化的新形式不断出现。特别是，政治正当性的一类重要的新形式，包括了现代国家警务职能的正当化，也包括了将合法统治作为前提条件并受统治对象的利益制约的规范性方案——也就是说，如果国家不尊重这些个人中心主义的制约，政治正当性的新形式就认为国家表现出强烈的不合法倾向。

其次，干预者的比喻还具有重要的社会学意义。无论国家怀疑论和对国家警务的怀疑论如何发展，它始终与干预的危险和陷阱密切相关。对干预的恐惧有两种不同形式。一方面，担心国家及其警务机构过于不自量力、超越其自身的边界，阻碍或减少基本自由权利的行使——这其中包括了传统的消极自由，如身体的完整性（physical integrity）、免遭任意逮捕的自由、迁徙自由、言论自由、集会自由、信仰自由和个体隐私的自由等等；这种担忧在古往今来的政治话语中都有所体现，并至少在表面上成为了跨越各政治意识形态谱系的一个关键性前提条件。另一方面，担心国家通过先发制人和颁布禁令等手段，使得个人和群体无法利用消极自由来积极控制自己的事务，尤其是安全事务，这也是国家怀疑论的一大主题。与对于消极自由本身的担忧相比，第二个层面的担忧并不是那么持久和普遍，但正如我们所看到的，它在当前已经呈现出明显加强的趋势。在这两种情况下，由于特定的国家传统而使人们对干预的恐惧进一步增强，这种国家传统反映和维持了对个人道德地位的新关注，并支持或培育了有关安全和警务的特定概念，这些概念对个人中心主义形成了挑战和冲突。

再次，干预者的比喻还有着重要的概念意义。在后面的章节中，我们将讨论国家怀疑论的其他类型——如把国家描述为派系力量、文化帝国主义和傻瓜；但如果我们没有从干预者比喻中去寻找其思想脉络，并进行连贯的分析，我们将很难准确地理解国家怀疑论的其他几种类型。

在本章中，我们将依次研究这些基础性的观点，前两种观点对国家怀疑论做出了独立的贡献；而第三种观点，正如前文所提到的，主要是对怀疑论的其他几个方面起到桥梁作用，我们将在后续章节中进一步探讨其他几种类型的国家怀疑论。然而在开始我们的论述之前，必须要说明一下我们所使用的研究方法，我们用这种方法研究对于安全和警务问题的国家怀疑论的起源及其回弹，特别是对于国家作为干预者的批评。

关于国家研究的几点说明

显然，如果我们不对国家的概念进行说明，就无法准确地理解国家怀疑论，但这很快就带来了挑战。与社会科学中的很多关键概念一样，"国家"从本质上讲是一个有争议的概念。事实上，即便是关于其本质的争论本身也是有争议的。关于国家概念的涵义，学术界尚未形成一致意见，"国家"这个概念到底是单一指向的,还是涵盖了多种变体——是否存在着一个宽泛的概念伞(conceptual umbrella),能够把城邦、前现代国家、现代国家、后现代国家等其他各种变体都涵盖其中,还是说上述每一个术语都有其自己的概念基础。关于国家或是各次级概念的主要构成属性,或者是关于它(或它们)发展与衰落的条件和时期划分,同样也没有形成一致意见。如果我们看看等式的另一边,也就是我们所关心的另外一组概念——警务和安全的概念,我们会发现类似的概念雷区(conceptual minefields),这也使我们很难解释国家和警务之间的基本关系。

然而幸运的是,我们的分析重点足够明确,这使我们能够避开概念雷区中某些较难以驾驭的部分。对于该定义的细化包含了两个因素,其中第二个因素我们随后会予以介绍。第一点,也是最主要的一点,我们的研究在时间上是有限定的。我们真正关心的是现代性的历史,特别是通过国家—安全关系在特定阶段的发展所形成的并与现状保持明显连续性的遗产,如果确实存在这种遗产的话。这立刻就使得我们研究的视角聚焦于 16 世纪以来**现代**国家非常缓慢而不平衡的发展(Finer 1997:1261)。它使我们专注于新兴的(现代)国家所提供的一系列新型安全理念和警务形式(以及对这些理念和形式的批评意见)的发展,其中就包括了早在 17、18 世纪就在巴黎、圣彼得堡、柏林、维也纳和都柏林等欧洲城市出现的新型专业警察队伍和机构(Emsley 1996:45)。在 19 世纪上半叶"新型警察形态"更为迅猛的发展阶段中,这种新型专业警察机构在欧洲各国与美国的国家层面上得以确立和巩固。

然而,即使我们合理地将自己的研究范畴局限于现代历史中,这种情形也依然存在:有关现代国家和现代警务的不同观念各自强调着不同的发展趋势和要素属性。有部分学者强调经济动因的首要性,其中又以马克思主义传统最为突出;而其他学者往往受韦伯的影响,更强调政治权力的变化方式及其所采取的制度形式。还有一些学者,例如 J. G. 波科克(J. G. Pocock)、昆廷·斯金纳(Quentin Skinner)以及当代"剑桥学派"的其他代表人物,他们更关注思想和语言的力量，他们把语言视作为思想的载体。当然，可能会存在特定的背景，在这种背景中，辨明某种因素是主要原因还是催化作用，既成为可能，也十分重要。可是当我们面对的是跨越时间和空间的普遍趋势时——也就是说，既关注长期的历史变迁，又关注不同社会背景下所展现的变迁模式，在这种情况下，过于坚持寻找因果首要性不仅在方法论上徒生烦恼，而且更重要的是，根本不足以解释人类事务的复杂性。查尔斯·泰勒曾说："历史唯一的普遍规律就是，并不存在能够确定某一动因始终作为历史推动力的普遍规律"，而查尔斯·泰勒本人也常常与"剑桥学派"相提并论（Charles Taylor, 2004: 33）。①

这种有关多重因果关系和相互因果关系的论点，对于我们理解警务和安全作为"有分量"公共物品的动态和未来可能性可谓至关重要，我们将会在本书第二部分对此进行阐述。但现在我们所关心的是，这种观点将如何帮助我们说明"国家作为干预者的比喻"在国家以及国家警务形成过程中的形塑作用。在这方面，重要的是注意避免陷入过度唯心主义（excessive idealism）、过度唯物主义（excessive materialism）或过度制度主义（excessive institutionalism）的错误，我们可以效仿罗伯特·考克斯（Robert Cox, 1987），把现代国家看成是由思想观念（ideas）、物质能力（material capabilities）和制度形式（institutional forms）这三方面属性所构成的相互交叉但内在一致的结构。思想观念的属性主要围绕着国家和公民这两个概念。国家，指的是具有内在凝聚力的情感与认同的共同体，这种情感与归属感来自于语言、文化和历史的纽带。公民身

---

① 这不应当被视为对艰苦的历史学研究的逃避，或是规范性研究的失败。相反，这是一个简单的认识，即思想总是与实践密不可分，两者相辅相成、相互形塑；实践也会受到物质需求和利益影响，除此之外，实践行为还会受到制度形式的制约和支持，这两者相互之间既有独立的因果意义，又反映了现有的规范和利益。换句话说，我们关注的是大规模的长期转型——甚至是跨社会规模的转型，而不是各因果要素在一些离散的地方性事件中的偶然平衡；那么，我们就无法避开对思想、需求、利益和制度形式之间错综复杂而深度递归的相互因果关系进行解释的"拉平效应"。

份则代表着政治共同体的成员身份——它被理解为一种自立的实体，承担义务并从中获得权利，而不是王朝权力和（或）神圣意志的工具。物质能力，指的是相对独立并且完整的国民经济，在以正式"自由"劳动为基础，由技术辅助大规模生产的新兴资本主义模式中，其劳动分工十分复杂多样，既能够满足大多数国内需求（并提供必要的外贸条件以满足剩余需求），同时又足以协调所有生产因素，实现自身的再生产。最后，制度属性的基础是由非人格化的法律制度所建构并监管的中央政府；在确定的领土范围内，中央政府垄断了合法使用武力的权力以应对内部和外部威胁，并拥有足够的行政、军事和警务能力以保证其对武力的垄断，从而稳定自身的统治（Schulze 1996：第2章；Finer 1997：第5章；Sorensen 2004：第1章）。

各个要素之间相互支持的联系和形式当然是十分紧密的。如果没有致力于其发展和团结稳定的行政与政治基础，没有为维持共同体的福利提供物质条件的经济体系（虽然个人和阶层对经济的贡献与回报并不对称），有关国家和公民的思想观念就无法得以存续。反过来，物质基础同样有赖于观念框架和规范框架，它们"归化"（naturalize）商业交换的模式和目标轮廓，同时也"归化"合法的、组织化的、具有强制力的上层建筑，并使之适应本土环境，这一上层建筑既能够追踪和监控上述商业交换模式，又提供税收能力和分配机制以加强现行经济秩序，并弥补严重的越轨行为。最后，如果在"是否能够将现有政体视作为国家利益的抽象体现，以及阐明成员权利和义务的工具"这个问题上不能形成社会一致共鸣，政府机构也将无法得以存续；当然，政府机构也离不开生产性经济活动所提供的财政基础。

然而，这种对局部的互补特性所做出的共时性解释永远无法提供全面的说明。在共时性之外，我们还需要对各个部分及整体如何随时间而发展进行历时性的解释。否则的话，我们将对现代国家及其安全和警务能力的特殊性与起源（相对于弹性自我强化）缺乏正确的理解，因此也不能很好地理解安全问题的特殊性和起源，以及这些安全问题对批评意见的敏感程度。这样一来——为了引入我们解释框架的第二个"重点",我们将把这种意识形态/物质/制度三者相互关联的概念因素作为我们的出发点。

然而当我们考虑因果关系的时候,这种选择是否马上就会与我们自身在方法论上较为普通的限制相冲突?答案是不会,原因很简单,因为我们主要关注的是对现代国家及其警务的批评——首先是对国家干预的批评,我们的讨论必须集中于思想观念领域,尤其是对国家干预的批判如何与一些新的思想联系起来,并从中产生,而这些新的思想和理念构成了现代国家的基础,并已深深根植于其中。如上所述,在任何情况下,不同维度间在分析方面的差异就只是分析性的——一种用以梳理复杂性的启发式手段;正如我们将要看到的,在提及核心的基本理念时,我们也必然会提到制度背景和物质利益。

历史基础

17世纪政治哲学家托马斯·霍布斯及其经典著作《利维坦》(Hobbes 1946)是讨论现代国家起源问题的常用起点,用于本章也非常适合。《利维坦》成书于英国内战的背景下,所有探讨现代国家与安全间关系的研究,都会将《利维坦》置于十分重要的地位,原因有二,其一显而易见,其二则不那么明显。第一个十分显见的原因涉及霍布斯的主要政治理论,特别是著名的社会契约论。众所周知,霍布斯所经历的英国内战不仅是一段乱世,更为"自然状态"提供了生动而精炼的说明。人人生而自由平等,但亦受困于其低劣本能和自私动机,因此,如果任由其在自然状态下自由发展,就会陷入"一切人对一切人"的战争。然而,无论自然状态多么令人不快,这种前政治社会状态为政体所应当采取的形式提供了规范内容和战略基础。自然自由和平等意味着,只有通过自然权利主体的主动同意和契约,才能放弃权利或将其转移给另一权利实体。人性中自私和掠夺成性的一面意味着,契约者根据其理性利己主义而考虑放弃权利的唯一条件,是保护所有人免受因他人本性所导致的伤害、承诺保护和平、消除或克制人类最基本的本能恐惧——对死亡的恐惧。霍布斯认为,除非通过一种能够制约所有缔约方的潜在威胁并将其融合其中的制度建构,否则这一点就无法实现。因此,国家需要扮演"圣经中的怪物利维坦的角色,唯有它保留着人类在原始条件下像狼一样的潜能,它也是战争与和平、朋友与敌人、生存与死亡的唯一仲裁者"(Schulze 1996:51-2)。

因此,霍布斯认为,国家与安全,以及提供安全所需要的各种警务形式之间存在着一种至关重要的并且事实上相互建构的联系。在霍布斯看来,国家存在的理由及其最基本职能是为其臣民提供安全保障。但这种安全的代价却十分沉重。站在霍布斯的立场,他必然赋予主权者以绝对权力。对于霍布斯而言,他并不认为共同体内在的共和主义**美德**制约了文艺复兴早期马基雅维利等人的君权观念。同样,他也没有认识到,"主权主义(sovereigntist)"的先驱博丹(Bodin)已经蕴含了秉承自神谕或自然法的限权意识。洛克(Locke)和卢梭(Rousseau)进一步继承与发展了霍布斯的社会契约理论,他们对于人类本性的理解相对较为温和且有尊严,并提出了更有限、更具回应性的政治权力观的可能性与可行性,然而霍布斯并不这样认为。在霍布斯看来,并不存在这种缓和与限制性影响。相反,只有当所有政治权力来自单一来源并且不可分割时,保障安全的承诺才有可能实现。所以事实上,霍布斯已经对此进行了令人信服的论证,他所假想的主权者之所以有权决定其臣民的信仰和行动,**只不过**是为了以最有利的方式维持公共秩序,并试图成为历史上拥有最绝对权力的统治者——比梦想中更为强大,更不用说从古典时期到中世纪任何一位国王或君主(van Creveld 1999:180)。在这种不妥协的统治体系中,臣民所保留的自由权只是来自统治者的决定或者默许——用霍布斯令人难忘的话说,这只不过是君主选择颁行的法律之间的裂缝(Hobbes 1946:139)。

因此,霍布斯对国家批判性思维所做出的贡献常常表现为**消极**的形式,并往往以其所激起的反应来衡量，这也就不足为奇了。通过把国家想象成为一种无所不能的巨兽，并成为"安全游说团体"中较为极端的那部分人所乐见其成的样子，霍布斯使我们彻底意识到将安全视为绝对价值的高昂代价；这当然也使得很多人想要回避这种高昂代价，他们试图从自己的立场去寻找，并毫不留情地揭露最基本的张力。如果绝对统治的目的是保护被统治者免受他人伤害，那么当主权者的权力成为其臣民的严重威胁时，又会出现什么情况？而这似乎是绝对主义的必然结果，即便来自主权者的这种威胁并没有比他们在自然状态中的彼此伤害更为严重。解决问题的方法会比问题本身更糟糕吗？这的确是国家警务与国家安全之间所普遍存在的基本悖论（N. Walker 2000: ch. 1）。

事实上，从几乎与霍布斯同时代的思想家洛克开始，后续的许多国家理论都可以看作是对霍布斯式绝对主义社会契约规则的一种反驳。然而有趣的是，社会契约论本身的基本观点显然并没有立即遭到抛弃，遭到反驳和抛弃的只是霍布斯本人关于社会契约的特定**理论建构**。诚然，此后的社会和政治理论很快否定了社会契约论的观点，并认为**历史上**并不存在社会契约发生之前的所谓自然状态，这当然没错（e.g. Hume 1951）。然而，作为评判公平正义或国家秩序的基准，社会契约论虽然只是一种理论假设，但却有着远大的理论抱负，社会契约的主张也被证明很有韧性（resilient）。事实上，它始终保留着一定的理论想象力；特别是近五十年来，受罗尔斯（Rawls 1997，1993）的启发，社会契约论经历了重要的理论复兴。在政治上亦是如此，契约思想仍然是规范性思考和推论的重要框架，例如很多现代宪法的序言部分都会强调这一点。霍布斯对社会契约论的早期发展具有十分重要的影响，如果我们想要探究社会契约论的传统**为什么**会如此具有韧性，我们就会发现霍布斯以及许多关于现代政治秩序的早期思考和理论，在对"国家"（state）进行批判性思考方面所做出的**积极**贡献；而"国家"正是社会契约论所试图建构和完善的概念。

这就直接来到了把霍布斯确定为本章分析的关键起点的第二个原因，这一原因虽然不那么明显,但却更具有根本性。因为人们常常认为霍布斯**创造**了现代国家的概念。这不仅仅是一个命名的问题;事实上,尽管霍布斯有时确实提到了国家(state)这个名词,但他自己更喜欢"共同体"(commonwealth)一词。霍布斯的创新在于他将国家(state)理解为一种纯粹抽象的实体——**拟制人格**(*persona ficta*),这种拟制人格既不同于拥有大部分国家权力的主权者,也不同于被统治者(Hobbes 1946:146;Skinner 1989;Runciman 1997:32;van Creveld 1999:179;Loughlin 2003:58-61)。在霍布斯之前,国家概念,或是欧洲各国语言中类似的说法都源自于拉丁语"国家"(*status*)一词,这一词语常常被用于描述内在社会政治秩序日益抽象化的过程,而无论其焦点是统治者还是被统治者的境况。从最具体和最基本的意义上说,这一词语自14世纪以来被普遍用于指国王的身份地位或是国王统治的威严和适宜程度。14世纪晚期,这一词语被赋予了更广泛的意义,用于表达王国稳定与和平的状况或环境。在随后的两个世纪中,"国家"一词逐渐倾向于描述统治本身的建设性框架结构,以及统治者维持其**统治地位**所需要的条件。我们特别注意到,国家的概念逐渐延伸到用于表示主流的政治体制,或是统治者实行控制所需要的总体范围,或者是政府机构以及在政府共同体中用以组织和维持秩序的强制性控制手段(Skinner 1989)。

然而即便是在最近的发展阶段,抽象化的过程仍远远不足以完成对国家地位的现代定义。正如中世纪"王有两体"(king's two bodies)观念的持续存在所表明的那样(Kantorowicz 1957),国王的私有财产与其公共责任(一方面)和统治机构(另一方面)之间的区别,是与国王、主权者或主权机关的观念保持一致的(Skinner 1989:103)。为了完成对于国家的现代阐释,霍布斯所需要并且也适时提出的,是对于国家的"双重抽象"或"双重非人格化"特征的解释(Skinner 1989:12)。国家的权力不仅应当区别于"自然状态"或前政治社会中的人民及其权利,也应当区别于暂时受命行使权力的统治者。在霍布斯看来,国家纯粹是"人造的人"(artificial man),它既不同于统治者,也不同于被统治者，因而能够呼吁双方均忠诚于国家。

显然，社会契约论的国家观总体上与这种双重抽象的过程十分吻合。契约是一种自治的制度结构，是一系列具有约束力的规范性要求，它是从所有契约方或全体成员的利益谈判中产生的，但又不屈从于任何特定参与方或成员的利益。因此，即便所有契约方都声称，国家或契约的合法权威取决于是否将每个人的利益考虑在内，但任何被统治者**以及**公认的统治者，都不能把如此通过契约所建立的国家当作是处理其日常问题的无足轻重的手段或工具。

但是，这种双重抽象的国家观念，以及与其表述十分契合的契约隐喻的新颖之处和重要突破，已经超越了单纯的理论创新。其影响之深已超过了新知识体系本身——人们经由这种新的知识体系，不受约束地思考公共生活的问题。我们对于政治共同体的理解处于不断的转型和变迁之中，这种转变在霍布斯那里达到了顶峰；按照科尼利厄斯·卡斯托里亚蒂斯（Cornelius Castoriadis 1987）的说法，这种转变的最重要意义在于，它是如何探究并影响我们的"社会想象"的变迁。查尔斯·泰勒（Charles Taylor 2004）认同并采纳了这种说法。在泰勒看来，"社会想象"指的是一系列基本的理解和假设，这些理解和假设并不是知识精英所保有的特权，而是为普罗大众所广泛接受的基本认知，有关人们"如何想象其社会存在、如何与他人相处、他们与同伴之间如何进行协作、通常能满足的期望以及支撑这些期望的更深层次的规范性概念和想象"（Charles Taylor 2004：23）。因此，社会想象是人们认识世界的最基本的意义网格，具有十分重要的意义；但也正是因为这个原因，人们往往将其看作是理所当然的东西。随着一种新的社会想象逐渐建立起来，并深入沉淀在我们的日常理解中，人们就会认为这是自然而然、不值得特别注意的东西。我们甚至会对其视而不见，只有当我们再次面临一个时代与另一个时代的断裂时，我们才会通过重新认识这些不证自明的公理来重新认识自我——在本文中，就是指社会想象及其所伴生的政治组织形式的前现代属性和现代属性之间的断裂。①

如上所述，在泰勒看来，社会想象中最重要和最根深蒂固的部分是其规范性维度，或者说是泰勒所谓的"道德秩序"（moral order）（Charles Taylor 2004：ch. 1）。现代性的道德秩序无疑是世俗的、进步的秩序，其中政治社会被认为是为其成员的共同利益而建立的。因此，这标志着对此前占主导地位的等级制观念的拒斥，在等级制观念中，道德主体取决于它所嵌入的更大的社会整体——这一社会整体处于"更高时间"（higher time）的神圣领域中（Charles Taylor 2004：158），并且其本质正是要展示所有事物正确秩序的等级互补性。②如同在前现代秩序中一样，现代性中的个体仍然是社会的人，他们无法在道德孤立的状态中存在。然而，与前现代秩序不同的是，现代政治社会中的个体是为自身目的而奋斗的。其基础是某些有关个人目的的"前政治"（pre-political）观念，而不是总体性的宇宙秩序，后者常常以自己的方式对个体加以定义和定位。个人的行为方式主要根据的是世俗化时代政治社会的**书写者**，而不是处于更高时间区域（a zone of higher time）中的社会的物化；从而促使人们像霍布斯和其他契约论者一样，进一步主张社会的基本**脚本**（script）应该体现人类的目标，并应当重视个人生活的世俗需求以及人们经协商后的共同追求。它应当集中于那些个体作为自由主体存在的生产和再生产所必需的能力——特别是繁荣兴盛，当然还有安全保障的能力。自由，是个人主体地位的

44

---

① 在以上各个方面，泰勒对"社会想象"概念的把握和发展，与雷蒙·威廉姆斯（Raymond Williams 1964）的"感觉结构"概念和布迪厄（Bourdieu 1990）的"惯习"概念有密切联系，并与其进行了富有启发性的比较。

② 当然，这里神圣性模型可以是主流的先验性－神论宗教——基督教、犹太教、伊斯兰教。然而，它又与柏拉图和亚里士多德的"宇宙秩序"概念相一致，这种观念认为社会必然符合某种基本形式以及事物不可化简的特定秩序。事实上，泰勒在讨论现代性的"大脱嵌"（'great disembedding'）问题时，认为后轴心时代的宗教与现代性的关系远比新柏拉图哲学更加模糊。对于通过继续重申更高的宇宙观，他们对理想秩序和现存社会秩序之间的对应关系提出了质疑——因此打开了其中一个现代性关键假设的可能性与可行性，即对政治社会的自觉**改造**（C. Taylor 2004：ch. 4）。

先决条件。有纪律的行动，是自由用以追求互利合作的方式，而互利合作则将工具主义政治社会观的终极目标正当化。因此，自由和有纪律的行动共同构成了这种新道德秩序的双重政治任务。并且，这两个双重任务在法律和宪法上集中体现为对个人权利的关注——这些权利对于主体而言既是建构性的，也是保护性的，因而必须确保对所有权利主体均一视同仁；除此之外，这两个双重任务同样也关注责任承担问题以及将主体有效导向社会福祉目的所必需的制度秩序。

当然，必须从历史角度谨慎对待现代社会想象的概念，这一点是毋庸置疑的。它**能够**讲述一些有关现代性的趣味十足且与众不同的内容，但前提是我们不能要求过多的解释。我们尤其要注意三个注意事项，在这方面的持续思考有助于完善我们所说的现代社会想象。首先，其发展缓慢而不均衡。它并不是像地震所造成的结果那样一次就完全成型，而是逐渐演进发展而来。就像霍布斯的著作一样，并非所有内容都来自霍布斯的原创，而是各种思想发展到一定程度之后才有可能综合成为新的理论。例如我们已经发现，只有当权力（authority）与当时统治者的特权（privilege）充分分离时，现代国家的观念才有可能产生。同样——参照斯金纳"双重抽象"理论中的另一个因素，现代国家观念也需要与当时政治组织中的公民利益和诉求保持类似距离，这也就是个人中心主义政治思想的早期传统（Skinner 1989：112 – 16）。事实上，如果我们留心一下各种共和主义传统就会发现，无论是古希腊和古罗马的共和主义传统还是后来在佛罗伦萨的变体，这些思想都将公共事务中的公民直接置于政治生活的中心，即便当时的公民身份仅限于少数的、封闭的精英群体。然而，除了需要对公民身份进行更具包容性的定义之外，早期共和主义思想也尚未将政府机构理解为与当时公民利益相分离的工具，这必然会限制政治名义下的所思所为。只有通过国家制度自主性的理念，我们才能发现相应的政治话语的自主性——有关在集体利益中应当做什么的持续讨论与反思，既不在神圣**永恒**之中，也不在**当下**，而是在长久的**俗世**之中。

其次，即便我们把历史发展的不均衡性和前现代先驱者的存在排除在现代社会想象之外，并将现代社会和前现代社会都看作是理想类型，也不应该夸大它们之间的差异。特别需要指出的是，这两者之间的区别并不是以下两个世界的差异——在第一个世界中，政治生活唯一关注的问题是赞颂并服务（宗教）信仰；而在另一个世界，政治生活已经将宗教排除在外，或是仅仅停留在口头上。站在前现代的角度，正如早期共和主义传统自身所表明的那样，人们当然也很关注日常政治生活、权力体系或是各级社会组织的治理。事实上，我们在下一部分将会看到，警察权观念的古老渊源恰恰集中于日常政治领域。然而归根到底，在前现代社会想象中，为适应更具普适性的等级秩序概念而衍生的种种要求，虽然在任何特定实例中都只产生间接影响，但却限制了世俗权力结构所能想到的边界。而站在现代角度，我们当然熟悉神权政治国家观——它至少在口头上宣称，致力于在世俗领域实现神圣计划。但至关重要的是，当国家赞同并支持现代救赎宗教的起因时，它并没有表现出与固定的宇宙秩序保持完全而又被动的和谐一致；恰恰相反，它倾向于认同有关人类主体的现代观念，并倾向于支持世俗化时代的积极社会转型，以更完美地追求神圣计划。

再次，对现代（社会）想象进行的详细描述并非只有一种，而是有很多，不过查尔斯·泰勒的确率先阐述并支持了这一理论。在现代（社会）想象的属系（genus）之下，还有许多不同类别（species）。就其深度和广度而言，现代性的基本道德秩序实际上是与各种各样社会想象的全面繁荣以及随之而来的社会政治秩序相一致的。回到我们前面已经提到过的思想观念、物质能力和制度形式的三联体，我们就会发现，不仅现代国家形式的基本要素可以组合成不同种类、混成不同形式，甚至组合方式本身也经历了某种调整和改变。在思想观念和意识形态的范畴，民族主义和公民权理论都对自为（self-made）的政治共同体概念进行了一些阐述。对于这样的共同体而言，若要优先考虑共同体创始人的主张和愿望，就需要建立一种成熟有效的模式来规范成员关系和资格——一方面，是指前政治文化共同体的完整一致性，国家就是这样一种政治文化共同体形式；另一方面，指的是成员的经历要求或是契约的条款。

简单来说，我们发现民族主义为此提供了最早的规范模式，随后公民权理论又提供了第二波模式选择。民族共同体的现代形式主要形成于18、19世纪，**随着时间的推移**，民族共同体逐渐成为建立在共同传统基础上的归属共同体（Yack 2003：36）——无论这些共同的传统是基于领土、语言、种族、神话历史事件或宗教忠诚，当然也很可能是上述各因素与其他共性之间的混合，这些共同传统代代相传，直至尚不确定的未来。我们将会在接下来的章节中对此进行继续探究。而公民权理论则更关注将（共同体）成员区别于非成员的权利与责任，并且以适当的方式将成员的个人自由与集体纪律结合起来。这清楚地表明，民族主义与公民权理论之间并不是相互替代的，而是不可避免地在现代国家形成的过程中携手共进。然而这些概念之间相互结合的方式却可能大相径庭。它们之间相互结合的方式可谓千变万化：从强调"血缘与归属"的民族主义（Ignatieff 1993）和受制于排他性文化认同的公民身份形式，到公民民族主义和共和主义公民身份（civic nationalism and republican citizenship）这样较为淡薄与温和的概念；我们已从中发现了现代国家多样性的一个方面。

在物质能力方面，我们也看到现代国家的多样化路径。我们已经笼统地指出，现代国家的发展是如何与更复杂分工所固有的需要和可能性联系在一起的。更具体地说，资本主义生产方式逐渐形成的基础是契约自由的形式和不受任意侵犯的财产权概念；而资本主义生产方式的确立产生了一个先于政治的（商业）领域，从中可能会发展出更具工具性的政治社会概念以及以个人为中心的价值观，从而使新的社会契约得以实现。然而，面对自由和责任主体之间的张力，以及互利共赢与实现共赢所必需的集体纪律之间的张力，现代国家仍倾向于保留更加集体主义的生产与再分配伦理，这被认为是实现互利共赢所需要的，并因此而倾向于对经济进行各种形式的干预和控制，我们有时会把这种干预与社会主义联系起来。

　　最后，在制度能力方面也存在着很多可能性。显然，对自由、个体平等和集体同意的重要性的强调，为现代自由主义与代议民主的发展提供了路径支持。同样明显的是，认为政治社会能够摆脱永恒等级制的宇宙观（cosmology），能够根据人类的意愿设计而成，而其实施则需要集体纪律等观念，为更多集体主义理念和有关人类繁荣（human flourishing）的意识形态开启了大门，并促进了塑造这些目的的制度机制的发展。那么从极端意义上说，我们可以认为当代极权主义意识形态与那些以个人为中心的、强调民主回应的（政治）模式一样，都是现代道德秩序的产物，尽管当代极权主义意识形态通常都会受到封闭排外的民族主义的鼓吹和煽动，并伴有其赖以存续所必需的压制型法律和行政机构。

　　无论它采取何种具体的形式，现代国家基本上都是与某一根本性道德秩序相一致的，并且也被认为是这一根本性道德秩序的产物。允许承认个人主体资格的自由与主体在追求互利共赢过程中所需要的纪律之间的紧张关系，或许能够以完全不同的方式进行化解，但是这两者涉及同一个基本认知的转变，即从早先受制于永恒宇宙观的垂直有序的政治社会观念，转变为水平排列的人类学观念，政治社会可以从中建构并提供唯一的合理解释。

　　由此我们可以发现，从霍布斯开始，现代国家是如何包含并控制着对其自身进行批评的种子，其中最直接的批评意见主要围绕对非法干预个人事务的批评。我们首先来讨论这一观点的总论部分，如果我们同样认为政治秩序是人类建构的产物，其评判标准只是取决于它的累积和恢复能力是否满足人类的需求，那么现代国家的兴起，以及支持它的道德秩序观的出现，就会带来其内在的批判意识——这是一种对**城邦**的批判形式而无需诉诸超越**城邦**的武力或秩序，并因此被认为开启了适当**政治**批判的现代阶段。也就是说，由于政治秩序的目的和手段在"更高时间"内不再被神圣化并超越人为干预的范畴，而是开始被看作是选民的意愿，在非宗教或世俗化时代，这种选民意愿由立法者和行政管理者所代表；因此，对政治秩序的目的和手段（以及对其负责的事物）进行持续不断的批评与修正，在原则上是合法的。政治秩序开始在本质上具有一定偶然性（contingent）和"可变性"（Finer 1997：1303）；作为一种建构而成的制度形态，政治秩序也因而总是能够被重构。

让我们进而讨论这一观点的具体组成部分，由于新的道德本体论是以个人为中心的，其最重要的基本原理是对个人主体地位的保护，无论是在对政治秩序表示同意的时候，还是在维持与深化政治秩序的阶段。霍布斯的绝对国家拥有强大的干预和强制能力，很容易就成为任何个人中心主义道德情感的抨击对象，但我们却不应该忽视这样一个事实，即个人中心主义道德情感的出现本身就是更为重要的创新。绝对国家可能是最糟糕的一种情况，但任何一个通过警察和其他机构，以共同利益的名义将个人置于规训和限制之下的国家——事实上，**显然**所有国家都会这么做，现在都很容易被指责为（对个人进行）非法干预，认为它们干预了一些在前政治的自然状态中属于个人主权（sovereign power of individuals）范围内的事务。

当然，批判归批判，统治权则是另一码事。正如前文所指出的那样，现代国家的另一面倾向于向（统治）机构妥协，它以集体项目的名义或至少是为了推进这些集体项目的名义，要求个人服从集体纪律，而这些集体项目又往往是各种以国家、阶级、信仰和其他内容为基础的意识形态、利益和制度结构等多重内容的复杂组合。在这里，历史解释这一宏大叙事中的其他方面内容——物质能力和制度能力，显然就更为突出。然而现代国家的命运在本质上是一把双刃剑（double-edged），在生成客体的同时、也带来了对客体的批判（generate both the object and its critique）。正如我们将看到的那样，现代警察的历史，以及对现代警察的批判史，都与现代国家的这种双刃性直接相关。

社会学基础

对国家干预个人主权事务的担忧与有关国家基本理论密切相关,那么它是如何逐渐将自身纳入有关国家警务范围与合法性的讨论范畴的呢?正如上文所指出的,这种迂回暗示采取了两种形式。首先,也是最明显的是,警务常常是这种担忧与批判的特定目标,这些批评意见将国家保护个人安全的霍布斯式冲动(Hobbesian impulse)看作是对他或她的其他"自然"自由的长期威胁,同时也是对"利维坦"社会契约所保证的人身安全的长期威胁——这里的"自然"自由包括了人身自由、行动自由、言论自由、信仰自由和隐私权。那么,这种担忧和恐惧就有了狭义和广义两个维度。从狭义上讲,配备了专属警力的国家可能会成为或已经成为一种弄巧成拙(self-defeating)的制度结构——或者更不客气地说,即便是以霍布斯式的核心目标来衡量,仍然是一种纯粹利己(self-serving)的制度结构,而这一制度所造成的不安全感却大于它所提供的安全。从广义上说,在国家警务可能会成功或至少在最狭隘意义上不算明显失败的情况下,仍有可能造成其他基本自由的过度损失。第二,公共警察部队的建立意味着国家干预(个人事务)的倾向变得更为明显,这就有可能会剥夺或削弱个人行使其共同和若干"自然"自由来安排自身安全措施的可能性。我们将依次简要回顾这些令人关注的问题在现代警务发展史上所表现出来的传统形式以及在当代的表现形式。这样,我们就可以了解这些批评意见的弹性强度与重要性,同样也指出它们的弹性限制。

不安全的自由

自由主义的核心重点,是要保护或建立一个领域,在这一领域中,个人的行为方式遵循他们自己对于生命意义和价值的理解而不受他人的干涉;因此,自由主义是一种与现代社会想象的"主体"维度密切相关的政治哲学。所以事实上，关于自由主义在现代政治文化中的作用，我们最好不要把它理解为对特定社会如何运作的全面描述，甚至也不是有关公平社会的一般理论或模型，而是一种强大的思想或"意识形态"，它以各种不同的变体形式存在于所有现代社会秩序中并或多或少地对所有现代社会秩序产生影响——即便是那些社会主流倾向显然是"非自由"的社会秩序。① 茱迪·史珂拉（Judith Sklar 1989）所谓的"恐惧的自由主义"（liberalism of fear）就是自由主义的其中一种变体，同时也是作为一种积极政治理念的自由主义发展史中的重要组成部分，这种积极的政治理念可谓是触及了反对（国家）干预的核心。这其中就包括了担心以国家的名义通过其不可阻挡的强制能力对相对"弱势"的个人为所欲为。我们随后就会发现，这种担忧和恐惧通常会假定一些更为具体的形式，无论其系统偏差（systematic bias）是有利于还是反对特定人群，或是塑造和维持并不宽容的道德或文化正统性，或是在认知上自不量力——国家未能认识到其自身知识和监管潜能的极限。然而，正如自由主义最初只是一种无视差异性的理想，主张人人拥有平等的自由权，对一般国家权力和国家警察权的许多焦虑和担忧历来被认为是，同时也确实为政治文化中有关自由权的自由主义观点赋予了话语权，这种自由主义观点源自于现代社会想象，而在无视差异性方面甚至

---

① 根据麦克尔·弗里登（Michael Freeden 1996: part II）的观点，自由主义事实上**正是**现代性的"主流意识形态"，如果我们将意识形态理解为"松散或严谨的、经深思熟虑或无心插柳而成的政治思想体系，个人或群体通过意识形态来建构他们对政治世界的理解、关注他们的思想和生活，并按照这种理解行事"（Michael Freeden 1996: 3）。从这一定义出发，弗里登关注的是如何将作为意识形态的自由主义与作为政治理论或哲学的自由主义区分开来，强调它在个人和群体寻求理解和（或）塑造社会世界的"思想—行为"（thought-behaviour）中的实例化（Michael Freeden 1996: 2）；对于个人和群体而言，社会世界与其密切相关，而不是作为一个相对独立的想象性推测与创造的主体。然而请注意，如果一方面"意识形态"比"理论"更接地气，那么从另一方面来说，它在重要性方面仍然不如基本"社会想象"，并且依附于基本"社会想象"。意识形态借鉴利用了以话语形式出现的思维体系，也有助于这一思维体系的形成，而社会想象则代表了根深蒂固的关于社会世界的共同假设，这些共同假设使得理论与意识形态成为可能。

表达得比前者更为急切。

"恐惧的自由主义"如何影响对（国家）干预的批评呢？对于这一问题的讨论将分为两个阶段。首先，接着上一部分的内容，我们将研究自由主义对国家目空一切的安全能力的担忧，是如何根植于现代国家的社会基础之中的。我们必须要认识到"恐惧的自由主义"的双面性，它既是一种新颖的、与众不同的思维方式的产物，又是鼓励这种思维模式的某种客观力量的产物。一方面，它反映了自由主义基础理论的概念张力，对于根植在使现代国家成为可能的社会想象中的内在批判种子而言，这种概念张力是其进一步成长和发展的沃土。另一方面，这种焦虑也反映并回应了安全和警务工作长期发展中秘而不宣的某些趋势。其次，我们对19世纪初以来新警察制度形式的发展进行了研究，并从自由主义的角度来强调这种新形式如何产生十分模棱两可的影响——既强调了对（国家）干预的担忧，又在某种程度上对这种担忧进行了回应。

接下来，我们就开始讨论更深层的基础性问题。自由主义核心观点的概念张力关注的是个人自由在国家的自由主义理解中模棱两可的状态，特别是很难确定在一定程度上允许现代国家侵犯个人自由的"原则"限度。自由主义者不是无政府主义者。尽管洛克、亚当·斯密、潘恩、孔多塞等早期自由主义传统思想家们都反对霍布斯的绝对主义，但是他们都同意霍布斯的基本理论前提，即免于遭受人身侵犯的恐惧和预期是个人行动主权不可或缺的前提条件。① 事实上，正如斯蒂芬·霍姆斯（Stephen Holmes）所说，安全是自由主义传统的"重要主张"（Stephen Holmes 1995：245），也是各种不同的自由主

---

① 研究政治思想史的学者通常会把自由主义的历史追溯至洛克，即便他们已经意识到，自由主义成为一种思想传统，是发生在19世纪30年代起自由主义被用作政治术语之后的；J. S. 密尔（John Stuart Mill）被很多人视为19世纪自由主义首要倡导者，但密尔也并未认为自己的著作是在阐释一组被称作为自由主义的政治信仰。然而，尽管自由主义直至19世纪方才成为一种成熟的意识形态，但其长期以来（对社会问题进行）判断并提出整改措施的持续关注与努力，证明了现代自由主义已扎根于自由主义早期传统之中。

义思想体系所普遍认同的公理。所以自由主义思想既没有奢侈地为霍布斯式的安全愿景提供背书,也没有对其全盘拒绝。相反,国家试图谋求既强大**又**自由的这种自相矛盾又弄巧成拙的倾向,是我们必须要予以正视的。安全与自由必须以某种方式进行协调。

然而在自由主义的情感中,很难找到协调的路径。如果说自由是发现和追求个人生活的意义与价值的必要条件,那么安全可能是这种自由的前提,而对安全的追求也只有在保证"自由红利"的情况下才可能是正当的。但这种概念之间紧密的相互依存关系并不意味着可以避免在安全和自由之间进行取舍。安全和自由是具有相关性的两个概念。更多的安全(保障)通常就意味着其他方面的东西会相应变少,而那些东西往往是我们所珍视的某一项自由。同样,更充裕的自由通常也意味着会减少某些其他东西,其中就可能是提供安全保障的能力。正如我们会在适当时候发现,现代国家已经掌握了某些制度手段,力求为安全与自由的协调平衡提供切实可行的方法;这些方法也可能有助于转移或缓和人们对自由与安全之间适当关系的关注,尤其是通过协商性论坛等方式来讨论这些问题。但是现在,让我们继续深入探讨自由主义核心理论中更基本的概念搁置(conceptual abeyance)问题;以及未能充分填补这一真空状态的失败是如何助长了(人们)对于警察权力扩张的焦虑。

作为试图协调上述概念的尝试,"平衡"(balance)理念长期以来盛行于有关协调安全与自由的法律和政治讨论中,并同时诉诸于决定保持或恢复个人自由界限的自由主义者以及那些试图以加强安全的名义来证明最新的自由资格之正当性的人们(Waldron 2003a;Loader forthcoming a)。平衡,就意味着存在着不同的价值诉求,当它们相互之间有所牵涉时,往往是相互矛盾的;这时,最理想的解决之道——打破它们之间的适当平衡,可能就涉及牺牲某个或另一个价值诉求的某些维度。尽管这可能会从概念上终结自由主义对于安全模棱两可的理解——担忧如何在集体纪律和个人自由之间达成和谐一致,这也是现代社会想象的深层困惑;然而对自由主义者而言,将这种平衡状态比喻为在竞争品（competing goods）之间达成平衡，这永远都不会是一个令人舒服的比喻，原因有二。首先，也更为具体的是，自由主义者往往对破坏自由的种种理由和托辞深感不安（Waldron 2003a：194）。无论是言论自由、集会自由或是人身自由，都是我们最基本的自由权，这些自由都被认为太过珍贵，无法简单地在社会规模上与竞争品进行衡量，并根据这些竞争品的权利要求的强度而成比例地缩减。正如自由主义者所主张的，从尊重个人的角度出发，如果有令人信服的理由来坚持人们应当免于任意逮捕和拘留的恐惧或可能，那么维持这种自由所带来的安全风险的间接增加——以当前两种常见的情况为例，无论所涉情况是主办一次有争议性政治人物参加的高级别国际首脑峰会，还是一波地区性恐怖袭击，其所增加的安全风险都不足以压倒这些令人信服的理由。诺齐克的"边际约束"（side-constraints）、德沃金的"作为王牌的权利"（rights as trumps）或是罗尔斯提出的基本权利的"词典式优先"原则（lexical priority），都可能是对这一问题的文字表述，但自由主义的道德本能通常会为保护基本自由权的行为赋予某些特殊地位（即使不是绝对的优先权），这就意味着不能简单地用其他社会收益来换取基本自由权利。而平衡观念却并不轻易地承认这种特殊地位。相反，平衡观念意味着用一种单一的标准来衡量所有的社会产品，也因为如此，它更适合于另一种政治思想：功利主义。在以个人为中心的现代政治意识形态谱系中，功利主义既是自由主义主要的合作伙伴，又是它的竞争对手。

　　这就突出了第二点，也是更具普遍性的一点，自由主义者对平衡的观念感到不安和担忧。平衡，不仅无法给予核心权利以特别优先权，而且也缺乏**任何**明确的、前后一致的、没有争议的元规则或方法来解决不同价值观之间的争议。再仔细考察就会发现，用单一标准来衡量社会效益的想法已被证明是一种排他性手段。它从负面意义上指出，任何一种价值观都不能免于价值观的普遍衡量，但并没有从正面意义上明确说明，如何对其进行全面的衡量。正如从边沁开始的功利主义思想史所表明的，我们如何计算一个单位的利益，以及我们如何将不同的利益减少到一个单一的规模,这本身就具有很大的不确定性和争议性,最终还是要依靠给予众多相互竞争的价值观中的其中之一以优先权(这些价值观包括了总体幸福、总体福利、对个人利益的最小侵犯或挫败等等),所有这些观念在概念上都存在争议,在应用中也十分模糊不清。简言之,平衡的观念仅仅承诺了一种虚假的客观性,并在我们试图设计公正的制度安排和回应自由主义者的担忧时,提供了一种人为造成的精确度。在仔细校验各种不同利益和偏好的背后,平衡,实际上严重缺乏确定性和严密性。自由一旦进入了功利主义的计算之中,那么从另一端会得出什么结果是非常不确定和有争议的。无论何时何地,对自由主义意识的新攻击都令人担忧;而在"9·11"事件之后,全世界弥漫着一种焦虑不安的气氛,担心这种史无前例的恐怖攻击会成为一种普遍现象,于是在法庭上、在政治辩论中、在民间观察人士的公开评论与谨慎批判中,常常频繁地援引平衡的观念和准则。但还是难以避免留下这种印象,即援引平衡观念的常常是对自由主义进行批判的那些自鸣得意或愤世嫉俗的批评者们,却不顾其多年来都无法为对自由的侵犯设定绝对限制或成比例的限制;有时自由主义者自己也会援引平衡的观念,他们这么做仅仅是希望能有更强有力的准则来坚持到底。

无论这种平衡思想是源自于愤世嫉俗的犬儒主义、自满的情绪,或者是脆弱的希望,我们可以确定的是,平衡观念并不能保证避免出现某些深深铭刻于警务和安全的社会基础中的结构性倾向,这样我们就引出了"恐惧的自由主义"的第二个——也是客观的——要素。正如我们将看到的,随着现代国家及其专用警务能力的发展,这些结构性倾向得到了极大的提升和强化。然而,如果我们不能理解其源自于前现代的根源,就无法充分理解自由主义者为何会深深地、经久不衰地处于对自由的担忧和焦虑之中。我们在上一部分中已经强调了现代社会想象的**不连续性**,以便理解对政治的某一重要的现代解释的新颖性;相比之下,这里就有必要强调一下社会力量的**连续性**与累积性,正是这种连续性与累积性,使得现代警察权变得如此强大而令人敬畏。

马库斯·德克·杜贝尔（Marcus Dirk Dubber，2004，2005）在其最近一项很有影响力的研究中将警察的观念追溯到了古希腊和古罗马，认为警察观念源自于古希腊和古罗马人对于家庭管理的理念。在古代雅典人的学科领域划分中，政治，是平等的公民——或者说，享有同等权利的人们在公共领域的自治行为；而经济，则被视为是那些享有特权的公共人物在其私人家庭中谋求整个家庭共同利益的管理行为和艺术。①这种由一小部分公民在私人领域实行家长式管理的观念，在罗马法关于"**家长**对其**家庭**拥有绝对权力"（paterfamilias exercising plenary power over the familia）的观念中得到了继承和推行。这种说法可谓耳熟能详，但杜贝尔的研究并不仅限于此，他对警察的谱系学研究的创新之处在于，将古典世界中有关警察警务的渊源与中世纪和现代早期关于警察科学的概念联系起来，同时还把这些渊源与"把国王或统治精英看作是较大的次级治理单位首领"的观点联系在一起：

> 警察（警务），标志着政治与经济领域的交叉融合；随着两种治理模式的相互融合，就产生了一门蕴含着矛盾的政治经济学学科。随着（微观）私人家庭的管理行为逐步扩张并转移到（宏观）公共领域的治理时，警察权力就应运而生。（Dubber 2005：81）

但是这种融合是怎么发生的呢？杜贝尔试图通过对警察权管辖范围与深度的发展进行一系列论述分析和评估，来回答这个问题。根据推论，君主，作为家长和二级"公共"家庭首脑，并因此对其社会和经济福祉负责的形象，在现代警务的很多基础领域中都十分明显。这一点在卢梭和苏格兰启蒙思想家的著作中都有所涉及，同样也见于英语警察传统国家的著名学者更专业的著作

---

① 经济和政治之间的差别，非常贴切地反映了古希腊生活的两个维度——"自然生活"（zoe）与"能够参与政治的生活"（bios）之间的区别［参见 阿甘本（Agamben 1998）］。

中，如布莱克斯通（Blackstone）成书于18世纪中期的著作，以及帕特里克·卡胡恩（Patrick Colquhoun）完成于半个世纪之后的专著。此外，所有这些作者以及他们所公认的相关经典理论渊源，很明显都受到了当代欧陆警察学（*Polizeiwissenschaft*）方法的影响（并与之相互影响），从而借鉴了早期法国和德国的警察传统，如警察法、警察规章、警察条例以及随后从15世纪开始设立的警官职务（Knemeyer 1980）。这一思想体系之间的共性十分显著，并可以从中概括出三个特定主题（Dubber 2004）。

首先且最明显的是，这一思想体系中存在严格的等级制观念，这反映了家长和家庭成员之间有着明确的区别。其次，警察权存在着"明确的不可定义性"（'defining undefinability'）。事实上，在欧洲大陆的警察学体系中，警察权被视作为所有统治行为的根源和理论基础，这也体现在**警察**（*police*）①与**城邦**（*polis*）共同的词源中。更高层级的家长（或首领）在努力教化和训练其大家庭成员追求共同福祉的过程中，他不会在原则上拒绝或否认任何一种管制形式；正如在犯罪和刑罚的历史上广为记录的那样，对于君主作为"国父"（*Pater Patriae*）的权力的广义理解在近代欧洲各国的历史上被广泛接受（Keane 2004: chs. 3 – 4）。除了公认的犯罪行为类别之外，举凡体育活动、性别关系、流浪问题、夜间游走（night-walking）、赌博、公平贸易、高利贷、畜牧业、公共卫生、不必要的开支、着装不当、过度饮食、窃听、恶意的流言蜚语和模仿冒充行为等各种事务，都被视为对实现公共家庭良好管理有关键意义，因而就属于警察权的管辖范围，而一旦违反相关规定往往就会受到严厉惩罚。再次，与此相关的是，父权式警察权力的观念是以"非人性化"（ahumanity）和"非道德"（amorality）为特征的（Dubber 2005: xv）。它不仅是一种"支配人和事物"的权力（2005: xiv），而且这种权力并没有对其客体——

---

① 现代**警察**（*police*）这一术语源自于法语，同时这一词源也被其他两个早期欧洲主要的"警务"传统体系所接受和采用——即德国和盎格鲁-撒克逊传统。

人与事物——的道德地位进行明确的区分。这两者都只是"家长手中的工具",并因此而易于宏观家长对其进行加工、改造、丢弃或重新使用,使其与所有熟悉家庭内部的权力技术相适应并保持一致(2005:ch.1)。

当然,这种家庭比喻的影响力,以及其向一般意义上的政治组织,特别是现代国家的宏观领域的成功转化,都有可能被夸大了(Loader and Zedner 2007)。事实上,当这种家长式警察管理的概念遇到社会契约理论以及美国建国初期关于自治的表述与愿景时,两者之间的张力和矛盾就会接踵而至,杜贝尔在他的专著中也试图对这一问题进行深入探讨(Dubber 2005:part II)。我们很快就会回过来讨论这种张力,但在此之前,仍有必要强调一下关于警察权力之家庭起源的两个方面,正是这些内容逐渐形成了对现代警务重要而深远的影响。

首先,我们可以推测,作为一种能够跨越从古典时期到现代早期的漫长岁月,并且能够被不断传播、复制和改编的思想,其思想韧性在某种程度上在于其与前现代等级制观念的共鸣。将警察比作为父权家长的比喻,尤其是当其从一系列"私人"环境垂直拓展到"公共"政治生活时,能够很好地适应关于"等级秩序乃是天命注定和天衣无缝"的早期社会想象,这一系列"私人"环境包括了古希腊和古罗马的家长制家庭、英国的庄园(领地)、行会或公司这样的"准家庭"(quasi-households)(Dubber 2005:61)、宗教团体、军事组织和奴隶制种植园等。事实上,如果我们将其置于更广泛的治理背景之中,并将其视为治理的一部分,就会发现,尽管古典共和主义思想已经成为全面综合的现代世俗政治形式的先驱,但古典共和主义本身只是一个水平层面,它支撑着,同时也受到另一个垂直有序的治理和社会组织框架的支撑。

其次,尽管警察权的家庭比喻与道德秩序的早期概念非常相配,然而我们仍然可以发现这种经过拓展和延伸的家庭比喻是如何被继承发扬和重新配置,以适应现代社会契约的纪律方面。事实上,在有关国家的社会历史方面最具真知灼见的一些著作,关注的恰恰就是这种前现代与现代之间的桥梁纽带。如诺贝特·埃利亚斯(Norbert Elias 1939/1978)在其《文明的进程》一书中,以及米歇尔·福柯（Michel Foucault 1984）在他研究和分析无所不包的"生命政治"的崛起时，都有力地证明了，对个人自由的重视并将其运用于集体生产合作，在现代国家的形成时期，是如何为持续支持追求统一秩序的行为提供理由的，而统一秩序则是较早时期更"自然"的等级制概念的基础，现在已适应了更大规模和更雄心勃勃的范畴。对于在主权集体效用的名义下对作为宏观家庭的国家进行文明化，这些算计和手段都被认为是合理而正当的，并且越来越不受某些先验的秩序观念要求的约束，或是与社会组织的其他领域和场所保持和谐或遵从的要求的约束，因此对其监管要求的范围可以更加全面，监管力度也可以更加严格。新的"以国家利益为重的理由"（原文为法语 raison d'état）在其道德和战略语汇中很显然是自我指涉并且包罗万象的，倾向于超越或使其他形式的理性或情感的要求服从。正如前文所指出的，极权主义的当代形式可能是这种动态最病态的结果表现，但这不应使我们对隐藏在**各种**现代性形式中的规训权力（disciplinary power）视而不见，也不应无视其从早期父权制观念中所继承的大量内容与特质。

因而，正如在现代性的平衡行为中，任何有关自由的概念"底线"（conceptual 'floor'）都无法得到确认和保证，所以看起来也无法确定其补偿原则与安全的目标"上限"（objective 'ceiling'）——对其潜在的普遍性毫无约束。相反，如果功利主义的考量在实践中与集体利益相挂钩，而这种集体利益在实践中往往又是由家长式权威进行定义的，那么凡是被如同父母一般的（in loco parentis）任何公共权力机构认为是确保良好秩序的必要措施，以及执行这些措施所必要的政策工具，都会被认为是对这种集体利益的监管和保护。正如一位从事治安警务问题的民族志研究的当代学者所指出的那样，警务工作原则上可能"与社会的**所有**行为有关"；在其简洁扼要的归纳中，他将此直接追溯到前现代和现代早期的警察权概念，以及由此所持续引起的对自由的担忧（Laurie 1972，转引自 Manning 1979：45）。

但是，当我们进入第二阶段的探讨，这些基本的概念问题和社会动态**是**如何转化为现代警务的制度形式的呢？在这里我们发现了相互矛盾的倾向。正如人们普遍认为的那样，如果说 19 世纪西方国家及其殖民地出现的"新型警察"（new police）的主要特征是其公共性、职业化和专业化（Bayley 1985；N. Walker 2000：ch. 2），那么上述三个特征中的任何一种，都能有力地说明自由主义的担忧与焦虑。首先是公共性，由中央政府成为治安警务的提供者或许可用来代替各地方或私人供应商，这被认为是首次确认了国家在其领土范围内垄断或主导了直接提供合法强制的权力，而不仅仅是一个全面协调和终审机关。职业化，指的是用全职的、训练有素的、以官僚制方式组织起来的警察队伍来代替业余兼职人员，从而提高警察权的有效能力。专业化，指的是在更广泛的治理范围内逐步取消（警察权的）监管和行政责任——并因此将监管和行政责任从早期警察科学中关于警察权的最宽泛概念中剥离出来，使警务工作的核心任务逐渐集中于犯罪预防和侦查以及维护公共秩序，这意味着警务工作能更好地专注于安全问题。

然而，即使我们接受了警务工作从"传统"（old）向"新型"（new）转变的这种程式化概念转型，这三个关键特征中的任何一个对警察权的影响实际上都是不明确的，与国家怀疑论视角显而易见的影响相比，都显得更加模糊不清。公共性，既是对地方权力过剩的反制，也可能是对通用和统一标准的承诺，同样也是为了巩固中央权力。职业化，既是新的内部监管模式，也是对其特有的职业文化和荣誉准则的推崇——在警察队伍内部出现新的他律和自律形式，同时亦进一步提升了其社会控制的技能。至于专业化，如前所述，它更关注的是警务工作的核心任务——这些任务将会提升全体人民的安全度，而不仅仅是支持现有的社会等级制度，因此就会导致更严格地划分管辖权的边界，并至少放弃部分古老而传统的"家长式"特权。

至于（警察制度）转型的原因及后果，有关新警察制度起源的史学研究在这个问题上出现了高度两极分化，"正统"的历史学家主张较为温和的解释，而"修正主义者"（revisionists）则倾向于一种更加怀疑主义的解读——

关于新兴城市工人阶级的崛起对秩序和纪律所造成的新挑战，"修正主义"的观点往往受到新马克思主义视角的密切影响（Reiner 2000：ch.1）。但在这里，我们必须再次铭记泰勒对于单向度历史因果解释的局限性的谨慎态度。对于国家权力的直接肯定与制度化既不能被视为对"利维坦"最充分的释放——它现已被授权干预个人生活的方方面面，同时也不能被看作是对"利维坦"的最终俘获。相反，正如杜贝尔在其著作中所描绘的那样，在新警察制度模棱两可的制度影响中，我们看到了在实际运作中相互冲突的工作任务与趋势，其相互之间的力量对比或是否能够达成妥协，往往因时因地而异。一方面，新警察制度以前所未有的人力资源和不断发展的强制与监控技术，获得并保持了强大的干预能力。另一方面，自由主义的情感对国家潜在的强制能力表示担忧，而潜在的现代主义思想则将政治和国家的目标导向了人道主义，这或多或少形成了对警察权的有效制衡。

这种制衡倾向在那些业已确立现代宪政传统、有限政府理念和民主回应型政府的国家表现得尤为明显。自孟德斯鸠以来，现代立宪主义就试图通过一系列旨在对制度性权力进行分散、分权和制衡的手段，来防范国家权力的滥用。所以，自从美国和法国确立现代宪法以来，我们对旨在抑制警察权过度积累和滥用倾向的各种机制都可谓耳熟能详，这些制约机制既体现在国家机关总体层面的设计中，也包含在警察机关更为具体的情境中（N. Walker 2000：ch.1）。在国家机关的总体层面上，行政机关、立法机关与司法机关之间在横向上的分权，以及中央与地方（或联邦成员）之间在纵向上的分权，都是为了防止权力过度集中于某一个主体；而关键的是，随着公民的选举权与被选举权在19世纪与20世纪不断发展，使得立法机关和行政领域所代表的利益更加多元化，并保障了公民对于民意代表的选举课责权。国家的宪法秩序往往还包括了多少具有一定可诉性的"权利宪章"（charter of rights），当警察权侵犯了这些基本权利时，能够对此予以否决或授权采取必要的立法行为或行政行动。

更具体地说，就如同普通国家机构一样，警务领域中的国家权力多多少少地存在着一定程度的分权。如果是集权的，可能就有一个或几个来自中央的集权力量，如爱尔兰或波兰。而无论是中央集权还是分权，在不同体制中，各种不同力量的核心能力或是相互分离但相互协调，如法国或芬兰；或是缺乏协调而相互重叠，如意大利或比利时（Bayley 1985: chs. 3 and 8）。此外，宪法往往还规划了对警务工作进行内部问责和外部问责的方案。内部问责，主要是通过对组织层级结构和遵循纪律准则的内部问责关系进行规范；而外部问责，既包括了专门机构，也包括了一些一般问责机关，前者主要包括了司法部、内政部、国防部、司法或准司法申诉机关、国家或地方的专家团队、民选或混合制警察机关（hybrid police authorities）、公民审查委员会和地方咨询委员会这样的专门机构，后者则包括了诸如法院、检察机关、督查巡视机关、议会及其委员会等普通问责机关（Goldsmith and Lewis 2000）。

这一系列用于引导、限制和赋予警察权责任的现代宪法技术具有双重意义——既是自由主义意识的载体，反映了对自由的焦虑和担忧，同时也是抑制国家干预能力的客观方法。当然，正如前文已经暗示，制度措施在实践中会产生多大的效果，这并不确定。对于相关的自由主义者而言，这种制度措施永远都只是"次优"方案，即只能缓和而不是彻底驯服这个"利维坦"。如果在安全和自由之间无法达成大体上稳定和令人满意的平衡，那么就只能在宪法资源中寻求特定的解决方案、辩论和宣传的机会，以及警戒与问责的场域。而由于立宪主义（constitutionalism）本身也是一种权力形式，我们不应当认为宪政体制是自由主义权力制约观所自然包含的内容。虽然很难对其基本框架进行轻易地更改，宪法体制还远远称不上能够免受当时政府的影响，而政府的偏好可能更多地在于增强其应对新的或当前安全威胁的能力，而不是进行自我限制。① 此外，某些政治文

---

① 这反映了警务治理的悖论，同时也是关于国家治安警务的更基础性悖论的一部分，即成为了对其所承诺的安全的潜在威胁。这种更为具体的警务治理的悖论存在于以下事实中，即国家和地方政府既是对警察进行监管控制的有力主体，与此同时，作为警察治理整顿能力的主要受益人之一，国家和地方政府亦是这种监管所寻求解决的问题的一部分（N. Walker 2000: 4-6, 54-67）。

化和警察文化体系往往比其他文化更倾向于"采取"宪法性解决方案，但任何一种文化都无法避免出现各种侵扰倾向。例如，在殖民地等警察体系中，警察往往成为意识形态精英的压迫工具——获准进行无限制的干预，并且后殖民体系等往往很难摆脱这种传统（Mawby 2003：21-5）。有一位社会评论家根据远东地区旧有的社会规训模式的持续影响，得出结论认为，尽管在制度设计层面受到了欧陆的影响，但在当代日本和韩国，警察仍是"自然的、等级森严的、独断专行的——受到绝大多数人尊重和敬畏；却为少数政治激进的群体所反对甚至憎恨"（S. Y. Lee 1990：91）。

在西方各国，自由主义和宪政主义的发源地，其对于干预的担忧往往也表达得最为激烈，而当前的这种担忧和焦虑在某种程度上可以追溯到不同的传统。因此，尽管近几十年来有所收敛，但与英美同行相比，欧陆传统的警察体系在整体上仍然更加集权和军事化（militaristic），更加注重行政任务，与政府的联系也更为紧密，但承担的公共责任则相对较少（Mawby 2003：20），这反映了欧陆警察科学的持久影响和与之相辅相成的**统制主义**（*dirigiste*）国家传统。就其本身而言，英美的（警察）模式更多地倾向于地方主义和平民主义——尤其是在美国，其共和主义与联邦主义思想传统都支持地方自治。然而在上述两种情况中，制度设计都远远称不上是自由主义的万应灵药。在欧陆传统的体制中，对干预的担忧和恐惧主要是惧怕来自冷漠的、不负责任的、更关注政治利益的中央权威的侵扰。而在英美地区，近年来的集权化趋势也引发了类似的担忧，不过自由主义在这些地区更由来已久的担忧，主要关注的是警察与地方政治精英的相互勾连，及其所造成的对不同地方居民生活所造成的局部和不均等的侵扰。

因此，"恐惧的自由主义"在国家传统中保持着普遍的共鸣。此外，特别是在"9·11"事件之后，全球化的悖论之一就是对古老的国家垄断的担忧，而引发这种担忧的国家行为在**跨国**沟通方面正变得越来越有效。正如我们将在本书后面章节中所见，跨国警务活动的发展十分迅速，并已引起了对其自身的一系列担忧。但是全球警务互联的主要影响可能仍在于其相互联系的方式，即来自其他地方的经验，证实并强化了警察与居民及其随之而产生的焦虑之间业已建立的、根深蒂固的内部关系模式。正如我们试图论证的那样，警察的干预行为及其所造成的威慑是现代国家安全传统的原罪，是个人自由和集体纪律之间所存在张力的必然结果。现代国家形态在（国家）结构和主流意识形态方面可能存在着较大差异，但我们仍然能够从中识别它们共同的弹性张力，并且它们也能从中相互辨识。

把安全保障职能解放出来

现在，我们将简单论述对干预表示担忧的第二方面因素——想要把安全保障从国家手中解放出来的愿望。近年来，人们对于由非国家主体提供的安全保障的兴趣正在复苏（例如，可参见 Jones and Newburn 1998，2006；Johnston and Shearing 2003；Mazerolle and Ransley 2006）——这种复苏已经影响了我们对于警察发展阶段的历史认识，同时也推动了当前的一种观念，即认为由国家控制的"新警察"在整个安全保障体系中居于核心地位的阶段可能即将终结，或至少正在经历重大的修正。从历史角度来看，现阶段比过去任何时候都更为赞同以下观点，即非国家的安保活动绝对不会随着新警察的出现而消失。更确切地说，新警察体系总是能从非警务的公共机构、商业组织，以及通过公民倡议所进行的一系列专业安保活动中得到协助与配合，或至少得到补充。就当代趋势而言，目前对警务问题的研究分析主要涉及发现并确认加速摆脱国家警务（state policing）的趋势，并在很多情况下鼓励这种趋势，同时指出了造成这种趋势的各种各样因素，包括了战后国家的财政危机、办公大楼和大型购物中心、体育场馆等各种"大型私有物业"的崛起（Shearing and Stenning 1987），以及为应对日益增强的对社会风险强度和多样性的意识与敏感性而产生的安保服务的商品化，还包括了传统的国家警察无力应对所有这些风险（Jones and Newburn 1998：ch. 8；Kempa *et al*. 1999；Loader 1999；Rigakos 2002）。

如同背景因素的多样性一样，与这种新的分析流派相关的预测轨迹的范围和规范性希望也同样是多种多样的。一些更激进的分析判断和制度建议相对较少关心如何使个人免受国家的侵扰，而更多地关注如何规划公认的安保集体组织的替代形式，这些替代形式能够避免自上而下的国家安保组织的某些弊端——特别是缺乏灵活应变的智慧，我们将在后面相关内容中进行适当的思考（见第五章）。但现在，我们仍将注意力集中于干预主题的分析思路，强调国家对于主权个体的权利和市场自由交换的不当干涉所造成的危险和损害。

当然，这种怀疑论同样也根植于我们在前文中所重点考察的现代社会想象。其最突出的思想渊源便是新古典主义（或新自由主义）福利经济学。新古典主义福利经济学所坚持的理论前提是把个人视作追求效用最大化的理性人，并将自由主义和功利主义对于主权个体的独立自主和集体福利的可简化性（reducibility）的关注，与以个人为中心的问题紧密重叠在一起（Freeden 1996：ch.7）。今天，这种怀疑论最清晰的边界体现在"公共选择经济学"（Buchanan 1978）的经济理论中，它将新古典经济学的见解应用到政治决策过程本身。①

---

① 自由主义学者罗伯特·诺齐克也许是当代思想家中最明显地试图沟通"对国家干预的批判"的两个方面的学者，他的著作《无政府、国家与乌托邦》以一个引人注意的命题开始："个人拥有权利，而有一些事情是任何人或任何群体都不能对他们做的（否则就会侵犯他们的权利）"（Nozick 1974：ix）。与很多自由主义者不同，诺齐克并不接受社会契约理论，他认为社会契约论缺乏经验的证据，只是一种逻辑推演，因此作者所偏爱的各种有关国家起源和善业（good）发展的形而上学假设，就有可侵蚀国家的基础。相反，诺齐克从自我所有权（包括因个人才能的开发利用而获得的财产所有权）的有力前提入手，更倾向于利用古典经济学家亚当·斯密著名的"看不见的手"的论断来解释国家产生于"保护性社团"之间的竞争，而"保护性社团"之间不稳定和破坏性的竞争关系又被认为是源自于自然状态。然而，由此产生的实体仅仅在其"最弱意义"上是合法的，仅限于实施刑法、惩戒违法者、禁止"自我免责"的行为（Holmes 1995：27），以及提供市场交易所必须的稳定的法律框架。而对于国家的再分配职能或其他监管职能的进一步扩展，都涉及不道德的胁迫行为——其中最坏的情况就是强行剥夺某个人的合法财产以利他人，而最好的情况则是强行消除关于如何保护和利用自己财产的选择权（Nozick 1974：part II）。这种自由主义观点对国家干预的两个方面持同样的怀疑态度——任意侵犯公民的人身和财产，以及使他们无法按照自己的意愿来决定其人身（自由）和财产。

从这个角度来看，国家作为包括安全在内的社会物品的生产与分配机制，共有四项批评意见指向了它。第一，由于公共官僚机构（特别是像警察这样的垄断机关）并不需要对价格信号予以反映，因此它们没有提高效率和削减成本的动力。第二，国家（对公共物品）的供给往往被既得利益集团所垄断，从而使得消费者利益服从于生产者的利益。第三，国家更偏重那些知识渊博、能言善辩、积极活跃或仅仅是哗众取宠的人，使得他们的利益凌驾于另外一部分人之上，后者指的是那些不愿将政治参与作为"善业"（good）概念的核心的人们（Seldon 1990：99）。第四，公共机构仅仅向消费者提供"僵硬复杂的政治渠道"（Friedman 1962：91），赫希曼所说的"呼吁"（voice）就被看作是这样一种"令人讨厌的政治渠道"（Hirschman 1970），由于消费者无法"退出"（exit）而使得这些渠道的有效性大打折扣。这种思维方式继续确认了"公共物品"的范畴，公共物品的非排他性（以及与此相关的"搭便车"行为）使得有必要对这些物品实行集体供应与资金支持，而治安警务通常都是被认为属于公共物品的范畴——我们将在本书第二部分中用相当长的篇幅来论述这一点。但国家在安全领域的必要介入，是对自由市场纯粹尊重自由的一种例外（exception），但却是一种病态的——而且仍然是危险无效的例外（Hayek 1979：46）。①

这种怀疑态度有什么现实影响吗？在某种程度上，它产生了这样一种信念，即认为国家警务（或至少是非强制部分）应充分面对来自私营部门的激烈竞争。但这也意味着主权个体应当能够摆脱他们对于国家的"失去自我"（undignified）的依赖，并追求其自主的安全利益。换句话说，不应当阻止他们

---

① 有一些"无政府资本主义者"——如穆瑞·罗斯巴德（Murray Rothbard 1985）和布鲁斯·本森（Bruce Benson 1990），他们越过了社会契约理论家、诺齐克这样的自由主义者（Nozick 1974）以及公共选择学派关于国家必要的最低限度角色的论争，认为完全可以摈弃国家及其执法职能，取而代之以"完全私有化企业的法律"（Benson 1990：357）。更详尽的讨论，请参见洛德的相关著作（Loader 1997a）。

与其他人一起协同合作以实现他们自主选择的安全目标（例如，组成私人住宅团体或封闭式社区），或试图通过自愿的市场行为来购买他们认为可以保障安全的硬件设施和服务，无论是防盗警铃、门禁系统、闭路电视系统，还是商业性的安全巡逻服务。的确，新自由主义者和自由主义者对国家的特别担忧之一，是国家行动者可能会试图阻止、控制甚至禁止（简言之，就是干预）这些自发的安全行动。因此，近年来世界各地的新自由主义政府都在努力鼓励本国公民对其人身和财产安全承担更多的个人责任（Home Office 1994；cf. O'Malley 1992；Garland 2001：ch. 5）。也因为如此，一些新自由主义经济学家努力敦促政府采取适当行动以刺激安保市场的发展，比如向那些"想要提升自身财产安全并购买私人安保服务"的人们提供一定税收优惠（Pyle 1995：54；也可见 Elliot 1989）。

干预批判理论的局限

在对国家干预进行批判的两个理论分支中，部分——如果不是全部的话——有关国家的观点和主张，与某些超越了自由主义思想和福利经济学界限的观点引起了共鸣。在我们看来，这种形式的国家怀疑论恰如其分地强调了安全是一种基本的（公共）物品，是自由权有效行使的先决条件，虽然该理论认为除此之外，安全没有任何非工具性的价值。并且，干预批判理论充分承认国家在为**所有人**提供最低安全保障中的必要地位，即使它发现很难具体划定并保持这种最低限度，并认为除此之外国家也没有加强安保的合法空间。事实上，干预批判理论非常担心国家对于安全保障的加强，可能会伤害个人自由和安全，并限制个人选择的独立自主性，从而使得国家在安全保障领域的地位超过了本就难以确定的最低限度。

因此，国家怀疑论的自由主义和新自由主义或自由至上主义的变体形式对于某些危险非常警觉，这里指的是把特定领土范围内合法行使武力的能力集中到某单一实体所产生的危险——正如前文所述，这里的悖论在于，对于暴力的垄断原本旨在保障个人安全和基本自由，但却时刻威胁着上述安全和自由。换言之，它突出了国家警察机关内在的"双刃剑"特征（N. Walker 2000：6），这种特征甚至体现在其维持"整体秩序"（general order）的能力中（Marenin 1982）——维护公共安全与安宁，这是日常社会生活与追求个人目标不可或缺的基础，并与社会各个阶层息息相关。干预批判理论明确指出了国家警察机关存在着超过或滥用权力的倾向，其方式往往直接侵犯了他们"订立契约"所要保护的个人权利和权益——这种倾向在弱小国家、失败国家和威权国家表现得最为明显（Goldsmith 2003），但在更具可持续性的民主环境中也仍是国家警务的特点之一。这种怀疑主义倾向在警务研究中表现得尤为明显，并长期关注警察权和自由裁量权的（任意和暴力）行使等问题（如 Westley 1970；D. Dixon 1997）；对国家权力的这种怀疑至少表明，不论何种模式，如果想要捍卫国家在公平民主的国内安全保障体系中的适当地位，宪法和政治监管形式的重要性是毋庸置疑的，但即便如此，该理论也十分关注此类保护性屏障的迟钝性和脆弱性。

当然，大部分对于国家干预的批判都能引起广泛的同情，这应该并不足为奇。正如我们所要探讨的，现代社会想象的世俗性和个人主义倾向，既强调了现代国家的承诺，又强调了对强制性国家干预的关注，这种倾向已经渗透到现代思想的方方面面，显示出令人难以想象的张力。然而这并不意味着应当不加批判地全盘接受干预批判理论，或者说它已经关闭了所有替代性诊断和预测的途径。相反，我们在本书中想要辩护的国家安全关系的更广义概念，也必须确认、解决，并力求超越干预式思维模式所表现出来的某些缺陷或不足，尤其是国家怀疑论更极端的新自由主义或自由至上主义的变体形式。在这里简要地强调以下三个方面。

第一个问题，涉及建立和维持一个有限的、立宪的、尊重权利的国家的先决条件。正如玛格丽特·卡诺万（Margaret Canovan，1996：38）所指出的，古典自由主义理论倾向于认为"任何傻瓜都能建立一个像守夜人那样的国家"，并相应地忽视了陌生人之间的信任和团结形式,而正是这种信任和团结,为自由主义者们认为可接受的最低限度的、按照规则治理的国家提供了可能的文化条件。但显然这些国家会要求其公民去关心警察权力的滥用问题,并准备对此采取行动;或者在更广泛意义上,要求公民认同这样一种政治制度,在这种制度中,警察能够被问责,所有人的权利均得到平等的保障。这当然就引发了一些与社会和政治生活的情感维度相关的棘手问题(我们在本书第二部分还会对此加以讨论),新自由主义和自由至上主义的作者们往往倾向于回避这些问题。他们仍然过于关注国家(的问题)及其对个人自由造成的威胁,却没有充分重视政治共同体在信任建构方面的职能,而这是公民自由与安全赖以存在的基础。

第二个与此相关的问题涉及新自由主义所热衷于促成的个人寻求安全的各种形式(或至少是要防止国家的阻挠),以及这些形式所依赖的安全概念。如果把政治社会产生之前的自然状态作为参照点,这种概念是原子化的、互不相关的。这既在概念层面,又在实践层面产生了一系列影响。从概念上讲,这有助于解释自由主义者在平衡隐喻中所面临的困难。如果安全天平的个人一侧缺乏社会的维度,那么就不可能用集体安全的观念来达成协调一致,而集体安全的观念有时会以广泛共享的社会公益的名义,对这些个人安全的概念提出挑战。这两者实际上无从比较,而自由主义者除了关注损失之外,缺乏对共享利益的尊重。在实践层面,原子化的、互不相关的安全概念表明,个人寻求安全的各种做法往往弄巧成拙,在深层次上讲是自相矛盾的(Loader 1997b),而"主权机构意愿的表达"(Markell 2003:22)取决于并展现了一种安全的假象,这种安全假象来自于试图使自身摆脱与他人共处的行为,以便使其自身不那么容易受各种偶然的攻击,并使其未来更具可预测性。这些做法往往同时伴随着私人权力的行使。它们规避民主的政治生活,为的是实现"根据个人的资产、技能和偏好来进行分配"(Offe 2003:450),这在一定程度上会侵蚀信任和团结的形式,而信任与团结则是任何可持续的公共安全理念都能够从中借鉴利用并反过来予以补充的东西。换言之,新自由主义仍然主张某些安全形式,致力于"以某种方式组织世界,从而使某些人得以享受到他们所希望的不受侵犯的安全假象,却让其他人承担着与其所得不成比例的社会生活成本与负担"(Markell 2003:22)。

当前这些私人的——同时也是反社会(anti-social)的——安全行为的大量增加引发了第三个方面的问题,正如新自由主义者们所主张的那样,国家总是试图"将某些逻辑嵌入人类的混乱窘境中"(Bauman and Tester 2001:137),那么这种具有潜在侵入性却又事与愿违的国家行为,是否**正是**当今世界的社会苦难和不安全的来源。还是说恰恰相反,公共政治权力的碎片化和疲软乏力才是当代安全症候群(constellation)的核心问题?对于疲弱国家而言,对公民的压制往往是为了掩盖其缺乏有效的国家能力,而自由民主国家所面临的问题,则是因市场因素使得不同公民在其可获得的安全资源方面的差异变得越来越大。正如我们所看到的,国家并不仅是现代社会想象的偶然产物,而是世俗组织(secular organization)的框架,世俗组织将其**希望与恐惧**都投资于其中,并从中收获红利。国家可能包含着某种根深蒂固的内在张力,但如果对此唯一的回应是"使其尽可能变少",那就意味着对"恐惧"作出过多让步,除了对世俗事务其他以及更为片面的监管(或解除监管)形式之外,没有任何东西可以取代它。国家不是现代性出现病态的信号,而仅仅是其(不得已而为之)的信使;与其他情形一样,射杀信使并不能解决任何问题。在这种背景下,国家怀疑论的新自由主义和自由至上主义形式似乎是"找错了对象"('barking up the wrong tree')(Bauman and Tester 2001:137)。正如齐格蒙特·鲍曼所言:"国家作为得太多是灾难,但太少也是一种灾难"(Bauman and Tester 2001:137)。

概念基础

现在，读者应该很清楚我们为什么要从对国家干预的批判入手，以及当我们在探讨国家怀疑论的其他类型时，为什么须时刻将其牢记在心。对国家干预的批判与现代国家理念有着密不可分的联系——无论是在历史基础还是在其社会发展方面，因此我们不应当再对其置之不理，当然更不是试图消灭国家本身。国家，无论是作为特定利益的偏袒者、作为文化"巨无霸"，还是表现得像个傻瓜，它首先总是作为干预者而出现；而上述三者分别是第三章、第四章和第五章的主题。如果没有干预的能力和倾向，也没有损害那些理应服务对象的基本自由和安全利益，国家也就不会出现其他这些问题和症状；相反地，在面临其他这些问题和症状时，国家干预在某种程度上仍然是一个普遍存在的问题。

然而在开始进入下一阶段的研究之前，我们不仅需要回顾干预批判理论的力度，而且还应注意到其缺陷与不足。如果起源于现代社会想象的不仅仅只是国家，而且还包括了政治批判的内在概念与自由主义的主流意识形态，那么我们可能会认为这种观念模式的基本观点，会在我们对国家怀疑论进行深入探讨的过程中再次浮出水面。因此我们就应该对这种观念和思维模式的局限性保持警觉。我们应当警惕对原子化的个人过于关注，也应当对个体性与社会性的概念对立的局限性和危害保持警惕。最重要的是，我们要警惕以下观点，即倾向于认为国家充其量是必要的恶，往坏处说甚至是毁灭性罪恶，而不仅仅是一个必然会出现现代社会想象的张力的场域——无论其是好的还是坏的。这种谨慎小心的态度肯定不会为我们带来所想要寻求的所有答案，但希望这种态度会使我们的研究既不会被虚假的乌托邦所迷惑，也避免被同样虚假的反乌托邦所困扰。

3

作为利益偏袒者的国家

现在我们来谈一下国家怀疑论的另外一种形式。与右翼的自由主义、新自由主义和自由至上主义者相比,作为利益偏袒者的国家形象与左翼政治的关系更为紧密。这种观点在社会主义和无政府主义政治中可谓根深蒂固,并通过这一思想谱系,勾勒了反国家思想的范例,这种反国家思想与我们在上一章中所讨论的国家传统几乎是同步发展、携手并进。此外,作为认识国家的一种思想立场,这一观点被认为具有当代意义,并且其意义超越了那些沉淀在左翼批判思潮中的思想观点;这一思想立场的支持者们往往也认同自由主义者和自由市场支持者对国家暴力的广泛关注,以及对于国家集中垄断合法强制力量的内在矛盾的普遍担忧。但这种相似性始于此也仅止于此。与自由主义相反,这种左翼的国家怀疑论观点认为,国家对暴力的垄断并不仅仅是维持各方都可接受的"整体秩序"(general order)的必要先决条件。而警察,则是维护马雷宁(Marenin 1982)所说的"特定秩序"(specific order)的工具。它们既是强化国家自身利益的手段,同时也是巩固部分选民利益的工具,这部分选民在当前的经济和社会关系格局中处于优势地位。根据这种观点,国家是社会和政治生活中一个偏袒特定利益的行动者,警察机关则是它的代理人。正因为它是这样一个邪恶的、既不需要也不受欢迎的力量,因此就需要受到监控,需要在必要时进行曝光并与之抗衡,以及从根本上对其进行改革或超越——具体的主张和措施取决于不同左翼思想流派的特定观点。

立足于这种对国家进行激进批判的理论,本章将主要陈述和分析两个实例。第一个实例是近 30 年来批判犯罪学（critical criminology）和警察学研究的主要工作。它认为国家在结构上与占支配地位的私人利益相互捆绑在一起，有组织地针对并胁迫弱势群体和穷人，并在一定程度固化并复制了各种不平等关系，其中包括了围绕着阶级、性别、种族、年龄和性取向的不平等关系。正如我们将要看到的，这一观点最容易与威权政体联系在一起。但在一些民主相对持续稳定的社会中，这一观点也为批评国家权力的行使提供了理由，尤其是在分裂的社会，以及自上世纪 80 年代以来由新自由主义政府执政并进行了机构精简的国家。第二个实例则更多地与国际关系和批判安全研究（critical security studies）有关，但也在当代犯罪学著作中有所体现。这方面研究主要关注的是"新的例外国家"的到来——无论是在"9·11"事件之前，还是作为对其回应的"反恐战争"的一部分。它描述了当前所出现的看似永久并且无止境的紧急状态，这种状态中的安全实践行为揭示了暴力乃是支撑"民主"政治的基础，并构成了对民主和政治自由"明显而切近的危险"——无论是在国内还是在国外。

针对激进的国家怀疑论这两个相互重叠的理论分支，我们的目的是对其各自的主张进行回顾。在每一个理论分支中，我们均探讨了它们用以阐述当前警务和安全实践最新进展的方法。在本书中，我们确定了国家怀疑论思想针对我们想要发展和捍卫的立场所提出的议题。明确了这一点之后，我们准确地指出了这一思想立场的盲点，它仍致力于对国家进行批判，并因此不能也不愿意领会其对于安全文明化任务的必要性。

偏袒性的国家

自其创立以来，批判犯罪学的核心思想就认为国家和国家权力是个问题。

在过去 30 年间，这一观点在各种不同的理论体系中均有所发展，其复杂程度各不相同，并且往往打着各种受压迫群体的旗号。我们并不指望，也不打算在这里详细说明有关国家的激进观点的范围，或是它们在警务和安全问题上的应用。简单地说，其中部分观点涉及社会阶级，并且往往以马克思主义国家理论的某一变体形式作为其判断和预测的基础（参见 Miliband 1969；Poulantzas 1978；Jessop 1990）；这些理论普遍关注警察机关是如何受到财产所有权和生产关系制约的，而这些机构又是如何反过来帮助财产所有权和生产关系的再生产（Spitzer 1981；Brogden 1982；Grimshaw and Jefferson 1987）。另一些学者则从女权主义（MacKinnon 1989）或种族批判理论（Goldberg 2001）的角度对国家提出批评，并着重关注女性或少数族群受到的差别对待，这里既包括了女性和少数族群作为警察主体所受到的差别待遇，也包括了作为客体被警方所误认或忽视（Scraton 1987；Cashmore and McLaughlin 1991；Westmarland 2001）。

关于这些批判性观点，基本上可以说每一种观点都是围绕着以下主张的不同版本而展开的，即认为国家职能是为了保护和复制占支配地位的利益与价值观。每一种观点都认为警察机关是维持现行政治和社会秩序的重要力量——警察机关之于国家，就如同刀锋之于尖刀（Marenin 1996a：10）。因此从更广泛意义上说，在意识形态上对"法律与秩序"的一致诉求也是如此，这种诉求是为了掩盖和维持占支配地位的统治关系，在这种统治关系中，边缘化群体处于系统性的"过度控制"和"保护不足"的境地。由上述观点可见，对于国家的这类观点和描述对自由主义的社会契约理论家提出了全面挑战，他们认为国家是由平等个体所建立的，并承诺对平等个体提供平等的保护；这类观点同样也对警察的自我形象和意识形态表现形成了挑战，他们一直被描述为政治中立的国家代理人，向所有人提供公正、统一的服务。

作为深入研究这些问题的方法，我们不妨从马克思主义哲学家路易·阿尔都塞（Louis Althusser）那里借鉴两个现已不太流行的范畴。首先可以认为，警察职能是阿尔都塞（Althusser 1971）所说的"**压制性**国家机器"（*repressive* state apparatus）的一部分——如果继续用尖刀作比喻，警察就是最为锋利的刀锋。根据这一思路，对于结构分裂的社会中的警务实践，人们可以准确地指出其中几个重要的维度。首先，我们能够指出，常规警力部署的方式不成比例地集中于在经济和社会上受排斥的群体，从而得以复制以阶级（P. Cohen 1979）、种族与民族（Keith 1993）、性别（Brown and Heidensohn 2000）和年龄（Loader 1996）为基础所构建的统治模式。这一点在某些社会群体（如流浪者或移民）中表现得尤为明显，由于这些群体与社会和经济制度相脱节，从而使得对这些群体的社会控制几乎完全变成治安问题——J. 李（Lee 1981）将这部分群体生动地称作为"警察的地盘"。其次，我们也可以重点强调警察部队在社会经济和政治危机时刻用以维持现状的方式，他们往往通过消除当前经济和社会的不平等，甚至压制经济和社会发展来维护现状——无论是针对城市骚乱、劳资冲突，还是政治抗争。这样我们很快就重新回到了有关警务和社会关系的这方面内容。

但警察和安全机构同样也是阿尔都塞所谓的"**意识形态**国家机器"（*ideological* state apparatus）的一部分。它们是众多相关机构中的一员——如媒体、教会、家庭、教育系统等，这些机构试图通过掩盖现行经济和社会安排中的不公正或压迫性"现实"，来制造和维持被统治者的同意。这其中一部分涉及巧妙处理国家本身的强制性质。在这一方面，激进的批判主义者试图揭露与法治相关的正式保护措施（formal protection），是如何在实际应用中被实质性的不平等所破坏（McConville et al. 1991）。这些批判意见也同样认为，各种"软性"（soft）治安警务策略——尤其是社区警务，其主要目的是通过模糊"强制国家"的"硬"（hard）现实，以获得受常规警力保护的群体的支持——这就如同给冷硬的铁拳头戴上天鹅绒手套用以缓冲（Bernstein et al. 1982；Gordon 1984）。但在更普遍的意义上，

警察机关也致力于消除意识形态方面的分歧。 通过他们得到社会认可的"合法命名"的权力，警察机关能够在政治危机时刻对局势作出判断、分类，并代表着社会黏合剂的形式；他们将危机表述为一种"法律与秩序"，强调并指责各种"公害及危险人物"（folk devils）是导致道德沦丧和社会弊病的原因（Hall et al. 1978；Loader and Mulcahy 2003：ch. 7）。警察权的这一维度与国家作为"文化载体"的能力密切相关。因此我们将在下一章着重论述这一问题。

现在让我们通过几个案例来为这类观点补充一些细节，在这些案例中，国家对于某些利益的偏袒十分明显。这种观点在威权政治体制中最为适用。这种政治体制缺乏（或只有极其有限的）——自由公正的政治官员选举、对法治的尊重和对人权的保护，而"效能"成为评判警察和安全机构的绩效的唯一指标。对于古往今来的一系列政治形式而言，这种描述大体上都是符合事实的，其中包括了殖民制度、军人政权或世袭政权等（而民主社会同样会包含威权主义的倾向，我们在第八章中会对此进一步阐述）。我们还需要强调的是，在不同类型的权威体制之间以及每一类别内部的不同国家之间，都存在显著的差异（Marenin 1996b；Mawby 2003）。殖民统治往往接纳了各种制度特征，无论是整体的统治制度还是警察机关的特定特征（Anderson and Killingray，1991）。古巴和苏联等则不能被视作为警察国家，当然也不仅仅是为了满足其他的统治目的。对于沙特阿拉伯、印度尼西亚或津巴布韦来说，威权统治的参数特征和发展动态并不相同；同样，在阿根廷、巴西、萨尔瓦多、南非和东欧各国等"转型社会"中，独裁政权也并没有留下多少政治遗产。

如果想要对威权主义背景下的警务问题作出正确评估，把握这些差异就十分重要。然而就当前的写作目的而言，我们应重点关注威权主义警察制度的特征，这些制度特征极其清晰地揭示了国家权力对于特定利益的偏袒性，及其对于个人自由和安全的影响。① 在这些反复出现的要素中，最突出的便是布罗德（Brodeur 1983）所说的"高级"警务（high policing）。② 在威权国家，警察和警务首先保护的是政权、领导人或是政党的利益与意识形态，以及它们所支持和支持它们的私人利益。秘密警察与着装警察的主要任务是监控普通民众、监视政治对手、镇压不同政见者的抗议活动以及平息社会骚乱，这些任务使得他们拥有了能够进行严惩的广泛权力。另一方面，对"普通"犯罪的预防和控制在重要性上处于第二位（参见 Stanley 1996）。在威权体制下，警察机关是按照科层制方式组织起来的，其职能则是政治中心的执行部门，他们不受任何私人机构的监督或控制，而他们的工作任务也很少或完全不受欢迎。他们常常与安全部队协同合作——显然又常常因此被喝倒彩。在威权国家，"国防安全"与"国内治安"之间并没有什么实质性区别。恐惧是政治统治的核心范畴（Łoś 2002）。

威权主义国家可能非常强势——或者至少表现得非常强势。但在当今，它们通常是"衰弱"或"失败"的国家，不能为民众提供基本的社会公共物品

---

① 研究威权主义国家的警察和警务问题的文献可谓汗牛充栋。我们根据本书具体的分析目标，对这些文献进行了有针对性的选取和总结。我们重点参考了下列文献：在殖民地警察研究领域，主要包括布罗格登（Brogden 1987）、安德森和基林格雷（Anderson and Killingray, 1991、1992）、安海尔（Ahire 1998）；关于非自由民主国家的警察制度，我们主要参考了米哈洛夫斯基（Michalowski 1998）、谢利（Shelley 1997）与王（Wong 2002）的研究成果；有关拉美国家的警察问题，我们主要参考了哈金斯（Huggins 1998）、卡尔代罗（Caldeira 2001）和戈德史密斯（Goldsmith 2003）的著作；关于后共产主义国家的警务研究，我们主要借鉴了罗斯和柴比亚托维茨（Łoś and Zybertowicz, 2000）、卡达尔（Kadar 2001）以及尤德里克斯和范·里纳恩（Uildriks and van Reenan, 2003）的研究成果。除此之外，我们还借鉴了马雷宁主编的（Marenin 1996c）关于治安警务与政治转型之间相互作用的研究论文集以及比较警察制度研究领域的学术观点和优秀成果（Bayley 1985；Mawby 1990, 1999, 2003）。

② 高级警务，指的是一种以情报为主导的警务形式，旨在维护政府或统治集团的权力。也就是说，为了维护政府的利益，充分利用人（特情人员）与技术手段，将情报收集、国家安全或国际安全行动等纳入警务的范畴。与之相对应的则是负责日常秩序维护和治安管理的"低级警务"（low policing）。——译者注

（包括安全），或是无力同其他权力中心争夺对于领土的控制权和对于暴力手段的垄断（Rotberg 2003）。然而衰弱与失败几乎就意味着不平静。当国家陷于瘫痪的时候，警察和军事机构往往是最后表现出衰弱疲软的部门——尽管其力量往往并非直接来自于权力中枢，而是来自于对其自身利益的过度定义与追求。事实上，对民众的暴力镇压往往与基本公共物品的供给能力成反比（Goldsmith 2003）；遭遇内乱或叛乱的失败国家就经常对其人民诉诸严刑逼供，甚至是使用致命武力。

当威权国家处于疲软衰弱，或已经失败，或是正处于转型过程中，犯罪和暴力行为经常会失控，公共安全问题的等级也会随之上升。这往往会使民众在一定程度上认同镇压性警务活动（repressive policing）——要求国家严厉打击新的恐惧来源。这同样也给一些新兴的安保企业（通常是提供刑事保护）带来了生机，就像在东欧国家和原苏联各加盟共和国各国，这些企业"大多建立在前秘密安全机构的基础上"（Łoś 2002：181）；而在拉美地区，一些焦虑的中产阶级则雇用武装团体来防范"街头少年"（street kids）（巴西）或"流氓"（delinquente）（哥伦比亚）。因此，穷人和流离失所的群体经常成为国家和私人暴力的受众。此外，上述种种问题有可能会形成一种致命的共生关系，迈克尔·陶西格在《法外之地的法律》（Law in a Lawless Land）（Michael Taussig 2003）一书中就对这一现象进行了有力论述，该书主要对哥伦比亚这个饱受暴力荼毒的国家进行民族志研究。

在这里，我们所面对的是陷入极端暴力和赤裸裸地偏袒特定利益的国家——这些国家既触怒了保守主义和自由主义者的情感，也冒犯了激进的国家怀疑论者。但后者对国家的批判不仅仅是针对这些明显的威权主义政权。他们同样也针对自由民主社会中的警察体制提出自己的看法——这些国家存在着竞争性选举、尊重法治和人权，并拥有规范、独立的警务系统。这些国家及其警务体系均呈现出不同的形式。美国的警务系统（由联邦、州、县、市以及数不胜数的小城镇警察部门所组成的混合体制）、英格兰和威尔士的警察体制

[根据其普通法（common law）思想，警察被看作为"穿制服的公民"］以及欧洲大陆以宪兵为基础的警察制度之间存在着显著差异（Emsley 2000；Mawby 2003）。当然，我们也应该关注它们之间的共性。其中最重要的是，激进的国家怀疑论者坚持认为，这些国家的警务仍然与占支配地位的利益（以阶级、性别、种族和年龄为核心）联系在一起，并且是不公正的经济和社会关系再生产过程中的不可或缺的内容。有不少观点支持这一主张。

其中主要的批评意见认为，即便在规范的民主国家，警察也是政治秩序的组成部分，这种政治秩序在分配资源和认同的过程中，使得一部分社会团体以损害他人利益的方式得到了不成比例的好处。这其中就包括了安全这一公共物品，而警察的"过度控制"与"保护不足"则是衡量个体的边缘性和无力感的可靠指标。换句话说，在这些名义上平等、尊重权利的社会中，警务系统的工作方式仍然存在着系统性的偏见。警察为有财产的中产阶级提供**服务**，但对于那些位于社会边缘的群体而言，却意味着一种不成比例的**强制力**——这些边缘群体包括了穷苦潦倒的贫民、"危险的"穷人；对于那些被视为对政治中心产生威胁的群体亦是如此——英国前首相玛格丽特·撒切尔（Margaret Thatcher）曾称之为"内部敌人"。此外，这些区别已经内嵌在警察部门的工作文化以及警察维护社会秩序与控制犯罪的实践行为之中，并在其中不断被复制（Shearing 1981）。

就像撒切尔夫人在谈及矿工罢工时所表明的那样，这种系统性偏见在社会冲突和政治危机时"展现"得最为明显，这种时候警方往往被要求与有组织的劳工力量相对抗（如 Fine and Millar 1984；McCabe *et al.* 1988）、控制政治抗议（如 Della Porta and Reiter 1998，2004）、平息城市骚乱（如 Skolnick 1969；Cowell *et al.* 1982）等——这些行动的方式往往会进一步伤及边缘化群体的自由与安全。但即便是在政治平稳时期，这种系统性偏见仍然是资本主义民主国家中反复出现的特征。激进的国家怀疑论者质疑，在这些社会中，何种形式的伤害、侵犯和虐待行为能够被忽视或仅予以轻度监管并极少受到惩罚？答案是那些有钱有势的人。而在世界各地的自由民主国家之中，又是哪些人最有可能被拦下、搜查、逮捕、拘留、起诉、监禁，甚至在监禁期间死亡？答案是：年轻的、贫穷的、少数族裔的男子。

下文中的两个例证能够为这些论点提供社会历史论据。第一个例子涉及在分裂的但仍然是民主的社会中的警务模式。北爱尔兰就是个很好的例证，虽然在这些国家，原住民（如澳大利亚和加拿大的土著）或少数族群［如西班牙的巴斯克人（Basques）］谋求更大自治权或分离主义的诉求一定程度上压抑了将国家视为利益偏袒者的观点。原住民或少数族群的行为经常受到文化上的误解，并受到警方的过度关注——这在澳大利亚和加拿大的涉原住民案件中表现得非常明显（Royal Commission into Aboriginal Deaths in Custody 1991；Stenning and La Prairie 2003）。除此之外，少数族群的一些诉求也常常被各国框定为对国家安全造成威胁，并依据这一判断作出回应（Kymlicka 2005）。

在北爱尔兰的案例中，批评人士认为《斯托蒙特协议》（Stormont）与英国政府（在1972年对北爱尔兰实行直接统治之后）的运作方式系统地保护了多数新教徒的利益、文化和安全，而牺牲天主教少数派的利益。国家对特定利益的偏袒以及与之相关的违法性与警察和安全部队密切相关，并形成了一种相互促进的关系（Weitzer 1995；Ellison and Smyth 2000；Walker and Telford 2000）。北爱尔兰皇家警察部队（RUC，Royal Ulster Constabulary）自1922年创建直至2003年由北爱尔兰警察局（Police Service for Northern Ireland）取代期间，其成员绝大部分来自新教团体，北爱尔兰皇家警察部队充分保障了这些新教团体的利益（和地位），而新教团体也反过来对皇家警察部队予以热情的、通常是无条件的支持。然而北爱尔兰民族主义者却对北爱尔兰皇家警察部队表示了深深的怀疑，因为他们觉得无法得到警察部队的服务，却感受到了警察的强制力。在"北爱尔兰问题"的背景下，北爱尔兰皇家警察部队与军队密切合作，认为对政治暴力的镇压优先于对普通犯罪的控制；此外，北爱尔兰皇家警察部队还被指控对涉嫌恐怖分子实行秘密的"格杀勿论"政策，并勾结新教徒准军事组织谋杀天主教徒。简而言之,"民主"政体中的警察与威权国家中的军队具有很多相似的特性——集中控制、与安全部队关系密切并且共同行动、通过镇压政治暴乱和不同政见者来维护政权、很少或根本没有受到独立监督。在当前"和平进程"的背景下,民主政治的未来是否能够摆脱派系政治偏袒特定利益的历史遗产?如果可能,又将如何完成?这仍然是悬而未决的问题(Patten 1999;Ellison and Mulcahy 2001;Mulcahy 2005:第四部分)。

民主国家偏袒特定利益的做法不仅仅表现在公共冲突的情况下。在第二个例证中,左翼国家怀疑论者指出,"法律和秩序"的政治(以及随之而来的警务和刑事策略)的兴起,主要是在那些自20世纪80年代以来由新自由主义政府所执政的国家,这些国家所奉行的正是我们在上一章中所讨论的国家怀疑论观点。这里主要指的是美国、英国、澳大利亚和新西兰,虽然华康德(Loïc Wacquant 2003)认为,自由市场的理念是由美国(通常是通过英国)积极"输出"的,而西欧各国、前苏联集团和拉丁美洲各国的政府和人民则热情地"输入"了该理念。在过去20年来,这些国家见证了对于国家界限与目的的彻底的重新定义,而其福利供给(据说是主动削减)则被市场价值和行为不断排挤。社会国家和有序的市场——在物质上已经让位于不受约束的游资和刑罚国家(Gamble 1988;Wacquant 2003);在意识形态上则让位于各种形式的"威权民粹主义"(Hall 1980)。对于充满了焦虑和不满的大多数人而言,"威权民粹主义"鼓动了他们心中的邪念,同时也掩饰了他们内心的焦虑。由于国家(负责公共供给)的"左手"已经撤了回来,因此(掌握着警察和刑事权力的)"右手"就脱颖而出,力图遏制全球化的市场社会所造成的不安全感和排斥心理(Bourdieu et al. 1999;Parenti 1999;I. Taylor 1999)。

其结果是,新自由主义民主国家在当前以新的警务和治安策略为主导——如零容忍、宵禁、反社会行为令(anti-social behavior orders)等,这些策略旨在"打击"城市贫民的无秩序和不文明行为,但其方式却常常对公民自由权造成伤害,并助长了警察权力的滥用。随着纽约的"零容忍"治安策略在减少犯罪方面获得成功（应当说仍具有很大争议），一批精力充沛的警察和政客正在全世界范围内大肆鼓吹这些策略（Dennis 1997；Bratton 1998）。他们所宣扬的正是一种用于统治新自由主义世界的"弃儿"的新的合理性（Bauman 2004），它将资源和权力集中在警察部门，并对用以解决社会秩序问题的"强硬"的警务策略赋予意识形态上的优势。通过这些方法，警务工作已经与新自由主义的政府精简改革联系在一起——这一政府精简运动已经发现，**对**（for）穷人的各种社会支持形式已经被国家旨在**针对**（at）穷人的、反社会的控制策略所取代，而实施这种控制策略的正是偏袒特定利益的、最低限度的国家。

那么，通过对威权和民主国家中警务与安全措施的偏见的剖析，我们可以得出什么样的教训呢？毫无疑问，国家怀疑论的这种左派理论变体在以下几个方面都具有十分重要的意义：强调了警务与安全以及社会分层的各种轴线的交叉点；指出在结构分裂的社会中，某些群体如何以牺牲其他群体为代价而确保自身的安全；建议国家在面对不同社会利益之间的冲突时，不应该仅仅扮演中立的、不介入冲突的裁判者角色。在所有这些方面，它对我们所要捍卫的立场构成了强有力的挑战。当面对"安全可以被概念化为公共物品"的建议时，它就提出了相应的问题：谁的安全？哪个公众？有什么好处？它对以下观点表示疑惑，即存在着结构性利益分歧的选民之间能够（或者说确实应该）形成各种信任和团结。它提出的问题是：如果政治游戏的规则建立在这样一种方式之上，使得某些群体发现自己一次又一次地沦为失败者，那么安全民主化的意义何在？此外，它还对以下观点的社会学意义和规范价值提出了质疑，这一观点将国家这样一个极为偏颇的实体置于核心地位，以期形成更为公平的警务和安全资源的分配——无论是在威权的还是在形式上民主的环境中。

这些是非常重要的反对意见，我们很快就会对此做出回应。首先，我们必需把注意力放在各种警务行动和军事行为上，这些实践行为进一步加深了激进怀疑论者对主权国家权力的质疑。

新的例外国家

本章所讨论的左翼国家怀疑论的第二个理论分支，源自于瓦尔特·本雅明（Walter Benjamin）1921年发表的论文《暴力批判》（Benjamin, Critique of Violence, 1921/1985）。本雅明在这篇文章中提出了一个观点，即警察机构与"普通法"有一定关系，但很少受其影响。在本雅明看来，更确切地说，"警察'法'（the 'law' of the police）标志着国家……已经无法再通过法律制度来保证其经验目标的实现，而这些目标是其不惜任何代价想要达到的。因此，警方'出于安全原因'介入了无数并不存在明确法律状况的案件"（Benjamin 1921/1985：141）。本雅明认为，可以在具体的时空中对法律进行定位，从而能够对其进行批判性评价。相比之下，警察机构并没有表现出任何实质性的、可理解的或可控制的东西："它的权力是无形的，正如它在文明国家的生活中无法触摸却又无处不在、如同幽灵般的存在"（1921/1985：141-2）。因此，它可谓"见证"了"人们所能想到的最大程度的暴力的退化"——它并没有假装使行政意志置于民众的监督之下，并且这种现象在民主国家比专制政权中更为常见（141-2）。警察权力并不是由理性与法律所限定和控制的暴力，而是超越了理性和法律的暴力。

本雅明的观点为研究警察权力与国家主权之间的交集提供了一种新的见解，近年来从事"批判安全研究"的学者对这一领域进行了广泛的研究和探讨（例如 Agamben 1993，2004a；Campbell and Dillon 1993；R. B. J. Walker 1997；Neocleous 2000）。相关研究文献中有两种相互关联的观点具有重要的价值。首先是卡尔·施米特（Carl Schmitt）从左翼思潮的立场对现代政治和主权的描述。身处于20世纪20年代摇摇欲坠的魏玛共和国（Weimar Republic），施米特认为"政治"的根本和不可或缺的要素是对"敌—友"的区别

（Schmitt 1933/1996）。主权者的任务是确定内部和外部的敌人，采取相应的措施以保护国家的完整性——相应地，他能够要求被自身极端的不安全感"吓坏"的人们就此服从"权威的怀抱"（McCormick 1997：253）。此外，政治是属于权威而不是法律的领域，它需要的是坚定的、绝对的决断，而不是无休止的、甚至会拖累政治的讨论。主权者必须决定而且独自决定"谁是敌人"，以及必须采取什么行动来战胜敌人；它需要以必要的速度做出必要的决定而不受议会审议和法律约束的限制，因为这有可能会致命地削弱其执行这项基本任务的能力。施米特甚至认为，"主权者就是决定例外的人"（1922/1985：5）——这里既包括了决定什么情况属于例外，也包括了面对例外情况需要采取什么措施。

然而对于从事安全研究的激进的国家怀疑论者来说，这些威权主义观点的吸引力何在呢？简言之，答案在于施米特的观点既突出了构成政治生活的深层对抗，又强调了法外暴力（extra-legal violence）在建构民主政体中的作用，建构民主政体的目的则是为了摆脱这种法外暴力——而这两者都是自由主义政治思想宣称已经抹去或至少是试图抹去的东西（Mouffe 1999）。施米特特别强调了不受限制的、暴力的决定主义（decisionism）；在政治稳定时期，决定主义倾向往往被掩盖起来，唯有当国家通过宣布例外状态并据此执行其意志，从而来行使其主权的时候，决定主义才会显现出来（Agamben 1998；也可参见 Derrida 1992；Taussig 1997；R. B. J. Walker 2004）。

与之密切相关的第二个观点认为，"安全"提供了一个话语空间，通过这个空间，例外主义的主张被动员起来并付诸实践。作为现代政治秩序的"形成原则"，安全"在现代政治语言中比比皆是。我们的政治语汇带有明显的安全意味，我们的政治想象则受到了它的限制"（Dillon 1996：12）。此外，它以一种亲密方式与国家紧密联系在一起，并对国家造成了负面的影响。通过诉诸安全问题，国家得以召唤反政治和反多元主义（anti-pluralist）的政治实践，并宣称当前所面临的问题（无论是恐怖主义、毒品问题还是移民问题等）涉及的是势在必行的重要责任，而不是什么权衡取舍和政治选择；呼吁权威的决断而不是民主审议（或按照施米特的观点来说是优柔寡断）；把对基本自由的限制作为维持公共安全的代价。此外，这些政治实践是由安全对无限的、不断消失的可能性的重要意义所推动的——它夸张地将自身表现成为一种我们无法理解的状态，没完没了地要求更多的"安全措施"。简而言之，安全是特定的利益偏袒形式得以成立和发展的渠道——国家之所以采取这些法外的措施，是因为它认为有必要维护其利益和完整性。这就是不受约束的"利维坦"的典范。

由此可知，（美国）例外国家的产生明显先于"9·11"事件以及为应对"9·11"事件而发起的"反恐战争"。事实上，国家怀疑论的这一理论变体认为，在迄今为止所论及的偏袒性国家的许多日常行为中，均能发现例外主义的身影。这些"安全"行动构成了"反恐战争"，对这种"安全"行动的思考有助于我们进一步理解这种激进的国家怀疑论和安全怀疑论形式。但这里仍有需要关注的地方。这种激进的反政府主义主张和自由主义学者对当前安全格局的"侵蚀自由效应"（liberty-eroding effects）的担忧（我们在很大程度上也持有类似观点），在一定程度上有所重叠。自由主义者的担忧引发了一场关于"民主地应对恐怖主义"这一棘手但至关重要的任务的讨论（如 Ackerman 2004；Golove and Holmes 2004；Ignatieff 2004；Rorty 2004）。相比之下，受到本雅明和施米特的启发，对"反恐战争"的左翼批判观点坚持认为，"反恐战争"暴露了"民主"社会中主权暴力的某些特征，"在我们这个时代，例外国家将越来越成为一种基本的政治结构，并将最终成为规则"（Agamben 1998：20；也可参见 Agamben 2004b：609；R. B. J. Walker 2004）。毫无疑问，我们将会以民主的方式打击恐怖主义，或者从更普遍意义上说，对安全进行文明化。当前安全形势的四个方面有助于阐明这一特定的国家怀疑论观点。

首先，美国自认为是单极世界的全球霸主，它往往单方面地定义并追求其自身安全利益，或是与它能够在战略上组建的任何"自愿联盟"（coalitions of the willing)共同定义并追求其安全利益(Buzan 2004)。在当前,美国的安全行动往往绕过了多边机构,或仅仅是将它们作为工具利用(N. Walker 2006a;forthcoming a),它把国际法仅仅看作是众多政策考量中的一个,并拒绝接受那些有可能限制其行动自由的条款的约束(例如美国政府拒绝承认国际刑事法庭,其理由是它将会给美国的敌人提供一个迫害其"忠诚战士"的机会,并且美国的敌人一定会无情地利用这个机会)。当然,自从1945年以来,美国一直致力于(在大多数情况下是隐蔽地)介入"政权更迭"的行动,并总是将自己比作"世界警察"。但在"9·11"事件之后,面对新出现的和分散的敌人,美国宣称自己有权对敌人进行先发制人和单方面的打击,这不仅仅是为了捍卫其自身安全利益,同时也想要在全世界传播自由主义——这也是华盛顿新保守主义鹰派所提出的新世纪计划的内容之一(The White House 2002)。在每一种情况下,主权意志的行使不受任何反文明力量的束缚,而只受"其自身权力制约意识的限制"(Kagan 2004:70)。批评者们认为,其结果就是产生了一个新的帝国强权;以美国为例,这些强权国家的主权行使是视情况而定的——它为被其视作朋友的国家提供保护以换取它们的服从,而为其敌对国家或者为其敌人提供庇护或帮助的国家,则在必要时进行武力干预以对其进行重新洗牌。①

但是国际舞台上的种种情形在国内政治中也有相应境况发生。其次,我们已经目睹了以保护民主、反对恐怖主义的名义,加强行政部门和安全机构的权力。警察和情报部门被授予了新的权力、更多的预算和更大的自由裁量权——

---

① 有那么一群人在各种场合表达他们有关美利坚帝国(American Empire)问题的观点和看法,并且这个群体的人数正在不断地扩大。对于在此所讨论的这类激进派人士来说,美利坚帝国主义打着保护美国经济利益和传播新自由主义思想的旗号,建立了一种新的压迫和托管模式(Hardt and Negri 2000;Harvey 2003)。对其他进步人士来说,这代表着美国全球霸权的危险诱惑(Barber 2003),或者说是军事力量前后不一致、且又致命的贪功冒进(Mann 2003)。相比之下,一些自由主义者和保守主义者(多少有点热忱地)将美利坚帝国主义视为当代国际格局中不可或缺的秩序机制;随之而来的担忧则是,美国的国内政治对此缺乏必要的长期承诺(参见 Ignatieff 2003;Ferguson 2004)。更详细的讨论请参见本书第九章。

所有这些都打着"追捕和打击敌人"的旗号，认为在危机时刻有必要采取仅受轻微限制、快速的、单方面的行政行动（Scheuerman 2002）。以下几项措施就是其中突出表现：（1）《美国爱国者法案》（2001）（USA PATRIOT Act 2001）授权扩大监视和数据收集的权力，《加拿大反恐法案》（2001）、《英国反恐怖、犯罪及安全法案》（2001）和《预防恐怖主义法案》（2005）中也有类似规定——世界上很多司法管辖区都有类似措施（参见 Roach 2001；Lyon 2003：ch. 2）；（2）美国新成立了国土安全部，并授予其极大权力；（3）美国允许未经审批对恐怖嫌疑分子予以行政拘留或进行军事裁决，英国也允许对恐怖主义嫌疑分子未经审判即进行预防性拘留。前者暂停了美国约两千万非公民居留者所享有的人身保护权和正当程序权利（Arato 2002：458 – 9），而后者则使英国政府违背了《欧洲人权公约》所规定的责任。

再次，这些措施在目标和效果方面都称不上随机或公平。虽然大部分公民的日常生活在很大程度上并未受到影响，但对少数族群的监控则大大加强了，长期以来他们都是警方关注的重点。"外部威胁"与"内部问题"之间的界限正变得模糊不清（Newman 2004：580），这在穆斯林居民、难民或寻求庇护的人群中表现得尤为明显。无论是在增加对少数族群的敌意（和暴力）方面，还是削弱对于公民所担忧的民主权利和自由的支持（因为被视为是对"恐怖分子"的保护并危及公共安全）以及微妙但明显的世俗文化军事化（比如销售美国军用汽车"悍马"的民用版，就是个明显的例子）等方面，这些措施并非缺乏象征性共振效应（symbolic resonance）和社会文化溢出（sociocultural spill-over）效应。①

---

① 在这一背景下出台的《美国爱国者法案》（USA PATRIOT Act）具有十分重要的意义，所谓"USA PATRIOT"，是首字母的缩写，原文是"使用适当手段来阻止或避免恐怖主义以团结并强化美国"（Uniting and Strengthening America by Providing Appropriate Tools Required to Intercept and Obstruct Terrorism）。这一立法进一步延伸并扩大了美国近年来立法领域的一种趋势，即以广受关注的受害者的名字来为刑事立法命名，最著名的例子是将反恋童癖法案命名为《梅根法案》（Simon 2001）。当然，在目前的案例中，被命名的受众是一个受害的集体，法案象征了"反击"的决心。

在这些方面，左派的国家怀疑论者认为，我们目睹了重申和扩张国家权力的危险性——相当于一场"反对自由与民主的战争"（Bunyan 2002）。但"反恐战争"已经催生了国家间新的或更紧密的安全合作形式，并增强了警察和安全问题专家跨国合作网络的力量，这也是当前安全形势的第三方面要素。最能说明问题的新发展出现在欧盟内部。针对前一部分内容，人们能够具体指出"9·11"事件之后"欧洲逮捕令"（European Arrest Warrant）的快速审结引渡机制（fast-tracking）和对恐怖主义的普通定义；而在普遍意义上，人们能够发现在"自由、正义和安全区域"的旗号下，政府间安全活动的不断升级——与其他方面的内容一样，这些政府间安全活动已经加剧了诸如移民或政治避难等公共政策问题成为安全问题的趋势（den Boer and Monar 2002；Gilmore 2002；N. Walker 2004；Bigo and Guild 2005；Huysmans，2006）。就后一部分内容而言，突出表现在以下几个方面，如加强欧洲内部的警务与司法合作，并与美国共享情报信息；加强欧洲刑警组织在打击恐怖主义方面的作用；对一些不透明的专业网络进行赋权，如欧洲警察局局长特别工作组（Task Force of European Police Chiefs）、情报主管定期会议等。在这一方面，人们可能还会想到常设的欧盟民事（警察）维和部队的组建，维和警察的任务是在世界各地的冲突地区部署"人道主义"力量——特别是在巴尔干地区（Caygill 2001）。

对上述每一项发展内容的批评大致都指向同一个方向：首先，"反恐战争"强化了一种业已存在的趋势，即在欧盟的发展过程中赋予了"内部安全"高于"自由"和"正义"的优先地位，这就使得欧盟有可能以一种不利于社会正义和人权的方式，变成为针对特定嫌疑人群的"综合执法区域"（den Boer and Monar 2002：27）。其次，上述每一项发展内容均支持目前正在形成的、由官员和安全专家组成的官僚式跨国安全精英团体，并对其进行赋权——这一精英团体能够在缺乏任何有效法律监督和公众监督的情况下，以不透明的、非正式的方式行使其微观权力（micro-power）（Hayes 2002）。更进一步的批评意见，则是批评欧盟跟美国一样，想要将其自身的道德秩序推广到世界各地，并且已经具备了上述能力，这种方式在某种程度上是用暴力服务道德，并"导致逐渐放弃了现代国家的领土原则"（Douzinas 2003：177）。

最后，这使我们注意到某些关键性的区别正日益变得模糊，而这曾是构建安全领域的关键要素——这一趋势早在"反恐战争"之前就已出现，但在"反恐战争"之后明显加速（Andreas and Price 2001）。其首先就涉及内部安全与外部安全之间的区别、警察和军人之间的区别。自从冷战结束以来，曾经截然不同的世界遭遇了一个逐渐趋同（de-differentiation）的过程，并日渐"向同一个敌人靠拢"（Bigo 2000a：173）。外部安全部门（尤其是军队和情报部门，还包括海关和移民署官员）现在开始在自己国内寻找敌人，而军队也被要求去保卫国内基础设施免受攻击——如机场、桥梁、公共设施等。此外，在"9·11"事件之后，军人们在阿富汗和伊拉克的城市开始参与追捕通缉犯、巡逻城市道路并维持秩序等行动。相反，警方却开始跨越国家领土边界去找寻"内部"敌人——包括恐怖主义者、有组织的犯罪集团、毒品贩子等（Nadelman, 1993），同时他们也开始参与海外维和行动，或是按照"西方"标准来训练本土的警察部队。

对此，我们还必须指出相关类别的战争和犯罪之间的界限也日渐模糊，这同样也是发生在"9·11"事件之后（Feldman 2002；Huysmans 2004）。自从双子塔和五角大楼遭受袭击之后，美国政府就发动了一场自诩为"战争"的战争，以对抗国际恐怖主义带来的前所未有的威胁——正是这种战争状态，使世界各国政府有了正当理由获得特殊的行政权力。但这并不是一场常规战争，甚至根本算不上是一场战争。"敌人"分散且身份不明，而且基本上都是非国家行为者。但他们**惯用的手法**无疑是一种犯罪行为——并且称得上穷凶极恶。也不清楚什么时候战争才算胜利（如果胜利的话）——这也就意味着一种可能对民主和自由造成永久性攻击的可能性。然而与此同时，美国政府一直拒绝使用战争隐喻（如果是隐喻的话），他们采用的是格勒夫和福尔摩斯（Golove and Holmes, 2004：5）所谓的战略性"范式购买"（paradigm shopping）行为，其动机是为了"避免问责和监督"。在这一点上表现得最明显的就是被关押在关塔那摩湾拘留营（Camp Delta in Guantánamo Bay）的嫌犯（Rose 2004）。这些人既不是战俘也不是犯罪嫌疑人——这两类人都享有一定程度的正当程序和法律保护。相反，他们被认定为是"敌方战斗人员"——这是一种超越了法律规定的状态，其结果是"他们现在只受制于原始力量"（Agamben 2004b：610）。对于激进国家怀疑者来说，没有什么能比这种新的"例外主义国家"更能说明问题了——主权力量同时以偏袒部分人利益且不受控制的方式来执行其意志。

这些对于当前安全格局的批评意见提出了一些有价值的警告，其中部分警告与前述自由主义批评家对"反恐战争"的批评是一致的。他们认为，首先，民主社会有可能会陷入一种"恐怖—恐惧—镇压"的恶性循环，其结果很有可能是民主政府和法治受到侵蚀，甚至最终走向灭亡（Rorty 2004）。由于政治精英采取"安全措施"来应对恐怖行为，试图通过进一步对警察和军事机构赋权来缓解公众的不安全感（和愤怒），他们采取了以下措施：他们不仅将具有偏袒性的国家资源对准那些往往不受欢迎的、受到过度监管的少数族群人口（无论是在国内还是国外）；而且他们还会通过一些手段，让民众难以接触并想到那些允许"临时性"例外措施得以废止的文化条件，从而使得公众的焦虑制度化，并使民众别无选择，只能用更严厉的"安全解决方案"来应对下一次恐怖袭击。由于每一项"维持秩序的措施都造成了新的歧义和矛盾，并要求采取进一步的措施，这样的角逐永远不会结束"（Bauman and Tester 2001：79；也可参见 Dillon 1996：127）。

对于自由主义者来说，现实课题是找出应对恐怖活动（以及由它产生、加强或更新的恐惧和嫌恶感）的方法，以摆脱这种日渐加强的不安全感和侵蚀民主的恶性循环（例如 Ackerman 2004；Ignatieff 2004；Dyzenhaus and Hunt, forthcoming）。从更广泛意义上说，这也是本书写作的动力——我们认为在这一领域可以构想并创造既能使安全文明化，又能够释放安全的文明潜力的良性循环。然而我们在这里所关注的国家怀疑论的变体则是一种更加令人不安的观点——一种对这种可能性的严肃批评。从这一角度来说，没有明显的路径可以避开这个例外主义已然成为阿甘本所谓"当代政治中政府的主导范式"的世界（Agamben, 2004a: 2 及其他各章节）——当然也不是打着安全的旗号。我们面临的将是一场看起来永不停止的反恐战争，在这场战争中，具有偏袒性的、例外主义的国家确定并追击新的敌人，它们加强了边界管理却又常常打破边界，以法律的名义暂停了法律，为拯救民主却事实上破坏了民主。在这样的世界里，左翼国家怀疑论者问道：我们怎样才能有意义地谈论社会一致认同的集体安全计划，更不用说开始建构了？

反对安全？

本章所概述的这一系列激进思想对国家及其安全行动提出了有力的批判。这一系列批判似乎能够捕捉到历史记录的重要方面，这些历史记录目睹了国家一次又一次地以牺牲穷人和被剥夺者的利益为代价，系统性地保护强势支持者的安全利益，并以此方式分配治安警务的利益与负担；无论是威权国家还是民主国家，均是如此。此外，它还有力地说明了将安全置于政府意识形态核心地位的风险，即安全政治往往会主导公共政策，并以危及民主价值观和维持恐惧感的方式影响社会生活，忽视了政治主体性和集体认同的形式。在这些方面，国家怀疑论的这一变体对国家权力的运作和效能提出了批评意见，并在许多重要内容上与我们持一致观点（N. Walker 2000；Loader 2002）。但是它也对我们想要在此建构与维护的观点和立场提出了深刻无疑的挑战。如果我们想要提出充分的理由，既能说明安全的益处和价值，又能说明国家在"安全"这一公共物品生产过程中不可或缺的作用，那么我们就需要找到一种方法来实现这一目标。

这些反对意见并非是微不足道的,本章的目的也并不仅仅是为了反驳这些观点。然而正如我们所希望展示的那样,它们自身的出发点并非是没有缺陷的。我们在本书第二部分将继续对相关问题进行深入探讨,在此我们先简要地思考上述缺陷以作为前奏。出于分析的需要,我们将其分成以下三类。

首先,国家怀疑论的这种激进变体往往忽视了政治系统的开放性以及它所带来的理论和政治前景。它特别展示了一种结构性的宿命论,该理论忽视了特定秩序与整体秩序的生产之间的交叉重叠,使得弱势群体和社区在相当程度上"操控"了国家权力,并挤占公共资源(包括治安警务资源)以产生更安全的经济和社会存在形式。对于特定秩序与整体秩序的混合(换言之,公共利益和派系利益分别在多大程度上影响警务活动)是如何受政治斗争制约的,以及因时间和政体差异而产生的各种不同的制度性解决方案,它也没有给予足够的关注。此外,对暴力的激进批判也存在着几乎同样的问题,因为恰恰是暴力,构成了旨在摆脱这种暴力的自由主义政治秩序的基础。在这个问题上,人们发现对这一难题有着十分正确的坚持,即民主政治最终仍然是依靠强制来执行集体决议和保护民主制度。但是就像阿甘本(2004a)在其著作中所说的那样,这种观点往往以过于笼统和简化的措辞反复强调——这使得它更像是一种哲学主张,邀请却又拒绝社会学的审视和推敲。如果"每一种政治和法律权威都是以暴力为核心的"(Newman 2004:575),那么我们以什么为依据来区分,或批评特定国家寻求安全的行为呢——并且,我们为什么要那么麻烦呢?

其次,激进的反政府主义倾向于从社会和政治角度,对社会和政治重建进行批评。它们所偏好的政治往往特别重视对国家权力的系统性偏见进行监视、曝光和批评(例如,总部位于英国的非政府组织"国家守夜人"(Statewatch)的不懈努力);它们或含蓄、或明确地认为,"安全"已经被其与(军队和警察)国家之间不文明的联系严重污染(stained),这使得唯一可行的激进策略是破坏"安全"本身,并同时对抗以其安全名义所进行的安全行为(Dalby

1997：6；以及 Dillon 1996：ch. 1）。从这个角度来看，不可能存在着旨在实现安全文明化的、进步的民主政治。相反，保留下来的唯有对政治的批判，以及政治想象的失败，这就大大低估了现行制度安排与实践的可行或可取的选择，或仅仅是指出了存在着超越非国家公共秩序的形式的可能性——正如乔治·瑞卡高斯（George Rikagos，2002：150）在其著作中所宣称的："唯一能够真正替代当前治安警务实践的，是前资本主义、非商品化的安全保障措施"。

最后，我们认为该理论对于当今世界不平等和不安全的根源的评估是片面的。这一左翼的反国家主义（anti-statist）思想在论述社会不公正问题时，倾向于认为社会不公正源自于国家的恶意和强制性的干预，而不是出于国家的无能和忽视，我们已经在前文中论证过这一观点。到这里，我们就会发现这一观点与第二章中所讨论的新自由主义观点有着奇妙的相似之处——国家才是问题之所在。但也有人对安全政治提出了批判，认为这与威权政府的产生有关——似乎安全在某些重要的方面，会对民主和人权造成危害。这样，这些激进的批评人士就与我们在第一章中所描述的"安全游说团体"站在了相同的立场上。他们对于安全局势的评价可谓截然不同，并且致力于完全相反的政治目的。但他们同样都坚持认为，安全与自由是相对立的。

在第二部分，我们的目标是通过以下方式超越这些观点和意见：首先，重申将安全视为公共物品的观点，无论是对于其他公共物品（最直接的就是自由）的生产，还是对于民主的政治共同体的构建，这都是不言而喻的；其次，我们认为，这种公共物品的生产所需要的不是对国家形式的全面批判和超越，而是需要民主的国家机构对此进行更有力的监管干预。但我们首先需要纳入两种对国家进一步批判的观点，我们先来讨论把国家看作**文化**载体的观点。

4

作为文化 "巨无霸" 的国家

在上一章中，我们分析了国家如何通过其治安警务（policing）和安全保障（security provision），成为追求特定利益的强大机构。其关注点在于，国家安全保障职能的某些一般性特征，如何助力于各种权力不对称和偏见形式的表达、巩固和强化。在本章中，我们将主要探讨一种补充性批判——这种批判意见隐含在很多对国家警务的怀疑论观点中，但与本书第一部分所考察的怀疑论的其他变体相比，这一批判意见缺乏明确的理论表达。该批判意见所关注的并不是国家作为强化不平等以及放大偏见的机构，这种不平等和偏见产生于社会和经济领域的其他方面；相反，这种批判意见把国家视作为文化生产的场所，它有自己的权利，能够形成思想并促进某种类型的正统观念。当然，国家作为实体的执行者和文化启蒙者之间的区别，有时是人为制造的，而且从来都不太明确。我们将会看到，在通常情况下，国家意识形态在动员或维持某些信仰和情感方面的参与，与它的压制性职能是密切配合的。借用传统马克思主义术语的一种说法——国家从基本社会经济力量和关系中获得的自主性永远都是相对的。正如我们在上一章中所论述的，除国家之外的各种统治形式的巩固和稳定，通常都有赖于国家及其安全机构；同样，由国家及其安全机构所产生的思想形式也总是受到更广泛的社会和经济压力的影响。

然而，对国家警务的文化批判远远不止是对其实体批判的回应和效仿。相反，它为国家警务怀疑论者提供了有力的证据，扬言要挑战我们在上一章结尾部分所初步论述的反对意见。那些批评意见认为，将国家视为特定利益偏袒者的观点过于注重国家的作用，对于其释放的潜能又太过悲观；针对这些批评意见，文化批判论的支持者们可能会做出强有力的回应。这种回应和反击始于对马雷宁（Marenin 1982）所总结的一般秩序（general order）与特定秩序（specific order）的区别的反思、改良和解释。其核心观点是国家在安全领域的文化工作有其自身的偏差性后果，这种偏差性后果源自于其拒绝承认以下事实，即不同于那些成功操控国家以维护自身特定利益的、处于强势地位的公共和私人团体的"特定秩序"，涉及日常社会安定的"一般秩序"的生成和维护，在不同的安全考量和不同世界观之间保持着某种程度的中立。从这一更广泛的批判角度来看，并**没有**不受某种偏见影响的安全工作领域。相反，对一般秩序的维护可能还存在着一些**不可化约**的特殊性（irreducibly particular）（就像反过来说，考虑到对某些类型的阶级、性别、种族或公共官僚的偏见存在着跨文化的相似性，对特定秩序的维护就有一些具有普遍性的、反复出现的内容）。即便是其最广泛角色的不可化约的特殊性，我们也必须把国家警察理解为一种文化正统性的推动者和捍卫者，这种正统观念不断地为世界上某些特定观点和行为方式赋予特权。支持国家治安警务的观点认为，日常安全措施的整体收益超过了它们偶尔被用于维护特殊利益所造成的缺憾；然而面对这些额外的反对意见，这种观点可能就会显得不堪一击。

即使涉及一般秩序，国家安全和警务的"文化导入"（cultural import）仍然有不可化约的特殊性，那么这意味着什么呢？正如前文已经指出的那样，因为这个维度的国家警务怀疑论在理论表述方面不够明确，并且倾向于以某些有关国家"罪责"（culpability）的一般性假设为基础，或取决于有关国家地位和文化一元论之间相互关系的更广泛研究信息，所以**我们必须为自己建立怀疑论文化案例的最好版本以适用于警务部门**，而不是追随其他维度的怀疑主义理论。考虑到这一点，我们按照不同阶段来整合和阐述我们的观点。首先是确立基本概念的建构模块，由此可以建构更明确的理论观点。在此基础上，我们选择案例的标准是，一般秩序中的治安警务的文化特殊性确实是不可化约和不可避免的，但关键的是，正是由于这个原因，这一特征也必须在逻辑上先于，并且独立于国家警务形式。只有在此之后，文化特殊性在国家中的表现方式才能够逐渐充实和具体化，而有关国家行动之可能性的问题才会被提出来。

警务文化的特殊性

概念建构模块在形式上采用了普通警察角色的一些结构特征或坐标体系，从而塑造了警察参与社会意义生产的方式和途径。这些特征包括了警察职能的**单一性**（singularity）、在追求上述职能过程中的**一致性**倾向、高度**宽容**的特质及其**时限性**和**社会定位**。我们将依次考察上述五个特征，并说明上述五个特征的组合如何有助于解释趋向于单一文化论的倾向。

首先是警察职能及其安全目标的单一性。在当今时代，警务管理学的规范化论述和警务人员的自我陈述性言论都越来越强调警务工作的多样性、执行这些任务所需要的多种技能以及警务工作与许多（如果不是全部的话）非警务工作之间的相似性和连续性，因此在这里强调警察职能的单一性似乎有点不合常理——想想看，以目标和问题为导向的警务工作长期以来都青睐于这种分解性警务标签（Butler 1984；Goldstein 1990；McLaughlin and Murji 1997，2001）。然而，如果我们避开一些"世俗"（profane）细节（Reiner 1995），有证据表明，在两个重要且相互关联的意义上——内部和外部，警务工作仍然是一项独特的活动。在内部意义上，警务工作之繁杂、任务之多样化程度几乎令人咂舌，即便把它们归入非常宽泛和松散的功能类别，并进一步简化为单一目的，甚至在最后的分析中被视为仅仅是达成总体目标的手段，其繁杂程度仍令人吃惊。这些任务包括犯罪预防、犯罪侦查、保护生命和财产、防范扰乱公共秩序的行为、管理交通以及警察所参与的协助国家其他监管职能的各种工作：这份清单可谓是典型的现代警务工作目录，但如果清单中的所有要素能够聚集在产生和维持一般秩序条件的保护伞之下，它们就不会承受过度的压力，而在这些条件下的公民最有可能是安全的，并且感觉是安全的（Silver 1967；Bittner 1990；Reiner 2000：ch. 4）。正因为如此，在警务公共政治中，在不同警务职能之间及其内部取得适当平衡和取舍的问题往往充满了争议，认为应该根据各个职能对总体目标或者提供安全保障的基本职能的贡献来加以评估，这种观点往往被认为是理所当然的。

这种在整体目标上内在统一的观念，与第二种外部导向的意义是相互关联的，从外部意义上来看，警务工作可以被看作是一种独特的活动。我们可以分别从薄弱（weak）和强烈（strong）两个层面对这种观点进行深入探讨。在薄弱层面意义上，正如某些特殊的警务职能被认为有助于安全保障的整体目标，安全目的本身在很大程度上是合理的，而不是作为某种更广泛的职能或更高目标的手段。这并不是说，安全的整体成就**不能**从工具性角度来理解和对待，但是安全问题不同于政府活动的其他关键领域，在大多数情况下，人们根本就不会以这种方式来理解和看待安全行动，或至少在狭义上不会如此。① 相反，回顾我们在第二章中关于现代政治秩序根源的探讨，安全应被理解为政体最基本、最明确的职能之一。就如我们将在第六章中所看到的，只要它与其他主要社会功能联系在一起，那么在广义的基础性意义上——而非狭隘的工具意义层面——安全，是获得和达成其他一系列社会公共物品（social goods）的**必要条件**，而不是在获取某一特定物品的过程中价值被耗尽的东西。然而在这一方面，安全也并非那么不同寻常。像医疗卫生或教育等其他领域的国家行为，基本上也是一种自我证明的行为，如果把它们与其他目的联系在一起，同样也应被视为广义的基础而不是狭义的工具性阶梯。

当安全与其他广泛的公共政策领域区分开来并以更有力的方式确立自身地位时，它往往以紧迫性与必要性的名义行事，并且不容置疑地强调其自身需求

---

① 在这里可以将安全保障与税款征收进行类比，其目的纯粹是为了达成其他目的。

的不可磋商性（non-negotiability），从而将其他考虑因素从它自己的职能领域中排除出去（Wæver 1996）。安全不仅有助于其他不同的目的，而且不会依附于那些不同的目的；不仅如此，正如我们在上一章中对批判性安全研究的初步文献综述中所提出的那样，它往往会把公共政策的话语表述束缚在自己毫不妥协的目的上。因此，安全问题的单一性不仅在于其（内部）职能的统一，还在于其（对外的）排他性倾向。正如我们将会看到的那样，这将对安全保障行动的意识形态背景产生深远的影响。

有关安全的无所不包的元功能（meta-function）概念与普通警察角色的次级结构性特征之间有着紧密的联系，通过对这两者间关系的探究，我们可以阐明上述影响的其中一个关键方面。它假定警察机关应该一视同仁、平等一致地进行管理——而不应该对不同贡献者或受益人进行区别对待甚至歧视。最直接地说，这似乎是组织效率的关键问题，同时也是某些安全"物品"生产的必然扩散效果。所谓一般秩序（general order），指的是在特定情境中，贡献者与（或）受益人均不确定的情况——无论是在足球比赛、公众游行或市中心购物广场中得到认可的公共行为准则，还是在交通网络或机场安检系统等环节力求在预防性干预与自由流通之间达成适当平衡；或是快速反应机动巡逻队对于"呼叫应答"的优先级协议和特定级别的徒步巡逻队对于地方（安全）预防和保障的权重分配，以及通过逮捕凶嫌或拆除恐怖分子的炸弹来保护居民的安全。因此对于警方来说，他们除了依照广泛的和非歧视性的程序或效果来采取行动之外，其他行为往往是非常不切实际的。就如同所有大规模、重复性的组织行动一样，在一定程度上遵循规则成为官僚机构效率和协同运作的基本要求，并且由于许多安全利益具有不可转让的特质，某些"均等效应"（equality of effect）也是不可避免的。

对于警察机关来说，除了后勤组织管理因素之外，还要考虑到强烈的道德声誉因素，这使得他们在公开展现的，或相对容易发现的情形下维持一般秩序时，尽量避免采取公开的歧视行为，而在一些公共曝光可能性较小的场合，则至少在言辞上保持中立。反过来，这些拟剧性（dramaturgical）的考虑源自于更深层、更基本的规范性政治理论平台，这一规范性理论不仅在特定的维持一般秩序的情境**之中**（within），同时还在维持一般秩序的不同场合**之间**（between）显著加强了（行动）一致性的压力。这一政治理论以及与之相关的社会想象，让我们想到了第二章中关于现代国家的正义承诺的讨论，尤其是在政治现代性条件下对政治统治标准合理性的**个人化和均衡化**（the individuation and hence equalization）。如果每个公民从一开始就被赋予形式平等（formal equality），那么这个假想中的社会契约条款就应该对所有人一视同仁、平等对待——更不用说安全问题的基础性和显著的契约性。由此可见，社会契约的缔结，不应该根据其安全性价值而在个人或个人所属阶层之间进行区别对待，也不应该根据其利益因保护他人的安全而可能受干涉的基础（basis）来进行区别对待——这种干涉包括了对他们自身安全利益的强制性干涉。此外，为了确保这种一致性或平等待遇，自由国家在提供安全保障方面应该处于垄断地位，或至少是主导性角色——对于拥有特定地域和人口的国家而言，一个国家应只有一份标准的社会契约。当然，这些承诺最有力的表现形式莫过于法律面前人人平等的理念——这一观点认为，法律应当作为一般推定，在没有特殊理由的情况下，应当忽略不同类别的主体在有关安全条款和条件上的差异（D. Dixon 1997；N. Walker 2000：ch. 2）。然而，若要将法治付诸实践，则需要一系列道德标准和行为准则的支持，其中包括行政认同和官僚的忠诚，以及政治官员，特别是那些负责维护安全的官员在执法过程中的一致性——因为标准的一致而公正无私（Bittner 1983；Grimshaw and Jefferson 1987）。

从根本上说，对一致性的承诺可以被看作是单一性要求的对立面。一般秩序的概念承载了很多内容，如对警务工作任务的概述、非安全考虑的有效手段等，这正是由于它对于现代政治共同体的正当性和社会契约的目的至关重要。因此，对于不偏不倚、客观公正（sine ira et studio）地使用这种巨大权力的承诺，通常就成为其社会可接受性的基本原则和前提。

然而，这种一致性概念与普通警察角色的第三个结构性特征并存并处于某种紧张状态，即在多大程度上允许——也确实需要——警察积极地塑造他们自身的普通角色。在维持和追求一般秩序的独特价值时，尽管可能出于后勤组织管理、审慎性和道德性等原因对警方的执法一致性有着强烈要求，但警察在履行职责时仍然保留了高度的自由裁量权（Jefferson and Grimshaw 1984；H. Cohen 1985；Klockars 1985），这不仅对一致性（uniformity）的跨情境（transcontextual）要求或"始终如一"形成了挑战，并且对一致性的内容产生了较大影响。

这首先源自于警察"在街头巷尾"拥有众所周知的自由选择余地，而街头巷尾又是警察部门的工作前沿和现场。从表面上看，在实践中的这种自由裁量权只是涉及法律语言的开放式结构和充裕宽泛的空间，这有助于发现"疑难案件"并对其作出创造性解释。从更深层次上讲，这是由于在实践中警务工作不可避免地会面临一些紧急情况；除此之外，还出于对以下事实的考虑——我们认为大型公共秩序中的高调仪式不那么重要，而大量的警务工作发生在分散的"低能见度地区"（van Maanen 1983：1983），以及需要依据未经证实的证据进行决策的情况下。唯有如此，警察才能迅速及时地应对和处理各种形形色色、无法预测的骚乱事件。埃贡·比特纳（Egon Bittner）曾经有一句名言："警察，也只有警察，有权力、有装备能力并且必须去处理任何可能需要使用武力的紧急状况"（1990：248）。因此，警察被授予了较大的自由裁量权，能够在更宽泛的尺度内自由挥洒。即使并没有完全排除以规则或配置方案为基础的解决方案，（现场问题的）多样性和即时性的结合也意味着，在面对任何一种具体情况时，任何以规则或配置方案为基础的解决方案都不足以完全胜任。换句话说，日常警务工作的运作逻辑，使得维持一般秩序的通用模板的想法在日常实践中变得捉襟见肘。

同时，在一般政策层面上，法律框架也是较为宽松的。将警察视为法律的仆人、视为法律所承诺的自由的守护者，这种观念充其量只能在部分意义上指导一般秩序的涵义。受上述因素的限制，并在对模糊文本表述的常用解释范围之内，如果简单地服从法律，可能就会鼓励警方一视同仁地处理所有个案。但在资源稀缺的情况下，不可避免地要在各种互不相关的警务工作之间做出优先性选择；而无论法律文本的含义在处理特定行为和解决特定冲突时是多么清楚明了，它都无法提供标准来判断哪些冲突必须予以解决以及哪些案件需要在第一时间予以认定和处理。

然而我们在很多西方国家的宪法文化中可以发现，尽管法律结构不能为警务工作提供全面的指导——为（各种职级的）警务人员提供维持一般秩序所需的所有指导，但仍有不少观点继续夸大和鼓吹其影响（Jefferson and Grimshaw 1984）。正如上文已经指出的，警察在维持一般秩序时公正中立的公共形象是一种宝贵的声誉和财富，因此，任何有助于巩固这一信念的东西，包括法律综合性权威的概念，都保持着吸引力。然而矛盾的是，对自由裁量权问题的模糊处理，只会使得法律的指导能力进一步倾向于恶化。这就可能而且往往会造成一种"政策真空"（Goldsmith 1990：96）。在所谓的法律主权的掩盖之下，一般秩序的观念得以盛行，而后者需要警察的文化偏好与情感判断来填补这一空白。

因此，对于国家警务机关在维持特定一般秩序的独特目标来说，一致性问题是其合法性的核心命题，而它同时也可能受到警察自由裁量权问题的困扰。一般秩序的涵义可能会因不同警务行动所处的具体情境不同而有所差异。在某种程度上，只有通过警方自身具有象征性或影响其涵义的干预措施才能阻止或减轻这种差异性（Fielding 1984）。在这种文化背景中，有哪些因素会对其产生影响呢？要注意，它仍然与自我呈现的一致性模式的意识形态原则联系在一起。正因为如此，警察维持一般秩序的另外两个结构性特征就具有重要意义，这两个结构性特征分别是——时限性和社会情境的特定性（societally specific quality）。而重要的是，正如我们将看到的那样，作为明确的或具有特殊定位的实践活动，警务工作有着某些不可化约的特性，而上述结构性特征则源自于这些不可化约的特征，因此这些结构性特征为其一般秩序观念的不可化约特性提供了关键解释。

我们认为维持一般秩序的警务活动是有时间限制的，我们试图传达以下两种涵义与信息，这两者之间显然存在着张力，但对其进行深入思考，就会发现其彼此之间也是相互支持的。首先，维持一般秩序的警务工作是一种向后看的（backward-looking）、保守的行动——与过去有关的行动。其次，维持一般秩序的警务工作是一种临时性的、视情况而定的行动——取决于特定时期内的情境。

上述第一个特征——即主流警务活动的保守性，已经得到了广泛的研究和讨论（Reiner 2000：ch. 3）。这种分析的重点通常是警察的实质性政治忠诚（substantive political allegiance）——他们是否以及在何种程度上支持政党，以及支持与政治权利相关的公共政策和道德方案（Reiner 1980）。大多数警察来自于工薪阶层，这一社会背景使其对弱势群体可能会抱持一定程度的同情之心——如果还称不上同仇敌忾的话；尽管如此，他们加入警察队伍的这种自我选择以及日常警务工作中的互动模式，都会提供一系列更强有力的、能够抵消其社会背景影响力的社会化因素。正如上一章所指出的那样，日常警务和治安工作的对象往往是穷困潦倒的群体和边缘文化群体。加之在维护公共秩序和国家安全的过程中，警察的角色与职能往往被定位在左翼组织化或非组织化力量的对立面，这往往会激发或强化警察的某些政治世界观，即对社会经济贫困群体持怀疑态度，认为经济社会贫困群体与犯罪行为和政治抗争活动之间存在着一定关系。

警务保守主义的另一种补充型研究则不再专注于谁能够成为或谁能够"被塑造成为"一名好警察的问题，它关注的重点在于"什么是一般秩序的一般属性"这样的结构性问题，并促使我们把具有时间限制性的警务活动的两层不同意义联系起来。根据理查德·埃里克森（Richard Ericson 1982）的观点，这里的重点在于警方如何不可避免地成为"秩序的**再造者**"（*reproduc-*

ers），以及如何遵循"他们的秩序感，即维持现状"（1982：7）。警察的职能在于**重建**被破坏的秩序，无论导致秩序破坏的原因是保障社会关系安全的常规性权威手段已然失效，还是因为缺乏常规权威的**执行者**——如救护车、消防人员、教师、社会工作者或神职人员等，都需要"替代"并重建秩序（H. Cohen 1985：37）。此外，除了大部分警务工作的反应性特性（reactive quality）之外，典型的警方干预所呈现的松散性、治标不治本等特性，也都引发了警察的职业偏见，即认为应该对事物进行密切监督以确保按照其应然状态发展。对恢复（restoration）而不是创新（innovation）的偏好，也是警察必须自我表现其公正性和一致性的另一个后果。如果一个实体机构的主要职责是修补现行安全结构的漏洞而不是提升该结构的整体能力，通常它会在不得已而为之的职业中力争有所得，装作心甘情愿地做非做不可的事。对于造成那些没有影响力亦缺乏委托执行能力的群体之所以缺乏安全保障的深层原因，以及造成不同群体之间在权力和资源方面的不平等现象的深层原因，它可能仍然会继续保持无动于衷。这样做的目的，是为了显示他们仅仅是公共政策的执行者，而不是政策制定者。

对造成失序（disorder）的深层原因的漠视和超然，也可以强化人们对于特定一般秩序所追求之目标的肯定和信念。一方面，为了恢复现有秩序，无论该秩序的社会基础如何，警察都会不可避免地采取行动以保护这些基础。然而矛盾的是，在另一方面，认为一般秩序毫无疑问地必然与其现状相联系的观念，也会导致其自身的物化（reification）。机械地对当前的安全保障方案尽忠尽责，就意味着要么是全然忽视其基本条款内容，要么就假设这些内容是与生俱来、不容置疑的——无论哪一种情况都会助长对一般秩序的另一种看法，即认为对一般秩序的追求是一种长久的愿望与必要职责。由此，我们就可以发现持久存续（perennial）与日常琐事（quotidian）之间相互关联的强度——受到"永恒"过去约束的感觉与囿于现状的束缚感之间的相互联系。正是由于警察维护和平的日常职责始终具有当然的优先性，警务人员就有可能将其职责理解并表现成为一种无休止的且基本不变的斗争。用"细蓝线"('thin blue line',Reiner 2000: 89)作为警务部门代表性标志的做法在不少国家的警察文化中逐渐流行起来，认为"细蓝线"（即警务部门）的韧性是维持社会秩序的重要保证。这种观念在许多警察文化中得到了共鸣，并从人们看待当前棘手问题的方式中获得了动力，如果脱离了特定的语境和问题的根源，这些棘手的问题与困境就有可能被视为有关"秩序与混乱"的永恒话题的延续和最新表现。简而言之，主流警务工作的模式和优先顺序往往随着时间有所变化，而这种变化往往被对于一般秩序的深层次文化解读所掩盖，后者将追求一般秩序理解成一种因循守旧的惯性以及经久不衰的追求和关注；然而，这种掩盖为一般秩序的语境顺应性（contextual adaptability）提供了大量的动机性与合法性背景，使其得以成为可能。

如果我们从时间和空间两个方面来定位一般秩序的特殊性，这就使我们最终仍然回到了警务工作的具体社会性。一般秩序（general order）从来都不是普世秩序（universal order）。它总是与特定区域内的社会秩序有关——诉诸特定地点和特定时间。与时间因素一样，它的说服力在于它将具体化（objectification）和情境适应相结合。正如对维持原状的诉求显然将警务工作任务置于警察本身的偏见之外并将其定位于当前的"永恒"需求，诉诸特定社会的需求和愿望同样具有类似的具体化承诺。与位置和地点相关的内容同样也有具体化的标准。诉诸特定的路径依赖来建构一般秩序，就会从历史角度来对警务工作进行定位与规训（domesticate）；同样地，诉诸特定的社会和地域要素，则会从地理的角度来对其进行定位和规训。

因此，在我们的"常识"（common sense）中，"这里"（here）就与"现在"（now）具有同样强烈的吸引力，而对于一般秩序的维护正是从这种常识中建构起来。这一点在"社区警务"富有韧性的吸引力中或许表现得最为引人注目，自20世纪70年代以来，源自于英美警察文化的"社区警务"已成为一种时尚标签——在英美地区之外的很多警务情境中都可以发现它的影响

(Brogden and Nijhar 2005；Ellison，forthcoming)。关于社区警务话语表述（discourse）的成功，这可是一个长长的故事，我们会有机会来讲述这个故事；而在这里，我们不应低估其主要吸引力，也就是说，社区警务这种话语表述能够涵盖地域以及与地域有关的社会纽带等因素。事实上，如果我们仔细观察，就会发现警察的谈话中充斥着涉及地点的语言以及以地点为中心的社会依附——如此之多以至于我们几乎没有注意到。从社区警察和邻里联防制度到地方巡警，从保留地（Apache Territory）到"贫民窟"（skid row）（Bittner 1967），从区域巡逻到欧盟关于"自由、正义和安全区域"的表述，我们发现有关空间位置的隐喻，即安全或不安全，是我们描述普通警务工作的核心要素。当然，在地方与超国家之间，还存在着另一个重要的警务活动场域，即民族国家。我们现在就要回到这个场域。

国家警务的文化偏向性

因此，一般秩序的观念只能以文化偏向的方式实现。警务部门核心职能的单一性和作为政治基础的特性，以及在维持秩序的活动中所隐含的巨大权力和责任，都意味着警察部门的社会合法性的利害关系非常之大。警方试图解决这一问题的关键方法，是通过统一、中立的法律和组织纪律予以规范。然而，警察自由裁量权的多样性和多层次特征决定了司法遵从模式是远远不够的。此外，这也反映出警务活动始终是一种以特定地点为基础的实践活动（即便他们对于本职工作的自我认识和自我表达往往不这么认为），警方往往在特定时间和地点的突发事件中来定位其基本职能与角色。换句话说，他们试图谋求（确实别无选择，只能谋求）一种符合情境需求的，因此也是有所偏袒的一般秩序。

旨在维持一般秩序的警务活动的基本标志或特征与国家形态之间的关系是

复杂的。一方面，如前所述，如果一般秩序总是，并且必然受到其时间—空间特殊性的影响，那么从原则上来讲，国家形态对于这种特殊性而言并非是不可或缺的。与此相反，正因为这种特殊性是一般秩序的必要特征，我们坚持认为特殊性必然会出现并且有所发展。另一方面，由于国家主导的警务工作是现代警务活动的主要形式，并且现代社会对于警务工作的资源集中程度和专业化程度亦是前所未有的，因此一般秩序的不可化约的特殊性以及与这种集中化和专业化相关的文化偏见，无疑在"国家"语境中找到了它们两者之间最有力也最有说服力的相互关联。除此之外，这两者间的相互关联并非是一种间接相关的关系——这并不仅仅是说，"国家"是用于承载与"政体"相关的安全悖论和张力的一个模糊不清的或不起眼的承载体。相反，我们必须把国家形态看作是建构和发展一般秩序的特定概念与表现形式的重要构成要素和充分的——或者用亚里士多德的话说——"有效"的因素（如果还称不上必要或不可或缺的话）。的确，这在双重意义上都是对的。我们在第二章已经提到，现代国家显然有助于新的社会想象的发展与成熟，这一社会想象强调在各个公共领域或政治领域内的个体性和形式平等；与此同时，现代国家也会对维持该新领域相关的一般秩序与政治规则的新问题做出明确回应。简而言之，当代国家已经深深卷入一般秩序的问题和解决方案之中，同时也深深地涉及警察在面对这些问题与解决方案时的职能和作用。如果我们再进一步深入思考，我们就发现在国家的特殊性与通过警察来维持一般秩序的特殊性之间，存在着三种日趋重要的相互关系。依次分别是结构性联系、工具性联系和象征性联系。

从结构上讲，我们可以发现，国家情况（situation）或者说"所处之情境"（situatedness），与一般秩序的维持之间存在着深刻的同源性。任何政治共同体都有其独特的时—空情境，但是该共同体如果表现为国家和"国家制度"的形态（Falk 1995），基本上就意味着它与一般秩序的基本坐标非常契合。正如主权国家的威斯特伐利亚体系是在独立的领土主权结构中"定位"（locates）

并阐释政治共同体,维持一般秩序的警务活动亦是如此,它预设警务活动的各种特定令状和职能是在相互排斥的领域中运行的,并着重强调了警察职能的单一性或连贯性、标准的一致性,同时还着重强调了为实现这种单一性和一致性所需要的垄断权力或支配性权力。在上述两种情况中——无论是国家还是有关一般秩序的警务职能,其关注的重点均在于不同的共同体(或社区)建设,而共同体则是由空间和时间这两个边界坐标来界定的。

如果我们再多花一点时间来讨论国家与一般秩序之间的特定(工具性和象征性)关系,并进而继续探讨它们之间的同源结构,我们就能够窥见"文化巨无霸理论"(cultural monolith thesis)的基本概要。现有的大部分研究文献几乎都没有涉及国家的警务职能,而国家的警务职能已经证明:一方面,民族国家需要为特定历史和特定时期中的特定共同体提供权威的政治空间;另一方面,民族国家往往也倾向于创造并维持(吉姆·塔利称之为)"统一的帝国"(empire of uniformity)(Jim Tully, 1955: ch. 3),这两者之间存在着很强的因果联系(see, e. g., Vincent 2002)。正如塔利所指出的,民族主义绝不是国家试图实现其单一化倾向(unitary tendency)的唯一准则,但"一个国家、一种文化、一个民族"这样的话题无疑具有强大的吸引力。特别是,国家常常会通过突出社会和政治生活的情感维度来强化其对于国家归属感的引导和传播,并极大地影响了共同的国家认同——通过共同的历史、有关国家起源的神话、语言、宗教、领土、政治纽带以及国家忠诚与归属感的其他来源,来建构一种积极的(国家)认同。这种观点往往体现在批判精神中,表示民族国家倾向于培育各种形式的"想象的共同体"(B. Anderson 1991),这些"想象的共同体"是单一的、同质的,建立在关于政治成员的本能理解(unreflexive conception)之上,并且在与其他所有试图各得其所的身份认同相互竞争时,"只承认一种认同——尽管这种认同在很大程度上是抽象的"(R. B. J. Walker 1997: 73)。

即便是在民族主义思想不那么盛行也不那么具有支配地位的地区,从国家的最终权威中衍生出来的结构特征仍然会支持文化帝国主义的观点。例如，在皮埃尔·布迪厄看来，国家是庞大的象征性权力和工具性权力的交叉点，也是对意义和利益进行权威性（如果总是临时性的）仲裁的场域。有关政治权力基础的一系列元斗争，以及"统治的支配性原则"和"合法化的合法性原则"这两个相互依存的问题，也是在国家这个场域中进行争论、协商和解决的，其争论、协商和解决的规则是相对开放的，而绝不是妥协于解决问题的单一化逻辑（Bourdieu 1996：376）。此外，现代国家的文化支配地位可以通过一种巧妙的而不是尖锐的方式来进行设定和实现；可以通过远程管理而不是事必亲躬来实现；可以通过"对行为的引导"（conduct of conduct，Foucault 1978）而不是通过原生性的监管来实现；可以通过大量的微指令（micro-edicts）而不是清晰连贯的思想意识来予以阐述，将自身标榜为一种常识而不是政治神学；也可以通过"园丁"日积月累地播种、除草和精心美化来进行培育（Bauman 1992：178），而不是简单地涵盖在建筑师的静态蓝图中。然而与更明确的民族主义文献一样，这里所传达的信息同样也体现了国家在文化生产中承担的强大而难以撼动的作用。

无论其确切来源是什么，国家在文化领域的单一化倾向（monolithic tendencies）有两个潜在危害。第一个潜在危害是对少数族群的狭隘态度，这些少数族群的行为和价值观往往与主流的国家文化不相符（或被认为不符合）。文化和政治认同的挫败，以及随之产生的试图同化那些"非我族类"的呼吁，可能会引起针对少数文化群体的各种象征性符号暴力行为——有时还会发生身体暴力（C. Taylor 1994；Levy 2000：25）。第二个潜在危害是国家边界（以及相应的内部与外部之间、我们与他们之间、这里与那里之间的区别）的加固与提升，这主要通过以下方式来实现：最乐观的情况是限制或削弱对他人的道德关怀和团结，并试图消除或拒绝全球化背景下逐渐形成的相互依存关系；而最糟糕的状况，则是对领土边界**之外**的外国人，或疆域**之内**的陌生人产生各种排外和敌对情绪。这两种说法形成了政治理论中一种根深蒂固的怀疑论，怀疑民族国家是否足以成为政治共同体的象征的传播者。事实上，这种批判思想遍及了广泛的政治知识谱系，既包含了世界主义者——他们对民族主义政治表示深深怀疑，认为民族主义是"用一个多姿多彩、富有吸引力的偶像崇拜来代替正义和权利的实质性普世价值"（Nussbaum 2002：5），也包含了那些回避国家特征并支持其他类型的排他主义的群体（Vincent 2002）。

但就算真的是这样，治安警务领域以及与安全保障相关的行为与话语，对于民族国家的文化单一化倾向而言，到底有多重要呢？通过实际的工具性和象征性联系，又是在什么程度上证明结构性"适应"的暗示是正确的？这两种情况的答案似乎都是非常肯定的。工具性或功能性联系就是明显的例子。即使是在执行维护一般秩序的职能时，警方仍然有权决定目标的特定性和优先顺序，其拥有至高的权威，掌握法律手段，获得行政官僚的支持，具有不受简化的自由裁量权、刻不容缓的紧急执行权和一系列领土管辖权，以上这些都被用以强化和维持国家文化正统性的形式与内容——这里的文化正统性既包括了正统仅有一个的思想观念，也包括了该正统文化的具体内容。无论是否称得上单一化，当前的国家政治文化中都存在着反多元主义的倾向，因此警方总是会及时到位地予以阐明和强化。这一点在我们讨论对少数族群的歧视时表现得最为明显，此外还体现在我们在谈论其他正统观念和积极道德的时候，这些正统观念和积极道德往往支持或偏向于某些能区别于其他的先赋性（ascriptive）类别或具有归属性的类别，以及与之相关的行为准则（基于种族、性别、阶层、生理缺陷、族群、地域认同、居住地情况、年龄、性取向、服装风格等）。

象征性联系同样也很强大，而且是多方面的，有助于强化工具性练习。从一开始，国家和（警察维护）一般秩序的职能之间的结构性对应关系就为彼此共有的意义提供了大量材料。最明显的是，警方维护一般秩序的方式，特别是对司法管辖权的特殊性和排他性的强调，往往会在特定时空位置上修正有关国家的坐标。这一点在埃姆斯利的著作中表现得淋漓尽致，他着重研究了18、19世纪欧陆国家的宪警在划定"国家领土"以及"将农民转变成为法国人、意大利人、西班牙人和俄罗斯人"这一过程中的重要作用（Emsley 1993：87）。作为"秩序的颂扬者"，埃姆斯利认为宪警可谓是最真切地体现了与民族国家的形成相关的一般秩序的特定来源和版本，他对于旗帜飘扬的象征意义的解读具有相当真实的基础。此外，一般警务职能的单一性和一致性，以及认为警察为有效的政治共同体提供必不可少的基础的观念，意味着即便是在英国这样的国家（在英、美等国，警察较少直接参与国家领土的巩固和民族意识的塑造），警察和警务职能仍然会在适当的时候与国家的长治久安，以及国家的道德标准和权威的保存与完善等问题联系在一起（Gorer 1955；Emsley 1992）。

　　反过来，这也说明了警察在国家记忆的政治加工和文化形成中的重要性。在国族建构的背景下，如果我们的共同叙事不仅仅记录了我们是谁、我们有哪些共同点，并且在实际上帮助这些身份标志的建构，那么这些叙事就提供了重要的神话化（mythologization）来源。传统本身就是发明创造的丰富源泉。警方的结构性中心地位使他们成为具体想象的关键对象，就拿加拿大皇家骑警来说，在其国家建构的过程中，皇家骑警被赋予了一个虚构的、想象的角色（Walden 1982；I. Taylor 1999：25）。也许更重要的是，在这些未明的信仰和情感仍处于"远古象征"（paleo-symbolic）的水平时（Gouldner 1976：224），当这些为日常生活的"世俗文化"服务的意义符号和片段仍处于早期发展阶段时（Loader and Mulcahy 2003：ch. 2），警察在维持秩序以防混乱，并为各社会弱势群体提供保护这些"永远需要及时处理"的任务中的中心地位，就意味着警察与国家社会秩序的持续之间的联系往往是根深蒂固且十分隐蔽的。通过大量的歌曲、笑话、绘画作品、照片、小说、漫画、电影、电视连续剧，以及通过更加审慎考虑所选择的纪念品的生产和流通，警察的形象及其作为"冷凝器"的象征性地位（Turner 1974）被符号化或图标化了（iconization），各种有关社会秩序的问题和关注点亦逐渐围绕警察而展开，并进一步维持和强化了警察的上述形象（Loader 1997c）。

　　上述这种以象征性符号予以确认的形式显然有助于加强警方执行任务的权

威性,并由此体现出他们在支持国家和维持国家的一般秩序中的工具性作用。然而,这种对其工具性任务的自我辩护是一把双刃剑。民族国家与一般秩序之间的结构性对应关系的各种运作形式,加之此前已经论述过的不可化约的特殊行动,无疑凸显了警察机关的巨大权力,但并不总是以令人乐观的方式凸显。

以安全为表征的信念和实践网络往往"充斥着现代政治的语汇"(Dillon 1996:12)并设定了政治想象力的限度,在这一网络中,警察机关的关键地位及其维持一般秩序的职能主要体现在四个方面。首先,大量的假设把安全看成是整体性和排他性的话语,这些假设往往将国家自身视为安全的守护者,进而延伸认为警察是"安全守护者的守护者"(the guardian of the guardian),并通过使警察在现代社会生活中"真实的、无所不在又犹如幽灵般的存在"(Benjamin 1921/1985:141 - 2)这种形象变得理所应当(naturalize)等方式,不断固化国家和警察的特权地位,并宣称警察是支撑"民主"政治的最后的制度化暴力手段(另见 Taussig 1997;Neocleous 2000)。

其次,通过将"安全"设定为其基本目标,并将维持一般秩序作为实现该目标的基本措施,国家就赋予了主权权利(按照施米特的标准,可视为主权权利,Schmitt,1922/1985:5)最切实具体的形式,即"就例外情况做出决定"(decide on the exception)。因此,最好的状况就是,与其他潜在的公共物品相比,安全是公共政策的首要目标。而最糟糕的情况则是,安全可能会成为一种反政治的政治行为,比如国家行为者声称当前面临的问题(无论是恐怖主义、毒品还是移民问题等)需要紧急处理,而不是进行左右权衡与政治选择,需要果断决策而不是民主协商,甚至有必要限制基本自由权以作为维护公共安全的代价(Huysmans 2004)。无论在哪一种情况下,需要强调的关键问题在于,那些打着安全旗号声称需要特殊待遇的理由,不一定威胁到任何具体的特殊利益或者具有"特殊"重要性的特定秩序本身,而是会威胁到一般秩序的"常规"标准,而无论它是怎么定义的。除了安全话语的特权地位之外,关键的"安全化"(Wæver 1995)行动者同样具有特权地位,并且是巩固安全话语特权地位的基础,这些"安全化"行动者们参与了安全话语以及有关安全定义的相关政治活动。作为维护国家安全的标志性形象,尽管警察缺乏"民主资质"(democratic credentials),却往往拥有"宣告合法的权利"(Loader and Mulcahy 2003:46)——这是警察所必需的一种声誉地位(reputational standing),只有拥有这种声誉地位,警察才能根据一般秩序的"常规"标准来确定问题行为与反常行为,并根据其判断和解决给出明确主张。

再次,在这些关于"天然性"(naturalness)和例外主义的强大的象征性基础上,维护安全的国家行为和国家行为者以特定方式对"单一人群"(unitary people)进行聚合并具体化,这些人群的社会存在通常较为脆弱,并被认为需要权威的"保护"。在此我们找到了对文化"巨无霸"理论进行批判的关键要点。国家及其安全机构已经深入人心,因此往往就成为个人和群体在行动与感情上均过度投入的场域,他们寄望国家能够克服和超越其自身的脆弱性。他们在国家及其主权力量中发现了一种能够造就"全面安全"幻象的工具,而他们自己却缺乏资源来保护安全。按照马克尔(Markell 2003)的说法,根据这一观点,在承认人们彼此之间的脆弱性和相互依赖的基础上,国家成为了产生安全概念的障碍。这是因为根据"危险"这一观点而形成的政治共同体倾向于围绕共同的敌人来培养各种团结形式,这样,通过对外人(无论是在领土范围之内,还是在疆域边界之外)的反感和拒斥,国家生活得以建构(或重新建构)起来,而这些外人又对"我们的"自由和"我们的"安全怀有敌意——在"9·11"事件之后,这在美国和其他很多西方国家都变得越来越明显。

更具体地说,对全面安全的幻想在某种程度上是有害的——这里的全面涉及安全的"深度"和"广度",因为它试图并确实通过我们此前已经讨论过的象征性符号化过程,对某些机构——特别是警察机关,产生一种充满感情的、几乎是无条件的认同;这一过程既要体现其"生活方式"正面临着威胁,又要显示能够让处于危险中的人群远离危险。由此对"深层次"或本体性安全问题的警务解决方案（而且通常是特定的镇压性警务策略）的投入，就很容易忽视或纵容"我们的"警察滥用权力，对于那些危害不受欢迎的少数族群的自由和安全的行为，往往也是视而不见（Loader and Mulcahy 2003：chs. 5 and 9；更广泛的讨论请参见 S. Cohen 2001）。因此，安全并不是行使基本自由权的先决条件，反而是对自由权的长期威胁。特别是当安全问题与更广泛公共领域内有关归属感的政治相结合时，就会带来狭隘的非自由主义、反多元主义等问题——这在许多所谓的"分裂社会"中表现得最明显（Brewer 1991；Mulcahy 2005），但在一定程度上也适用于所有具有支配性民族传统的国家。对于安全之善的理解越全面、接受越广泛、公众对于安全期望的认同度越高、正统观念对此越予以肯定，则充满焦虑的失望就越会显得难以置信和无能为力，甚至对那些以这种方式追求安全的人亦是如此。然而在正统观念上的过度投入，同时也会给那些被认为"非正统"的选民带来因错误识别（misrecognition）或不承认（non-recognition）所造成的更严重伤害——增加了他们的公共抑制和脆弱感，也导致了不稳定归属感的增强，也许还增加了令人沮丧的脱离情绪或对抗情绪（Giddens 1991；C. Taylor 1994）。①

---

① 在这方面，当代法国的例子很有启发意义。在从 2005 年秋天到 2006 年春天的这几个月内，许多法国城市经历了两波截然不同的社会骚乱——在第一波骚乱事件中，第二、三代年轻的少数族群后裔与警方和安全部门之间发生了一系列冲突，而第二波社会动荡则是由中产阶级家庭出身的学生所发起的一系列游行示威活动，他们抗议新的法律规定，认为这会影响他们从事和追求终生职业的能力。这个案例最有意思的地方在于，大量的安全术语被用于对这两波社会骚乱进行定义和编码（code），而两者对编码的共享也暗示了这两波社会骚乱事件之间所存在的联系。第一波骚乱事件加剧了少数族群青年的社会和政治拒斥感，他们的寻衅滋事和破坏财物等行为被政治当权派们认为造成了严重威胁，而随后这些当权派又被指责在很多方面反应过度了。第二波社会骚乱事件则围绕着不安全、不稳定（précarité）的主题展开——当然最初只是针对就业的不稳定，但后来逐渐扩展到了更深层次的不安全感，即在全球化的背景之下，有关对（经济和文化方面的）法国"生活方式"的认同和理解正在逐渐消失。因此，我们在第一波骚乱事件中看到了对少数族群的错误识别所造成的危害表现及继发影响；而在第二波社会动荡中，我们则看到了对特定的本体性安全概念进行具体化所造成的危害，这一概念据称是为大多数人的需要服务的，然而对其进行具体化则与少数族群的拒斥感和错误识别密切相关（Pfaff 2006）。

最后，我们也必须注意到民族国家警务活动中文化偏向形态发展的外部影响。在宏观层面上，其明显后果就是"国际"安全、"内部"安全和"外部"安全之间相互区别的发展和维持。如果说警务和安全是民族国家建设的基础，而民族国家的建构仍然是威斯特伐利亚全球秩序的基础，那么有关主权间领域（a realm of inter-sovereign）的概念以及有关"未驯化"（undomesticated）的外部秩序的观点，都只不过是国家层面特定的"一般秩序"扩展的结果与另一面，其所有的不稳定性和脆弱性都源自于"无政府主义"（Bull 1977）、对于安全的零和判断以及军事化处理模式。在最后一章我们将会对这方面内容展开更多的讨论，但是在这里，我们还需要注意国家警务活动的文化特殊性可能会造成其他潜在的破坏性外部影响。这可以概括为帝国主义和误译（mistranslation）这双重话题。

当然，警务工作一直都是帝国统治战略的关键组成部分，无论我们所讨论的是欧洲各国的海外殖民地（Brogden 1987；Anderson 和 Killingray 1991，1992），还是现代警务的起源，即拿破仑帝国时代法国宪兵传统在欧洲各国的推广和普及（Emsley 2000）。然而就当前目的而言，我们并不关心在前一章中所强调的帝国警务活动中具有更直接压制性动机的一面。无论我们所涉及的是传统的殖民主义形式，还是各种后殖民帝国主义——对失败国家或转型国家的国家干预或（日益增多的）国际干预（Oakley et al. 2002），具体的、名义上的**警务**解决方案作为军事方案的补充或替代品，其自身的发展在某种程度上是试图对规则的常规化和规范化，以及在规范化的过程中如何利用一般秩序的概念。一方面，有关一般秩序概念的各种特征，特别是对一致性的承诺以及介入了秩序和混乱之间永恒战争的参与感，往往会引发以下观点——认为适用于某一情境并在文化上受到该情境影响的一般秩序解决方案，可能在其他情境中也同样适用。如果变革的关键因素始于帝国的自负地位，这一点就表现得尤其明显。所谓帝国的自负，指的是一种认为任何解决方案都出自"本国"领土的优越感，以及一种家长式的假设，认为任何翻译问题最好都是由源语言，而不是目的语言的专家来处理。而另一方面，一般秩序不可化约的特殊性——即达成该秩序的物质和文化条件的独特性，意味着这种方法总是会冒着因傲慢而失败的风险。

无论我们谈论的是社区警务的全球化，还是联合国维和行动中民事警察部队（CIVPOL）的各种活动，因误译（mistranslation）所引起的各种问题已经得到了充分证实（Linden et al.，即将出版）；在过去三十年来，社区警务因承诺提供"不受有经济和政治利益限制的、价值中立的商品"（Brogden and Nijhar 2005：9）而迅速普及，而在波斯尼亚、科索沃和东帝汶等过渡政府的"国家建设（或重建）"活动中，在全球范围征召的联合国维和民事警察部队是关键的促进力量（Bellamy et al. 2004：ch. 12；J. M. H. Wilson 2006）。简而言之，尽管表面上看起来不是这样，但一般秩序总是带有特定文化的包袱，因此永远都无法轻易地适应新环境。

对单一"巨无霸"进行批判的教训与局限性

本章所陈述的国家怀疑论和国家安全怀疑论的变体为我们提供了许多有益的经验教训。它高度关注安全和共同体的强大的（如果经常被低估或误读的话）象征和情感维度，并对它们的病变后果保持着高度敏感。通过这种做法，它警告我们这些人，想要从安全政治中必然存在的文化认同和政治情感中总结民主的优点，"这是在玩火"。此外，它以令人信服的理由来说明将安全问题置于政府意识形态核心的危害性，即便安全问题表现为中立的、无恶意的一般秩序形式；它深入阐释了安全政治以损害民主价值的形式来主导公共政策和社会生活的能力，并充分说明其危害性；此外，它也阐明安全政治可能会造成并维持一种恐惧感，以及忽视政治主体性和集体认同的其他形式。综上所述，它以上述种种方式提醒我们，安全问题"不能脱离更基本的主张，如我们对自我的认知、我们如何共同行动等"（R. B. J. Walker 1997：66；另见 Dillon 1996：34）。

然而在我们看来，警务和安全研究领域的批判性观点在解释这些相互关系时仍存在着一定偏差。它过于轻易地得出以下结论，即认为不可能存在以安全文明化为目标的、进步的民主政治；认为安全因其与（军队和警察）国家间的不文明联系以及它"巨无霸"似的影响和效果而染上了污点；认为唯一可行的激进策略就是对其进行解构并超越（e.g. Dillon 1996：ch. 1）。这样一来，这些国家怀疑论观点就犯了两个错误，这两个错误都是因为它没能领会或至少没有充分认识到我们在本章前面部分所试图阐明的内容；也就是说，无论国家警务活动在特定情境中维持一般秩序的行为是否**加剧**了某种紧张关系，它都不是造成这些紧张关系的罪魁祸首和根本原因。首先，它忘记了一点，尽管安全、政府和国家之间的情感联系根深蒂固，但它们并没有采取某种必需的、或非其不可的实质性形式。换句话说，通过将警务和安全与其他更具包容性的、更国际化的归属感形式联系起来——认同和归属于那些"并不必然把差异等同于威胁"的政治共同体，安全、政府与国家间的情感联系可以得到重塑或重新想象（Dalby 1997：9）。其次，它往往也忘记了，通过维持一般秩序来"追求安全"不仅仅是技术官僚主义和威权政府形式的产物，这种政府形式削弱了我们的政治感（Dillon 1996：15）。从得到广泛响应和接受的秩序概念来看，安全可以，事实上也**必须**（如果我们考察那些在现代国家之前就已出现并得以延续下来的政治愿望）在先验和抽象的意义上被视为是宝贵的人类之善（human good）；在具体应用中，安全是良好**社会**的核心组成要素，同时也是其他私人物品（最直接的就是自由）生产的先决条件。我们认为可以顺着这些思路重新思考安全问题；国家通过其维持秩序的职能和文化工作，继续在安全的提供和保障中占据核心地位，我们将在本书第二部分对此进一步展开论述。在此之前，我们还必须对现代国家传统的另一种批判性观点进行探讨。

5
愚蠢的国家

在前三章中，我们已经对国家在以下几方面的缺点进行了讨论——国家往往是一个干预者，偏袒特定利益并且（相对少数族群而言）给予多数人的规则和惯例以相应的特权；现在，假设我们能够把这些缺点最小化或者完全根除。假设我们能够建立一个宽厚温和、意图良好的国家，它的行为方式始终能够尊重个人权利，在相互竞争的利益之间保持不偏不倚的公正态度，并且能够切实保护少数族群的文化。但根据我们在本章所持的怀疑主义态度，即使在上述种种条件下，我们仍然会面临一种更深层的、可以说是棘手的国家的**悲剧**。根据这一观点，国家就像个傻瓜。国家的官僚主义疏离性（bureaucratic remoteness）意味着它往往缺乏情境知识，因而就无法提供适应各种不同地方情境的安全保障。同时，国家也不可能轻易地获知这些知识，而无需诉诸威权的、多样化的威胁手段。国家缺乏对当地情况的了解，而这恰恰是安全保障的前提条件。不仅如此，国家往往还非常固执——它不仅没有考虑自身的认知局限性，还一意孤行地忽视自己的无知，固执地执行自己的政策意图，其中就包括治安警务和安全领域的目标。国家自认为自己"无所不知"。

根据这一观点，即便是那些强大的民主国家，它们在本国领土范围内行使职权时往往也是愚蠢和固执的——所谓强大国家，指的是它们至少拥有主权能力和权威，使得它们得以形成有关"它们自己的"领土和人口的知识，虽然并不完美。然而这种愚蠢、顽固的特征在"弱小"国家或"衰败"国家表现得更为明显，这类国家既缺乏足够的基础设施与合法性，也缺乏对领土的控制能力。而基础设施与合法性是成熟民主国家能够"了解"本国社会的前提，对于领土的控制能力则是获取行政知识的最低前提条件。除此之外，那些在国际上和跨国领域内长袖善舞、试图发挥积极作用的国家，却长期处于一种"所知不足"（knowledge deficits）的状态，无论是在与他国合作，还是在试图解决冲突、维护和平时，或是在其他主权国家的监督下干预环境问题时，情况均是如此——美英两国在第二次伊拉克战争中出现的"情报"失误再次证明了这一点。

下面我们将会发现，对"愚蠢的国家"的批评，与我们前面已经讨论过的三种怀疑论观点可谓不谋而合。这种批评观点所预设的政治形式往往也变化多样，从不同立场出发、并试图提供不同的替代性制度解决方案。从右翼政治阵营中就可以发现这一观点的几种变体。例如，迈克尔·奥克肖特（Michael Oakshott, 1949/1991）对"政治理性主义"的猛烈抨击就隐含着这种观点，他主要抨击了理性主义的观点，认为理性及其在国家规划中的实际表现并不能够用于解决人类的问题。按照奥克肖特的观点，国家被设定为"技术主权"（Oakshott, 1949/1991：21）的提供者，利用其强权力量践踏实践知识，并试图"为完美的人类行为建立统一标准"（Oakshott, 1949/1991：10）。哈耶克在论述市场作为商品生产和分配的机制相对于行政手段的优越性时，对这一观点表述得更为明确。哈耶克论证的起点是认为，人类社会的知识必然是片面的、广泛散布的，而且一定是碎片化的——总之，是不完备的。在他看来，知识是关于特定时间和特定地点的偶然和暂时性的信息，而且"任何人都不能获得全部的知识"（Hayek, 1948：78）——长期以来，这种无法获知足够信息的状态限制了国家的协调和配置能力。哈耶克认为，单一的政府机构无法收集到协调所需要的全部"数据信息"（data），也不可能完全解读这些数据的必要影响。因此，我们必须摒弃"一切事情都必须整齐规划，并显示出一种可识别的秩序"（Hayek, 1948：27）的想法，因为这样自上而下地、有计划地对社会进行组织，就会"扼杀自发形成的社会结构，与更大单位中所存在的社会结构相比，这些自发形成的社会结构往往建立在更紧密、更密切的关系上"（Hayek，1948：28）。对于奥克肖特和哈耶克来说，这使得他们对国家和与之相关的政治决策形式产生了深深的厌恶：在奥克肖特看来，相较于国家权威，他更偏好传统和地方工艺等实践知识；而哈耶克则更倾向于地方分权和强化自治的决策，他认为这种决策只能以市场形式存在。①

我们将会在本章后面部分再次讨论哈耶克的观点，因为他的著作对克利福德·谢林（Clifford Shearing）等人影响很大，他们支持地方性举措，强调用国家以外的视角来思考和提供安全保障。然而正如谢林和他的合作者所指出的，本章的主要目的是着重探讨各种版本的对"愚蠢的国家"的批评，这些批评意见主要来自于左翼——在概念上打着社群主义或实用主义哲学的旗号；在政治上则借助"自下而上"的社群政治和民主实验主义的名义。我们可以充分借鉴詹姆斯·斯科特（James C. Scott）在《国家的视角》（*Seeing Like a State*，1998）一书中对国家怀疑论的深入分析。与奥克肖特和哈耶克一样，斯科特批判了自上而下的理性主义计划，他认为这种自上而下的理性计划，连同想要找出国家认知缺陷的努力，在很大程度上造成了"很多试图改善人类状况的善意计划"的悲剧性失败（Scott，1998：4）。在这本书中，斯科特分析了他称之为"威权的极端现代主义"（authoritarian high modernism）在城市规划、科学林业、农业集体化和先锋政治（vanguard politics）等诸多领域所造成的灾难。在斯科特看来，认为能够有效利用科学技术知识以改变人们的"工作习惯、生活方式、道德行为和世界观"的现代主义自信是注定要失败的（Scott，1998：4），因为它建立在遥远的国家行动者对社会的"简薄化"（thin simplifications）基础之上，这种简薄化的方式往往掩盖了社会的多样性、复杂性和不可预测性，并且忽视了地方性知识的不同来源，而这些地方性知识恰恰是国家

---

① 在此我们应该注意这两种观点的不同之处。奥克肖特清楚地看到哈耶克已经成为理性主义思维模式的牺牲品，他认为这意味着现代欧洲政治的毁灭，并把哈耶克的著作《通往奴役之路》（*The Road to Serfdom*）描述为"终结一切计划的计划"（Oakshott，1949/1991：26）。哈耶克则明显地疏远了英国的保守主义传统，而奥克肖特正是这一传统的杰出代表（Hayek，1978）。

项目成功与否的关键。他认为,"如果缺乏实践知识的某些要素,正式的秩序方案是站不住脚的,但这些实践知识却很容易遭到忽视"(Scott, 1998:7)。

然而,斯科特对愚蠢和顽固的国家的批评并不是以主权个人和不受约束的市场力量的名义提出的——**与哈耶克不同**,斯科特认为,市场能够产生它们自己"成功的简化"(heroic simplifications)(Scott, 1998:8)。① 相反,他认为国家绝不可能认识、理解并从中学习"实践技能和应用知识"(Scott, 1998:313),也无法精确地了解地方性情境和偶发事件,而正是这些实践技能、应用知识和地方性情境构成了非正式的知识——斯科特称之为**米提斯**(mētis)②(Scott, 1998:ch.9)。斯科特认为,国家的这种失败与双重中央集权的傲慢自恃密切相关,并且二者互为因果:国家自认为自己很聪明、很有远见,但实际上远非如此;国家也往往认为自己的国民比实际情况更愚蠢而无能(Scott, 1998:343)。正是为了回应这种**认知**帝国主义(cognitive imperialism)态度,斯科特提出建立"米提斯友好型机构",这些机构在面对不断变化的环境时具有较强的可塑性、多样性和适应性(Scott, 1998:352-7)。

本章的目的是思考在警务和安全问题上应用这些国家批判理论,提倡和推广地方性知识。首先,我们通过"愚蠢的国家"的问题视角来审视最近一些自上而下的、由国家发起的治安警务和犯罪控制计划的问题及失败。在这一过程中,我们重点强调了这些计划方案所代表的多层次、"网络化"安全治理的趋势,以及它们所动员的国家—社会间关系所明示或隐含的"理论"。然后,我们对一个很有影响的"左派哈耶克式"(left-Hayekian)概念进行了批判性

---

① 斯科特的观点与奥克肖特的保守主义也有所区别。尽管他赞同奥克肖特对理性规划的"敏锐而生动"的批评,也认同奥克肖特对实践偶然性的理解和赞赏,但斯科特仍然把奥克肖特看作是自鸣得意的保守主义者、为"历史在权力、特权和财产方面的一切遗产"而辩护(Scott, 1998:424, 431)。

② 斯科特引入了"米提斯"(mētis)这一源自古希腊的概念来表述他对于"实践知识"的理解,"米提斯"不易言传,必须在实践中习得,具有实践性、地方性、特殊性等特征,与之相对的是"抽象知识"或"一般知识"。——译者注

重建，试图在实践层面提倡和推广超越国家范畴、跨越各个司法管辖区的公共安全的可能性；这也就是莱斯·约翰斯顿（Les Johnston）、克利福德·谢林（Clifford Shearing）和詹妮弗·伍德（Jennifer Wood）等人关于"节点治理"（nodal governance）的研究。最后，我们对一些自下而上的、非国家主导的实践行为的局限性进行了简单总结，而这些实践行为是实现安全文明化的载体。

安全治理的问题

近年来，我们目睹了犯罪控制行动从"警察打击犯罪"到"全社会共同维护治安"的转变，更广泛地说，是从政府统治向共同治理的转变（Loader 2000；Pierre 2000；Mazerolle and Ransley 2006）。这些术语标志着对国家的重新定位，即国家与当前参与"安全治理"的多重行为主体和机构间的关系正在发生变化（Johnston and Shearing 2003）。上述术语证明，国家不再是犯罪控制（而非惩罚）行动的唯一参与者，甚至称不上是主导者，而只是安全网络的成员之一，这一网络是由国家、商业机构和非专业行动者所组成的松散联合（Dupont 2004）。这反过来又带来了新的防控理念和技术。再次引用奥斯本和盖布勒（Osborne and Gaebler, 1992）那著名的比喻，国家已经很少再进行"划桨"（即现场安全保障行动），而是更注重"掌舵"（制定安全保障的战略框架）。然而这绝不是说国家可以被取代，"远程指挥"的做法意味着国家需要更加积极主动——这就要求国家拥有更大程度的权威与合法性，然而趋向多重行动者的治理模式却有可能削弱其权威与合法性。国家不再仅仅专注于"划桨"的能力，"掌舵"的国家还必须向各种社会机构行使权力，从中获取相关知识并充分了解这些机构，从而协调和规范形形色色的警务与安全行动。这里，"愚蠢国家"的批判性观点为国家有效治理安全网络的能力提供了一些深刻的洞见——尽管我们认为这并不是致命的（缺陷）。我们将在适当时候讨论这些问题。现在，让我们首先回顾和描述一些关键性的趋势和发展。

以国家为主导，以警察为中心

首先来思考这些安全策略和行动，我们可以将其描述为：以国家为主导、以警察为中心——在一系列地方的、全国的和国际性安全行动中，国家仍然保持着既是安全提供者又是监管者的特权地位。这其中引人注目的是，各种五花八门的安全战略往往都打着社区警务的旗号。正如第四章中指出的，这类安全战略在全球范围内盛行一时，并得到了官方辞令的肯定与盛赞（Skolnick and Bayley 1988；Brogden and Nijhar 2005），无论其政策形式是旨在把巡警作为热情专业、典范性、网络化和熟知当地情况的驻地警察嵌入当地社会生活，还是更雄心勃勃地试图使警察成为当地公民领袖——经与当地居民协商后在社区内率先推动"弘扬善行"运动（Alderson 1979；Innes 2004）。我们也可以引证"问题导向型警务"的涌现（Goldstein，1990），这种观点认为警察并不仅仅是对突发犯罪行为和骚乱事件做出被动反应的力量，而是应积极主动地与他人合作，试图为一些根深蒂固的问题建立整体性解决方案，因为犯罪行为和社会骚乱都只是这些深层次问题的外在表现。我们还注意到"破窗理论"和"零容忍警务"在全球范围内的兴起和传播，这种警务战略通过强力"打击"轻微犯罪行为以支持大多数人的公共规范，如果对这些轻微犯罪行为视而不见、姑息养奸，长此以往就会使该社区陷入更为严重的犯罪之苦（Kelling and Coles，1996；参见 Harcourt 2001）。

尽管这些理论的支持者之间并没有引起"准神学"（quasi-theological）的论战，但应该说，这些理论所关注的重点还是有很大的差异。除此之外，这些理论还引发了无休止的论争，争论他们的理论是否成立、在什么条件下成立——这些论争看起来是技术性的，但又总是高度政治化的（参见 Tilley 2003）。① 但对当

---

① 在第八章探讨消费主义综合症时，我们会继续讨论这部分问题。

前的讨论而言，我们更关注的是这些战略所体现的安全治理的趋势，而不是它们在具体实践中是否真的奏效。在这里我们也发现了它们之间的一些共同点。其中最重要的共同点，是认为社区秩序的维护应该是以警察为中心的、自上而下的——而社区秩序乃是社区警务的目标。在所有上述安全战略中，警察都被认为是维护地方安全的关键，因为警察机关最能发现问题，制定解决方案并动员个人、组织和企业来共同实施这些解决方案。简而言之，因为警察机关有足够的资源、专业知识与能力，能够在犯罪控制和维持社会秩序等问题上采取果断行动，因此被提升到社区领袖的地位，负责指挥维持地方秩序的相关行动（Innes 2004）。在我们看来，这一主张俨然隐含在上述所有警务战略中，而这些战略的倡导者们在有关警务与社会关系的认知上，亦形成了一种重叠的共识。

如果这些假设所存在的警务战略是由国家所制定的，而国家又拥有获取地方性社区知识所必需的领土控制能力和主权权威，那么当类似的警务"模式""出口"到那些几乎完全没有这种知识的地方时，上文所提到的共同特征就表现得更为明显。在全球化背景下，刑事和警务政策的"流动"（travel）趋势大大增强了（Newburn and Sparks 2004；Melossi *et al.*，即将出版）。大体来说，主要有以下四种方式：（1）成功有效的"常规性"预防和打击犯罪策略在自由民主社会之间的相互交流（import/export flow）正变得日趋频繁和常规化，（如邻里联防、破窗和零容忍警务、减少犯罪的合作伙伴计划以及恢复性协商等）（Wacquant 2003；Jones and Newburn 2004）；（2）警务企业家（police entrepreneurs）或"跨国警察精英"更积极努力地向全世界各地的城市和国家推广、推销新的或重新命名的社区警务模式和零容忍警务模式（Ellison, forthcoming）；（3）向弱小国家或衰败国家提供人员、设备和技术知识方面的外部支持，帮助它们打击有组织的犯罪和叛乱（Goldsmith *et al.*，即将出版）；（4）帮助"转型国家"训练警力，使之符合自由民主国家的标准（Bayley 2006）——如中东欧前社会主义国家在成为欧盟成员国之前，欧盟警察部队就与这些国家的警察部队建构了"结对伙伴关系"（twinning arrangements）（N. Walker 2002a）；而当前美英两国政府在阿富汗和伊拉克的所作所为亦是如此。正如第四章所述，上述各种方式在提升安全保障的同时，都普遍存在着过于简单地忽略地方性历史、冲突和优先事项等问题，同时也隐含着"西方崇拜主义"的推定，以西方中心主义来要求"主要文化范畴、习俗和制度的'同一性'"（Cain 2000：71）。在这个问题上，我们可以想象一下传教士的信念和决心，他们致力于把"我们的"规范和标准带给那些被鲁德亚德·吉卜林（Rudyard Kipling）称之为"没有律法的下等人"——这实际上是一种新殖民主义的野心，认为几乎不需要理解"他们"看待事物和做事的方式。① 再也没有比这更能说明愚蠢和顽固之间密切关系的了。

最近几年，被派往科索沃、海地和东帝汶等后冲突地区执勤的联合国维和民事警察部队（CIVPOL）和欧盟维和"特派团"均面临着一系列"非常复杂"的困难（J. M. Wilson 2006），而他们遭遇的问题则具有相似性和同源性（Linden et al.，即将出版）。自从冷战结束以来，此类维和行动迅速增加。从维和人员的构成来看，普遍趋向国际化和多元化（当前通常包括了警察、军队和人道主义非政府组织）；同时，维和行动所涉及的范围也十分广泛，包括执法、巡逻、人权监测、训练当地警察部队、组织难民返回住地、监督选举和协助经济重建等——简而言之，一切治理领域均包含在内（United Nations 2000）。然而维和行动却深受一系列反复出现的问题所困扰和破坏，包括：权威和责任的多重来源；混乱的、相互冲突的和随时变更的托管任务；人员和设

---

① 这里我们应当注意，安全保障行动的国际流动并不完全是单向的。源自于澳大利亚土著和新西兰毛利人争端解决进程的恢复性司法理念与方案在全球范围内的传播，就是刑事政策从外围向中心流动的最佳反例之一（参见 Blagg 1997）。克利福德·谢林努力推广的"非国家安全治理"模式（non-state security governance）也是如此，我们将在下文中对此展开进一步深入探讨。非国家安全治理模式首先在南非的贫困社区中发展起来，并进而向全世界其他地区推广——谢林认为这一模式"能够在世界上许多国家推广并付诸实践，包括西方成熟民主国家"（Shearing and Kempa 2000：206；Wood 2006；参见 B. Dixon 2004）。

备供给方面的后勤问题——难以获得训练有素的工作人员与合适的设备；执法能力不足，也缺乏长期的制度建设能力；几乎不了解也无法获知当地历史、文化和社会条件等知识，而这是维和行动取得成效的前提条件（Oakley *et al.* 2002；Linden *et al.* forthcoming）。当然，诚如我们所见，指控维和行动是文化误识和帝国主义的人们对于所有这些问题都可谓是振振有词。但这同样也证明了，**认知帝国主义**十分容易成为国家过于自负和愚蠢的伴生物。

国家权威的重新配置

其次，在当前一系列旨在提供公共安全的"合作伙伴关系"中，都面临着国家权威的重新配置——在不少司法管辖区内都实现了这种合作伙伴关系和相关的制度安排。其中部分合作关系依然是由国家自上而下地精心策划的。比如警察机关通过部署新一级专门巡逻队或是社区支援警力（community support officers）来努力拓展自身的能力，如荷兰、英格兰和威尔士的警察部门在近几年就是这么做的。国家也鼓励个人、社区团体和企业积极参与"人人有责"的打击犯罪活动（例如，一系列让人眼花缭乱的"警戒"计划），或敦促人们向警方提供打击犯罪所需要的各种线索和信息［如某些司法管辖区内**"制止犯罪热线"**（Crimestoppers）等项目就是典型例证］。在某些情况下，警察机关也会努力重申国家的掌舵能力，近来英格兰和威尔士地区旨在建立"（警务）延伸系列政策"（extended policy family）的举措就证明了这一点（Home Office 2001；Blair 2002；Johnston 2003）。警察机关承认自己已经失去了对巡逻的垄断权，成为一系列巡逻主体（包括地方政府和商业机构）中的一员。从这一认识开始，国家警察机关开始寻求调动其象征性资本，以吸引消费者（如地方政府）购买"社区警务支援服务"，并努力将自身发展成为治安网络监管者的角色，为"与治安警务有关的各个权威机构"提供培训与认证（Home Office 2001：90）。根据这一观点，警察将成为"公民重建伙伴关系"（partnerships for civic renewal）的枢纽，而不仅是其中一个节点（Home Office

2001：35）。

除了这些能够表明国家与市场主体间新联系的举措之外，我们还可以着重指出某些司法管辖区的发展情形，即以更为激进的方式对警察在多元主体安全治理体系中的地位和角色进行重新定位；与此同时，这些举措也显示出各级政府普遍具有安全顾虑和安全意识（Crawford 1997，2003）。各级地方政府（如英国的地方议会、法国的市长、意大利部分地区政府）在安全治理方面日益增强与多元化的角色，就是上述发展情形的明确标志。它们负责雇用城市警卫和社区管理员、管制和惩罚反社会行为、确定城市安全战略并且在地方政府的所有活动中都把犯罪控制这个因素考虑进来（英国就是如此）（Karn 2007）。另外还有一些现象也能说明这一点，如公民领袖在参加旨在进行城市宣传和吸引外来投资的活动时，总是突出安全问题的重要性，并且致力于在诸如"欧洲城市安全论坛"（European Forum for Urban Safety）等机构建立地方政策精英的人脉网络（Melossi and Selmini 2000；Ocqueteau 2004；van der Vijver and Terpstra 2005）。此外，欧盟内部正在酝酿中的一个制度设想也反映了这一趋势和特征，这一制度设想旨在关注和协调欧盟成员国内部和成员国之间对青少年犯罪、城市犯罪和毒品相关犯罪行为的防控，与此相关的制度形式就是成立于2001年的"欧洲犯罪预防网络"（European Crime Prevention Network）（den Boer and Peters 2005）。在这里，我们将重点强调英国《犯罪与动乱法》（1988）（British Crime and Disorder Act 1998）中所塑造的多维度、网络化的警务工作理念。其内容包括：（1）在地方的犯罪治理行动中，警方与市政府和卫生部门、感化（probation）机构等其他公共机构充分合作，构建法定的"减少犯罪的合作伙伴关系"（crime-reduction partnerships）并在其中承担重要的战略角色；（2）制定实施"反社会行为指令"和"地方儿童宵禁计划"等多项措施，要求警察和地方政府在制定上述措施、为其积极部署资源并监督其执行的过程中发挥战略性作用，而这些措施在实施过程中往往会模糊或跨越刑法和民法的制度与程序界限；（3）制定"儿童安全令"（child safety orders）、"青少年犯罪特别工作组"（youth offending teams）以及上述"减少犯罪的合作伙伴关系"等法律法规，在立法和实施的过程中要求警方提供启动"福利主义"干预所必需的信息，或主动与刑事司法和社会服务机构共享信息。总而言之，这意味着要求警察在社会治理中承担广泛而全面的职能（Crawford，2003；Newburn，2003）。

最后我们要指出，在新的安全治理结构中，商业机构是主要甚至唯一的行动者。商业机构为购物中心、大型的休闲和商务办公综合体以及被谢林和斯坦宁称为"大型私有物业"（Shearing and Stenning 1983）的各种场所提供安全保障，就是最明显的例子——业主们为这些场所建立特定的社会和道德秩序形式，并聘用私人安保公司代表业主以物权法的名义执行这些秩序形式（Wakefield 2003；Kempa *et al.* 2004）。另外，私人住宅联合体的发展以及"商业改善区域"（在美国最常见）的形成也是类似的例子（Alexander 1997）。以上这些案例可以说很贴切地表达了"私人政府"形式（private government）的特征，也就是说，国家在安全保障中的角色正在逐渐被取代，商业机构同时扮演着"掌舵"和"划桨"的角色——尽管只是被限定在由法律所界定的市场空间中。我们也需要强调市场主体和地方政府、社会团体等行为者想要积极获取警务能力的趋势——例如，通过购买特定时间段内的警察服务和警务巡逻时间，从而试图通过合同契约机制将公共资源（及其伴生的象征性权力）导向对公共秩序的追求（Gans 2000；Crawford and Lister 2005）。这看起来是一种契约框架下的安全治理合作伙伴关系，国家仍然承担着部分"划桨"职能，而非国家行为者的"掌舵"作用也得到了大大增强。在其形成过程中，私人警务的发展对国家所需要的监管任务以及完成这些监管任务所需要的知识，均产生了较大影响并使之复杂化，这些都是我们现在要讨论的话题。

国家知识的产生和局限

上文强调了安全治理领域的两大发展——其一是仍然是以国家为主导、以警察为中心，其二是以可能产生深远影响的方式来对国家权威进行重新配置。这两者都对本章中所讨论的国家怀疑论变体有更深入的影响，也就是说，这两大发展带来了知识生产与应用的新形式。在第一个发展趋势中，这些新的知识生产与应用的形式已经成为执行警务工作的工具；而在第二个发展趋势中，新的知识生产与应用形式则成为了试图监管多个安保相关机构的手段。就前者而言，当前"智能化"警务在英国政府和警察机关中的受欢迎程度就是一个明显的例证，"智能化"警务的重点在于生成和分析有关犯罪模式、"犯罪高发地区"和"已知犯罪人员"等信息，从而达到加强执法有效性的目的（Maguire 2000）。"Compstat"犯罪分析程序①同样也是一个代表性例证，"Compstat"模式对于"零容忍警务"的意识形态表现及其对纽约市犯罪控制的影响，均产生了巨大作用（Bratton 1998；参见 Manning 2001；Weisburd et al. 2003）。根据诸如此类的案例以及他们自己对加拿大警方的调查研究，埃里克松和哈格蒂（Ericson and Haggerty 1997）认为，对围绕风险的信息管理的普遍关注，正在改变"现代"警察打击犯罪、确保领土秩序的任务。他们认为，警察实际上已经转变为"知识工作者"，他们把收集、整理的社会权威信息提供给其他政府机构（包括保险公司、认证许可机构、借贷机构、地方政府和媒体等），以帮助它们识别"不同风险类别"的个人和群体（Ericson 1994：168）。根据这一观点，社区警务变成了"信息警务"，因为警察被嵌入到了松散耦合的信息网络的中心，这一网络的目的是对人口进行分类管理，以抑制风险。

正如埃里克松和哈格蒂所暗示的，这种受到高度限制的、预先格式化的信息已经在国家的安全治理行动中起到了明显的作用。英国近来把"新公共管理"技术用于警务和社区安全的尝试在这方面是有指导意义的——尤其是这

---

① Compstat 的全称是"Compare Statistics"，意为"比较统计数据"，又称为"情报主导的警务模式"，着重于对区域内犯罪数据的统计与整理分析，并由此来优化警力部署以达到降低犯罪率的目的。Compstat 模式由纽约市警察局在上世纪 90 年代初首创，然后在全美各地推广。——译者注

些做法正在被其他地方所采纳（McLaughlin and Murji 2001）。在这个伞形模式下，尽管早期的措施主要是倡导"目标导向的警务"（policing by objectives）（Butler 1984；Waddington 1986），但是近十年来，我们目睹了警务工作越来越依赖审计、公众满意度调查和国家既定绩效目标，并以此作为积极地规范警务机关和"减少犯罪的合作伙伴关系"的重要手段。而这些，反过来又构成了警务工作绩效管理体制的基础，这一绩效管理体制包括了常规监测、监察、评估和"最佳值"评审等内容，"女王陛下的警务监察署"（HMIC）、审计委员会、警察局局长协会、私人保安行业管理局、警务标准机构、英国国家警务改善局、内政部评估人员等多个机构和组织参与了绩效管理和评估，所有这些活动都是为了确保警务活动符合国家标准、淘汰表现不良的警务活动或人员、推广优秀经验和做法（N. Walker 2000：ch. 4；Jones 2003）。现如今，这就是国家理性主义者用以规划和管理警务活动的形式。

安全治理领域的这些新趋势吸引了众多警务研究者的关注并形成了大量研究成果，这些研究着重关注其在减少犯罪、维护公共秩序上的有效性——其中一些研究十分重要（如 Bullock and Tilley 2003）。不过它们仍然属于广义的社会批判分析形式，其中大部分研究强调了国家习惯以自上而下的方式来思考公共秩序问题（并因此而失败），或是指出国家没有能力把当前参与安全保障的众多机构主体都协调一致，并对其实行民主问责（Crawford 1997；Hughes and Edwards 2002；Herbert 2006）。这些对国家在安全治理中作用的批评引起了人们的普遍关注，这很大程度上也是我们所关注和担忧的问题，同时也是实现"安全文明化"必须设法避免的问题。根据"愚蠢的国家"的视角，我们将对其中三种批判观点进行详细阐述。

第一种批判观点涵盖了警务研究与社会学研究领域，指出了多元主体的安全合作伙伴关系中存在着协调问题。它对国家是否有动力将警务和安全领域纳入分级规划管理提出了质疑，同时还认为，要引导多元主体的安全治理框架实现既定目标，其难度很大。这其中部分原因与国家的认知局限性有关——国家的愚蠢表现；对于多元主体的合作伙伴关系、社区警务、问题导向的警务和情报主导的警务模式而言，普遍存在的障碍是相关信息不足（如有关公众普遍焦虑的问题、当地犯罪模式和社区优先事项等方面的信息），或是缺乏分析现有数据并辨明其意义和影响的能力（Wright 2002：ch. 5；Tilley 2003：329 - 34），或是某些行为主体不愿意向管理者和外部机构提供正式的、符合要求的所需信息（Power 1997）。当然，像哈耶克本来就对国家不报什么期望。但这仍然与国家拒绝承认这些局限性并且拒不妥协的明显倾向密切相关——也就是国家的顽固所在。正如我们之前所提到的，与"划桨"相比，"掌舵"就需要更深入地了解深层的社会动态知识、具有更高的权威与合法性，并且在国家内外的众多行为主体间建立复杂的信任与合作关系。对"国家的愚蠢表现"的批评提出了一个严肃的问题，即国家是否有能力承担必要的协调和监管任务，或者说它是不是承担这些职能的最佳选择？而当前警务和犯罪预防计划的屡屡失败也印证了这一观点（Crawford 1998：chs. 5 - 6）。之所以会产生这种疑虑，是因为对线性、层级制命令方式的过度依赖（Thompson 2003：ch. 2），使国家往往缺乏灵活性和及时应对能力，而这两者恰恰是当前跨组织、多层级安全网络保持协调一致所必须的能力和特质。

与此密切相关的第二种批判观点主要集中于警务和安全保障多元化过程中的民主赤字（Crawford 1997；Loader 2000）。这一批评意见包含了以下几个方面。首先，由国家发起的警务和犯罪预防计划大多是由国家自上而下地远程指挥，并按照它们自己的官僚主义考虑设定其优先顺序。这些计划项目往往打着代表"社区"的旗号，并假定国家的安全行为主体了解"社区"的主要问题和优先事项（而事实上未必如此）；或是采取了一定的协商形式，但却从根本上缺乏包容性的观点和主张——这么做的目的是为了引起人们对"值得信赖"和"遵纪守法"的社区的需求，同时也有助于建构这类社区。由此可见，最受国家忽略的当然就是那些受到排斥的、不得人心的和"难以到达"的偏远选区（Jones and Newburn 2001）——这又会成为构建安全政治的一个附加因素，并且往往会加剧对地方性少数族群的排斥和不容忍态度。进一步说，诸如社区警务、"问题导向的警务"等犯罪控制计划所投射出的是警察职能的扩展与延伸，然而这一观念不仅缺乏有关警察职能界限的理论支撑（Braithwaite 1992：17），而且要求警察将其职能范围从解决地方性问题的"专家能手"扩展到新的领域，在这些新的领域，警察"并不比非专家的公民拥有更多的合法性权威"（de Lint 1997：260）。最后我们要指出的是，地方安全的制度模式正变得越来越复杂，它表现为封闭的官僚体制，对其更广泛的公共环境却不透明，也缺乏回应性（Crawford 1997）——中央集权的、自我证实的问责制度进一步加强了上述特征，这种问责制对所谓客观的、政治中立的审计和统计绩效测量方式表现出盲目忠诚，同时还"不允许其他竞争性资源来判断"（J. C. Scott 1998：93）地方安全的优先事项和警务机构的表现。看起来这再一次表明，国家自身才是问题所在：它做不到以促进而不是削弱民主治理前景的方式来实现安全保障。

第三种批评观点认为，国家深知自己的安全需求，并且近乎无知地确信自己的知识和目标，它追求安全的方式，使得安全问题在思想和情感上渗透到政治生活和社会生活的方方面面。乔纳森·西蒙（Jonathon Simon 2006）称之为"通过预防犯罪进行治理"的实践，或是第三章中所提到的、被国际关系研究文献称为"安全化"的实践活动（Buzan et al. 1998），都已有充分研究并包含了以下几方面相互关联的危害：（1）安全问题——以及与之相伴生的有关紧急状况、当务之急、异常情况等措辞，已经渗透甚至占据了公共生活的方方面面，并有可能会破坏其他社会制度的宗旨、价值和效能；（2）因此，无论是在象征意义上还是在实质上，警务机构与警务活动都是"宽泛"而不是"狭义"的社会关系组成部分；（3）公众的不安全感——以及有关风险与责备的情绪化言论和随之而来的敌我阵营划分等，都变得更加强烈，使得建设"开放、宽容和包容性社区"的任务越来越困难了（Crawford 1997：274）。国家对知识的匮乏——同时又缺乏对这种匮乏的认知和反省，是造成安全问题普遍化的独立因素和独特原因,并且还削弱或阻碍了保证安全的社会条件和制度条件的形成。

从很多方面来说,这些对国家的安全抱负及其负面影响的批评是具有说服力的。正如我们所指出的,这也是我们在很大程度上关注的问题——这一观点提出了一些非常棘手的监管问题,我们将在第七、八章再次讨论这些问题并进行深入思考。然而,我们必须首先把注意力转向对"愚蠢的国家"进行批判的一种理论变体,该理论变体已经超越了批判的实践。当然,在论及国家作为安全提供者的局限性以及多元主体共同治理的根本性影响时,这一观点具有强烈的"左派哈耶克式"色彩。但它也同样致力于从概念和社会实践两个方面探索加强安全保障的前景,这些前景存在于地方性知识和地方能力建设的各种形式中,然而国家却总是试图去压制这些前景。

促进节点治理

在此我们想到了澳大利亚国立大学"安全21"(security 21)研究网络的克利福德·谢林及其同事在近来颇具影响力的研究成果。[1] 不同于本书第一部分(Part I)所提到的很多国家怀疑论者,谢林及其他研究者认为安全是一种重要的社会公共物品(Johnston and Shearing 2003:ch. 1)。然而,他们拒绝在其解释框架和规范性论述中承认国家在实现安全保障的多重主体中享有特权地位,无论国家是作为安全保障的提供者还是监管者(Johnston 2006:34)。他们这样做的最重要原因是他们所秉持的哈耶克式观点,即认为国家缺乏为不同的

---

[1] 当前有关节点安全治理的研究文献有了很大的进展。我们认为,迄今为止最重要的著作包括:Johnston and Shearing (2003); Shearing and Wood (2003a, 2003b); Dupont (2004); Shearing and Johnston (2005); Burris (2006); Johnston (2006); Shearing (2001, 2006); Wood (2006); Wood and Shearing (2006)。

地方性社区提供安全的知识和能力，不仅如此，国家试图获取此类知识和能力的努力也表现出强烈的威权主义倾向。作为一个安全主体，国家的官僚主义疏离性使它无法实现其意图良好的承诺，这还是在最好的情况下；而最糟糕的后果，则是国家简单粗暴地、手段单一地践踏那些嵌入民间社会的、自下而上的地方回应型安全机构所创造和贡献的各种可能性。

在约翰斯顿和谢林（Johnston and Shearing 2003：148）看来，国家只是当前若干安全治理"节点"（node）中的一个——在某种程度上，我们不应再在节点治理的框架中给予其概念上的优先地位。正如我们所见，在当前，无论是作为"主办者"（发起者）还是"提供者"（Bayley and Shearing 2001），国家都需要与来自私营部门和民间社会的一系列安全行为主体保持合作、相互竞争并提供支持。有人认为这会造成长期的安全不平等现象——或称之为"治理漏洞"（governance deficits），这是当今全球所面临的普遍问题，即贫穷社区无法像经济优势群体那样获取各种警务和安全资源。在上述这些方面，谢林和其他一些研究者认同经验主义的观点，认为国家已经不再是犯罪控制的核心枢纽；他们同时也赞同许多针对新兴的多元主体安全治理形式的批评意见。[①]

为了弥补这些治理漏洞，节点治理的支持者们拒绝诉诸"令人怀念并给人以希望的"路径，即"扭转这一趋势并试图恢复强有力的国家治理"（Shearing and Wood 2003a：217）；因为在相当程度上，恰恰是压制型国家暴力的遗留问题给很多地区带来了安全问题的隐患——特别是南非和阿根廷，"安全21"研究团队已经对此进行了研究和干预。因此，谢林及其同事并没有依赖与国家相关的"心理图式"（mental schemata），尽管他们对该理论已经非常

---

① 约翰斯顿和谢林（Johnston and Shearing 2003：35，148）还指出，当今的国家已经同时成为监管的主体和客体（也可参见 C. Scott 2002），这也是当代安全治理的特征之一。他们认为，这"使得国家不再是公共利益的唯一核心"（Johnston and Shearing，2003：35），这就要求我们从网络化、非层级制的角度重新思考监管行为。我们还会在下文中对这些问题进行讨论。

熟悉并能轻松驾驭（Dupont et al. 2003：347）。他们也并未倾向于对新自由主义全面否定，而是敦促我们认识到"哈耶克主义者"对国家形态批判的影响力，并设法运用地方性知识和能力，以扩大和加强他们所说的"社区治理"（Shearing and Wood 2003a：217）。

在此基础上，自下而上的、并非以国家为基础的安全保障项目，就被认为是试图解决当前安全问题的替代性方案，即国家根深蒂固的愚蠢表现使其缺乏成功解决问题的制度能力。弥补"治理漏洞"，就意味着要创建安全市场（security markets），使得贫困社区也能有效地参与到安全市场中，从而将安全视为谢林和伍德所说的"共同"物品——而不是"公共"物品或"私人"物品，并以此对其进行识别、加强和监管。最近，谢林和伍德（Shearing and Wood 2003a）对该策略进行了理论化阐述，认为需要从以下三个方面进行思考和行动。第一，思考和行动应立足于提高"社区的自我调适"（community self-direction）能力。这意味着社区将会在安全问题上明确定义并追求它们的共同利益，由此成为自主的安全行为主体，而不仅仅是简单地执行中央计划或是努力实现由其他节点制定的外部目标（Shearing and Wood 2003a：213）。第二，创造并维持不同形式的"社区资本"（community capital）。"社区资本"不仅包括了社会资本（或强大的社会网络），还包括了能够强化社区资本的经济资本、文化资本（即知识与能力）和象征资本（即认同与承认）。谢林和伍德认为，在发展中国家的贫困社区中，社会资本往往较为活跃（也可参见 Dupont 2004）。第三，应制定旨在改善"社区管理"或"问责"的策略办法（Shearing and Wood 2003a：218），使得当地的居民能够以"立足地方需求、代表地方道德风尚、发挥地方知识优势"（Bayley 2001：212）的方式来规范其安全保障的供给，例如由当地居民决定如何分配治安警务的预算。

这里，谢林和伍德对"安全 21"研究团队努力建立和推广的"社区和平计划"进行了理论阐述——立足于地方治理能力的泽韦勒瑟姆巴（Zwelethemba）模式就是其中代表①（Johnston and Shearing 2003：151 – 60；Shearing and Wood 2003a：218 – 21；Roche 2002；cf. B. Dixon 2004）。这一模式最早起源于南非，随后"推广"到了阿根廷（Wood 2006），目前正在其他地区推广应用。该模式旨在使社区成员以符合正义和人权原则的方式解决纠纷和争端（这里很明显回避了"罪犯"和"受害者"这样的刑事司法术语），即建立和平（peacemaking）；同时也试图解决造成当地安全问题的根源，即缔造和平（peace-building）。通常，由地方和平委员会召集纠纷双方"集合"在一起，通过协商来解决冲突以避免诉诸武力——尽管在整个过程中，冲突的双方随时都可以向警察求助。在这一模式的推广过程中，谢林等人着重强调了以下关键要素：积极发挥和利用当地居民的技能，推动项目发展；收集并分析有关争端及其根源、解决争端的过程及其结果的数据，以确保实现对项目本身进行"反思性监控"（reflexive monitoring）和"反复调整"（iterative adjustment）；动员并盘活地方性知识和能力来解决问题；使参与者摆脱面向过去（past-oriented）的惩罚心态，转而着眼于降低未来的风险；建立资金分配制度，根据和平委员会的标准和要求——也就是在程序和原则上符合人权原则，奖励项目的推动者并投资当地社区（Wood and Font, forthcoming）。泽韦勒瑟姆巴模式的倡导者们认为这是一个持续不断的尝试过程，该模式试图把市场激励和实际情境知识结合起来，为贫困社区带来安全。在这一方面，自由市场和历史上专制国家的做法都比较糟糕，它们的做法要么是视而不见，要么就是予以压制。

　　这显然已成为一种安全理论与实践，它试图使国家成为地方安全保障的参与者之一，从而降低国家在地方安全中的地位，或在某些情况下取代国家的作用。这种做法是哈耶克式的，其基础是自由市场的拥护者们不言而喻的认识论主张，即在这种情况下，国家必然缺乏对秩序要求做出有效回应的知识。谢林和伍德也极力主张，我们必须"认识到，新自由主义及其相关治理主张所倡

---

① 泽韦勒瑟姆巴是南非东开普省的一个黑人穷困社区。——译者注

导的很多价值观是具有合理性的。这就要求我们重新审视哈耶克的许多观点，尤其是他认为，当治理极大程度地依赖于地方性知识和能力时，才能够达到最好的治理状态；而市场往往是调动这些知识和能力的最佳手段。"（Shearing and Wood 2003b：415）

这种新的方法显然是"**左派**哈耶克式"的，它试图取代国家在安全保障中的作用或是对国家形成补充，但这种取代或补充并不是以主权个人和不受约束的市场力量的名义来进行，而是在公平、人权价值观的影响下，通过协商来加强地方能力建设。从这个意义上说，该理论以实验性地方民主的名义，对国家中心主义的安全思考进行了主动挑战。它通过"安全窗口"工作（window of security）（Shearing and Wood 2003b：417），努力在被剥夺（dispossessed）社区中建立共同利益和集体解决问题的机制。与此同时，这一理论和实践还对归属感和政治权威进行了彻底去中心化的解释，它更关心的是在一系列公共空间保障穷人的"居住权"（denizenship），而不像传统的社会民主理论那样，注重把人民作为国家政治共同体的公民连结在一起（Shearing and Wood 2003b）。

在这些方面，谢林等人关于"节点治理"的研究与查尔斯·萨贝尔（Charles Sabel）及其合作者有关"直接协商的多头政体"（directly deliberative polyarchy）的实用主义研究之间（如 Cohen and Sabel 1997；Gerstenberg and Sabel 2002），有一些颇具启发性的相似之处。其中有两个相似点尤其值得关注。第一个相似点是，它们都十分关注"解决地方性问题"和"边干边学"的民主实验过程，但它们都不约而同地回避了一个问题，即什么促使人们投入和追求共同的事物，并且避免使用"归属感"和"团结"这样的社群主义语言。在他们看来，团结只是一种"工具性的团结"（Thompson 2003：41），是从解决特定的共同问题的经历中发展起来的一种聚合方式，但它并不是，也没有理由成为更"深厚"或更经久不衰的情感。第二个相似点则涉及一种信念，即需要一种新的、已经脱离了传统上以国家为中心的政治范畴的概念语言，来理解和支持某些新兴的安全治理实践（无论是南非的和平委员会，还是欧盟的新协调和监管技术）。正是在这种实验主义精神中，安全治理中的节点概念得到了详细规划和努力追求（Johnston and Shearing 2003；cf. Loader and Walker 2004；N. Walker 2006b）。

找回国家？

然而，事情远比它们最初出现时复杂得多。仔细阅读有关"节点安全治理"的不断涌现的研究成果，我们就会发现，事实上，国家在"节点治理"倡导者的安全概念中始终承担着不可忽视的重要作用。我们至少可以发现以下三方面的作用。首先，谢林和伍德承认，在培育国家以外的社区安全机构的同时，我们也必须继续"探索旨在保持国家对非国家安保提供者进行有效控制的监管战略，以免其行为影响公共利益"（Shearing and Wood 2003a：217）。其次，谢林和其他研究者设想，在生产和（重新）分配地方社区能力建设项目所需的集体资源时，国家应在这一过程中拥有一席之地（Johnston and Shearing 2003：155）。最后，彻底改革后的国家警察力量显然打算继续充当强制性干预的"最后杀手锏"，作为"迅速反应的监管者"（Ayres and Braithwaite 1992），它们对当地社区的秩序机制十分敏感（Wood 2004：39 - 40；也可参见 Brogden and Shearing 1993）。

国家的这些职能可不是微不足道的能力。相反，谢林及其合作者详细论述了国家进行持续监管、分配和强制干预的一系列关键性角色，这表明了节点治理的观点与我们在本书中试图阐明的立场之间有着重要的重叠。然而就上述三项国家职能中的每一项而言，我们发现有关节点治理的理论著作，显然没有从社会学角度和规范意义上对以下问题进行深入阐述：在履行这些职能的时候，国家权威和能力将如何进行重新配置？国家与地方性建设和平、缔造和平项目之间的关系（应该）是怎样的呢？谢林等研究者关注的只是如何赋予这些地方性和平项目以优先性，以及如何推动和促进这些项目。在我们看来，这引发了一系列棘手但却无法回避的问题。那我们就来依次思考这些问题，并以此作为本章的总结。

第一个问题，什么构成了"公共利益"以及"公共利益"是如何构成的？这个疑问长期以来几乎无人进行深入阐述。另外一个与之相关的问题亦是如此，即当国家作为穷人和富人的安全实践行为的（元）监管者时，其目的和界限分别是什么？我们如何发现并建立能够防止社区安全实践沦为"不公正的媒介"（Markell 2003：158）的各种共同监管规范？詹姆斯·斯科特认为这种"不公正"源自于对特定结果有强烈利害关系的地方行为主体"带有倾向性的知识"（James C. Scott 1998）。此外，国家如何才能确保地方安全行动促进而不是破坏公平和人权，国家应如何运用**自身**的知识和能力，在地方安全节点之间形成有效的社会学习以免使其陷入孤立和狭隘的境地（Hirst 2000：19）？相较于其他公认的全局性监管机构而言，国家在什么基础上，以及在什么条件下，能够在对公共利益（而非私人利益或团体利益）的完善和监督中扮演如此重要的角色？①

---

① 需要注意的是，在上述这些方面，对于谢林等人所提倡的地方安全实践的动态，我们目前仍缺乏扎实的社会学阐释，更不用说对其进行独立的评估，因为对于任何非"安全21"研究团队的外部观察者来说，由于信息不对称，不得不戴上玫瑰色眼镜对其表示信任。而南非其他地区的公民安全实践形式（Tshehla 2002），以及其他对南非后种族隔离时期司法问题进行深入探讨的怀疑主义研究（B. Dixon 2004：373 - 6；Dixon and van der Spuy 2004）都表明，明智的做法是对非国家的安全模式保持一些关键距离，因为这些模式存在着不可证伪的风险。颇具讽刺意味的是，当这些怀疑的声音最初开始出现的时候，泽韦勒瑟姆巴模式作为一种解决安全问题的方案，正处于积极推广的过程中，因此尚无法回答这种模式是否能够以及如何能够成功地引入分裂的社会或是具有强大国家传统的自由民主国家。然而我们要强调的是，决不能用一组与之相反的假设和前提来取代另一组假设和前提，这显然也不是我们的目的。泽韦勒瑟姆巴模式成功和失败的几率是相等的。正如我们所说，问题的关键一方面在于研究证据本身，另一方面在于对这些证据进行系统的收集和评估。

在这些问题上，我们发现谢林及其同事通过参照比较后将国家作为公共利益的调解人，但同时他们又最为关注如何促进"社区的自我调适"，这两者之间显然存在着明显的张力。这里就出现了几个相关问题。第一，面对贫、富阶层在安全问题上严重的不平等状况，或是马克尔（Markell 2003：181）所称的"特权阶层和从属阶层的关系"，谢林等研究者优先选择的策略是向"包括"贫困社区在内的群体提供各种资源，从而提高他们自身的安全，而不是力图"废除或削减各项特权"（Markell 2003：181），并以此质疑富人阶层的反社会安全行为。事实上，对于如雨后春笋般兴起的门禁社区（gated community）、有私人保安的企业"飞地"以及由富裕精英阶层所实行的其他风险管理安全行为，谢林等人都已经显得习以为常了（Johnston and Shearing 2003：ch. 5），他们所选择的策略，是在不触碰这些群体安全（communal security）形式的同时，力求将他们的损失预防逻辑和安全红利扩展到贫困社区。然而他们却忘记了，安全节点是文化生产和秩序形成的场所，是建立个人和集体身份认同的途径，同时也是传达诸如成员身份、归属感、包容和排斥、风险与责任等事物的社会意义的一种方式。在这方面，对于跨越地方性"社区"边界或族裔"社区"边界、促进公民团结和认同感的形成等问题，谢林等人所提倡的安全政策几乎没有什么作用——我们很快就会回到这个问题上。同时它也可能会制造一种安全幻想，使人们认为能够完全掌控自己的命运，尽管谢林等人解释说，这种"掌控"权属于社区，而不像哈耶克式新自由主义那样认为属于主权个人。然而无论是在哪一种情况下，都存在着对彼此依存关系的淡化，即特权阶层的安全和从属阶层的不安全之间所存在的彼此相依存关系。从更广泛意义上说，是淡化了这样一种认识：安全作为一种公共物品，需要某种形式的政治权威来培养和维系这种社会联系与依存关系的相互承认。①

---

① 谢林在某些场合中已经确认了这种联系。谢林和贝利在一篇被广泛引用的论文《警务的未来》（*The Future of Policing*）中写道："任何有助于缓解公共安全中日益严重的阶层差异的政策，都取决于社会中的富裕阶层是否认识到安全是不可分割的"（Shearing and Bayley 1996：603）。

第二，还有一个十分重要且与此相关的问题被掩盖了，即国家如何获得必要的权威与合法性以筹集并分配资金，从而确保"自下而上"的地方安全项目的长期发展？同样被掩盖的还有一个更具广泛意义的问题：如果国家没有提供资源分配和授权认可等职能，社区内的经济资本、文化资本和象征资本的水平如何才能得到提升？① 这最起码需要已经具备（或培养）对更大范围内政治共同体的归属感，以我们所提到的项目为例，就是要说服南非或阿根廷的公民体谅他们的同胞所处的艰难处境，以非工具性的目的来支持共同监管的制度框架和团结一致的行动。谢林等研究者的政治态度是以地方为导向的，并对国家持怀疑态度，倾向于把社区、民主和安全三者间的关系看作是直接而无中介的（unmediated）、面对面的，这使得他们几乎没有提到政治共同体的居间协调形式的必要优势，也没有论及制度性的"同情结构"（architecture of sympathy, Sennett 2003：200），而这一结构可能会对它们产生实际的影响。此外，谢林等人也没有充分意识到这一悖论：他们所倡导的社区秩序计划（无论在多大程度上成功创建了更安全、自治的社区）可能会削弱对陌生人的团结，而这正是社区秩序计划能够存续和成功的基本前提条件。正如查尔斯·泰勒所指出的那样，类似于"部落保护和发展"的各种形式会像以市场为导向的原子论（market-driven atomism）一样，削弱人们的共同目标意识，弱化人们投入和追求共同目标的意愿，而这些共同目标和意愿则来自于对于更广泛政治共同体的归属感和自信的成员身份，后者反过来又强化了这种共同目标意识与意愿（Charles Taylor 1995：282 - 5）。

第三，在对金赛等人的"最低警务"理论（Kinsey et al. 1986）进行再阐释的过程中，同样没有对以下问题予以足够的关注，即长期以来以暴力为手段、具有严重偏袒性的国家，怎样才能按照所建议的方式实现民主化、受到制

---

① 在这方面值得注意的是，迄今为止这些项目的主要资助都来自于外国政府，如芬兰和瑞典政府资助了南非的案例，而加拿大国际开发署则资助了阿根廷罗萨里奥（Rosario）的项目。

约并重新定位，从而使它们尊重地方和平建设进程的完整性和建设成果，并且只有在被要求的情况下才进行干预（参见 Dupont et al. 2005：15）。如能对上述问题进行深入阐释，"最低警务"理论将会成为极具潜能的警务理论。在这一方面，我们将再次引入我们此前在第二章中提出的一个问题：即如何才能创建尊重权利的宪法国家，以鼓励、促进符合民主价值观（如"公平和人权"）的地方安全实践（Shearing and Wood 2003a：212）？在我们看来，支持最小国家理论的新自由主义者们并没有给出充分的回答，而当代的节点治理理论家们甚至几乎还没有开始思考这个问题。

我们认为，上述各种缺陷是我们在本章所描述和探讨的怀疑主义观点的共同问题。至少在谢林等研究者看来，这一立场表明国家在提供和维持安全的过程中发挥着积极作用，特别是在维持秩序和文化工作方面。但正如我们所指出的，另一种观点也很盛行，它认为国家往往迟钝而傲慢，因此国家作为安全行为主体是有所缺陷的。于是这种观点试图把主要的分析框架置于国家之外——主要是地方和平建设项目中的民主实验，这些项目被认为能够弥补国家的认知缺陷。正如我们想要指出的，这种评判和追求目标都有着重要价值。然而最终，对国家的这种描述——认为国家是必要的恶，人们需要它却并不喜欢它，妨碍了人们去充分认识和深入探讨国家在实际安全保障过程中的必要性和积极作用，用社会学的术语来讲，安全是一种"厚重"的公共物品。现在，我们就转入探讨国家在这一方面的作用。

6

安全的益处

本书第一部分中对国家在治安警务工作中所扮演角色的种种批评是毋庸置疑的。国家**能够**成为而且经常成为身体和心理上双重的"豪强"。国家**很容易**就进行干预，干涉不需要它进行干预的事项。它**也的确**具有偏袒性，并在偏袒特定利益的过程中对其他利益给予最有力的打击。毫无疑问，国家也**的确**想要建立文化氛围，并且在某种程度已经获得成功，因为人们如果不遵守它所提倡和捍卫的规范准则，生活就会变得举步维艰，甚至难以为继。最后，国家**将会**逐步趋向愚蠢。这不仅是因为它缺乏足够的手段来解决有关个人和集体安全的所有关键问题，而且往往不能或者不愿承认这一缺陷。

然而，我们对国家怀疑论的怀疑试图表明，当他们在集中探讨国家的危害及其局限性的同时，却往往忽视了国家长期以来的持续性积极贡献。国家怀疑论者并没有充分认识到国家或其对应的相关职能在优化人类安全的所有活动中不可或缺的作用，或至少忽略了这种可能性的完整含义。为了弥补这一缺陷，并超越对国家怀疑论的单纯质疑，就需要更深入地认识到国家在形成社会意义和组织与安全有关的社会实践活动中承担的责任。但要更深入地了解国家及其各种可能性，并避免陷入对国家安全功能的循环论证，我们必须先与其保持一定距离。从这一章开始，我们将重新审视安全的概念，并追问是什么使得安全问题明确地（甚至特别）与公共供给相适应。只有这样，我们才能够将公共供给的必要性与国家特定"公共"制度形式重新联系在一起。

作为一种 "厚重" 的（thick）公共物品的安全

如果想要完善我们对安全的认识和理解，即安全是否以及为何能够成为公共供给的一个选项，最好从有关"公共"或集体物品的研究文献出发。然而，如果没有从根本上厘清某些初始概念的含义，这一研究就无法深入进行。即便是最为粗略的浏览也能清楚发现，有关"公共物品"的领域早已充斥着各种研究成果，而且往往并不可靠。首先是各种术语泛滥。物品可能是公共的、集体的、群体的、共有的、共享的或社会的，这些还都是最常用的几个术语。不仅如此，这些术语在使用中既存在着相当大的不一致性，又存在着相互重叠。与此相似，"good（s）"一词也有许多不同含义，并且又从中衍生出众多内容。物品（goods），是指具有一定使用价值的物体或物质环境，如桥梁、铁路网络系统或清洁的空气。而当这个词以单数形式出现（即 good）的时候，相关的分析对象可能是被认为是良善（good）的抽象制度或社会组织形式，如友谊或民主；甚或是制度或社会组织形式的一般赋值特征，如欢乐和团结。最后，也是最抽象的一点，"善"（good）也可以是"良善的概念"的缩写——即那些有助于或决定"共同的善"（common good）或"美好社会"的一般属性，如公正或平等。[①]

其次，不同学科的不同研究者进入这一概念领域的目的往往大相径庭，因此他们在术语的选择和使用方面也有很大差异。经济学家、律师、社会学家和政治理论家都是这一概念领域内的常客，但他们都有着自己独特的"知识构成的旨趣"（knowledge-constitutive interests，Habermas 1974）。经济学家重点关注的往往是标识和确定那些无法由市场充分供应的物品（goods）。法律界人士

[①] 这部分内容借鉴了戈伊斯的观点并有所拓展（Geuss 2003: 8-9）。

关注的是，某些分散的公共利益是否可能是基本权利的主体，或者是更普遍的可诉性权利要求的主体。社会学家则强调维系社会制度体系的功能前提。政治理论家们更关心的是理想的（ideal）概念，以及哪些内容应被视为**"共同的善"**（bonum commune）的核心，或有利于实现"共同的善"。①

然而，公共利益（public good）的概念呈现如此丰富的谱系将会对我们的研究有所裨益，而不是成为令人绝望的理由。我们不应把不同的概念看作是对不同问题的研究和关注，也不应认为它们在理论上是不可通约的，我们或许可以对被视为公共利益的事物涉及的内容表示理解，并认为这些概念多多少少地对这些事物表示了赞赏。在最浅的层面上，我们将其与经济学家对公共物品（public goods）的理解联系起来，并往往被认为是查阅各种文献的起始点，从这个意义上说，社会的或公共的要素完全是**工具性**的（instrumental）。这里的问题是，社会的或公共的要素在生产或提供该物品的过程中是不可或缺和十分重要的。此后，所有对其作为商品（goods）的价值产生影响的因素，包括享用这些物品产生的效果、享用的方式和享用该物品的所有先决条件，都是按照完全以个人为中心的条件来理解的。相比之下，在较厚重的层面上，我们可能会认为只有在经济学家的工具性概念所表达的效果、经验和限制性条件等方面，公共物品才具有**社会性**维度。最后，在最为厚重的层面上——充其量只是在各种文献中含蓄地承认，我们可以认为公共物品具有建构性维度（constitutive dimension），在某种程度上，它又与特定的动态密切相关，特定的公众正是在这些动态中被构想出来，并自我构想成为公众。

接下来，我们试图说明安全概念如何在每一个层次上作为公共利益进行回归分析，并考虑到三个层次之间的关系。这样做的话，我们必然会超越大多数文献对安全的表述，将其进一步理解为一种公共利益。我们超越了我们熟悉的

---

① 以下是当前最有意思的一些研究文献，它们特别重视试图进行跨学科对话的研究材料：Raz（1986）；Waldron（1993，2004）；C. Taylor（1995）；Heritier（2002）；Mayntz（2002）；Murphy and Nagel（2002）；Geuss（2003）；Etzioni（2004）。

工具性维度，试图更重视安全的社会性维度，并以建构性维度的概念作为中心思想。我们将会发现，分层研究的方法不仅有助于解释我们提出的术语，而且对于其实质也至关重要。就术语而言，正是因为符合建构性维度的重要性，所以我们仍然用"**公共物品**"这一词语来描述安全，尽管其含义比经济学研究中"公共物品"的含义更加丰富。就其基本内容而言，在安全的工具性概念、社会性概念和建构性概念之间形成了一个相互联结的网络，只有通过该网络的密度，我们才能充分论证有关公共安全保障的观点，从而建立必要的平台，以完成"在安全与国家间重新建立重要联系"的任务。

作为工具性物品的安全

根据标准的经济学定义，公共物品是具有"非排他性"和"非竞争性"的消费品。向一个人提供公共物品，就意味着为所有人提供了该物品，而某个人从该物品中受益并不会影响其他人从中受益。路灯照明、清洁的空气和国防都是典型的公共物品，同样重要的公共物品是国内安全。[①] 这一定义是基于对市场失灵的可能性及其影响的认识。作为一种商品，一方面，公共物品很难，甚至不可能是为私人利益而生产的；另一方面，公共物品的供给并不会表现出常规的消费稀缺性问题。非排他性的维度造成了搭便车问题，并因此消除或降低了其他人在市场上提供公共物品的动机。非竞争性的维度或联合供给，指的是向提出需求的特定消费者群体提供该物品具有巨大的良性外部效应——这是一种没有特定目标，也无供给成本的附加价值，而市场对这些价值也并不敏

---

① 根据奥尔森的观点（Olsen 1971：14），"政府提供的最基本的物品和服务，如国防和治安，以及法律制度和规则系统，实际上是服务于国家中的每个人的。想要剥夺那些并没有自愿承担政府开支的人受军队、警察和法庭保护的权利，即便可能，也是不可行的"。也可参见墨菲和内格尔（Murphy and Nagel 2002：45 - 8）。

感。正是因为有这两重因素，基于公共物品及其规模经济的考虑，如果想要按照相应的规模进行充分供给，甚至是完全供给，通常就会需要某种强制性集体承诺机制，而国家通常被认为是公共供给的最佳选择，或至少是默认选项。

经济学家使用的研究方法有着双重吸引力：首先，通过对"商品能否能够生产和**究竟**如何生产"这一基本问题的关注，以最为直接鲜明的方式提出了公共供给的必要性；其次，这个简洁干脆的问题容易使人们认为，似乎一定会有"非此即彼"的明确答案。因此，为什么安全、特别是能够由警察机关予以提供和保证的安全，会被人们认为是典型的公共物品之一，这似乎是不言而喻的（Jones and Newburn 1998：33）。提供安全的环境可以称得上是一项成就，它带来的收益和好处并不仅仅局限于为此支付了合理费用的特定用户群体。同样地，以下观点在相关论争中也具有一种直观的吸引力，即安全是一种非竞争性物品，共同体中部分成员的安全必然意味着所有人的安全，并且不应该，也不需要以共同体其他成员的安全为代价。

然而在许多候选案例中，尤其是技术先进、流动性高和信息发达的社会（Hardin 1999：66），安全作为一种公共物品的资格在经济学意义上是经不起仔细推敲的。排他性仅仅是物品的内在性质的部分功能。在某种程度上，它也是某些变量引起的结果，诸如技术发展状况和其他结构性条件，包括已建成环境的性质和现行产权制度等。这些变量的调整既可能顺应，也可能会阻碍排他性供给。技术能够造就新的非排他性物品，如街道照明。然而新的技术也可以让我们锁定特定的受众，如加密的广播频道或电子公路收费系统，或用于接入和获得专业安全服务的限制性代码和通信机制，后者可谓更具体地结合了我们的研究目的。在长期的城市化过程中，人口的大量集中加剧了方方面面的相互依赖，使得规避或控制公共卫生、火灾等方面的"溢出"风险变得更为困难，当然也难以防范犯罪和公共秩序混乱等问题。但同样地，城市规划也有助于防范和消除特定地区及其离散社区的犯罪行为，比如根据建筑物的位置和布局，在各通道和入口设置闭路电视摄像头全程监控。过去半个世纪以来，在大部分西方国家都如雨后春笋般涌现了许多"大型私有物业",如购物中心和各种形式的商业活动场所等(Shearing and Stenning 1983),我们可以从中发现,那些确立了个人和集体财产权利的政权往往更倾向于有针对性地控制风险和物品的分配(包括了安全物品),而不是有关财产享有与获得的普遍性制度。

这一切并不意味着对公共安全的破坏和侵蚀是不可避免的趋势。然而,它也确实提出了若干观点,如果我们把这些观点综合起来,就能够说明支持对安全进行公共供给的工具性观点并不靠谱。首先,安全的排他性是一个环境和程度的问题。不仅技术革命和市场需求会不断地催生新的可完全指定和赋值的安全商品——如防盗警报器、电子安全设备等,而且即便是那些并不容易针对特定人群的安全供给形式,也可以集中到特定群体上。这些安全产品带来的好处可能很难加以限制,但这一任务绝非不可能实现。一些经济主体或社会团体可能会发现,他们需要以"开明的利己主义"来提供有差别的安全服务,若非如此,就将由国家提供无差别的安全保障服务。如"门禁社区"(gated communities)的范例所显示的,在各地,活跃或富裕的公民正越来越主动地联合起来,试图通过把他人排斥在外的方式来建立安全的环境(Elliot 1989;Blakely and Snyder 1997;Caldeira 2001;Low 2003)。①

其次,非排他性论据的脆弱性和偶然性,都提醒我们要注意和加强非竞争性论据中的类似缺陷。与非排他性一样,所谓安全不受消费稀缺性和减损性的影响,也只是一个环境和程度的问题。我们在第四章探讨了维持一般秩序的一致性和同等品质等内容,并发现在某些时候,安全确实具有非竞争性。保护某一个社区成员免受恐怖袭击,就意味着所有其他成员也将得到保护而无需增加额外的费用。抓捕一个跟踪目标的连环杀手,就意味着所有潜在的受害者都得

---

① 这种可能性在有关公共物品的经济学研究中是得到公认的,"俱乐部物品"(club goods)一词被用于那些虽然具有排他性,但在预定义的俱乐部成员间仍然是非竞争性的物品(Jordan 1996;有关"俱乐部物品"在安全领域的应用,请参见 Hope 2000;Crawford 2006)。

到了保护。为回应当地居民的投诉而恢复公共秩序的同时，也为周边地区提供了安宁的环境。然而，一般（安全）供给并不总是特定（安全）供给的必要和必然无成本的附带品。许多警务和安保工作通常都有具体和相互独立的目标——无论是否针对特定事件、特定受害人、特定犯罪者，或针对特定地区，在某种程度上，这已转变成为一种稀缺资源并具有不平等的分配结果。即便是最广泛的，并被推定为非排他性的公共警务和安保政策，也会更强调和重视某些已具有排他性制度安排的个案。在某种程度上，民间自发形成或商业化的安全服务和"飞地"（enclavization）为内部成员和购买者们创造了更安全的环境（Bayley and Shearing 1996），但那些缺乏足够经济或社会资本将警务和安全转为"俱乐部物品"的人们显然与此并不匹配。

更重要的是，那些负担得起这种排他性安全措施的群体，他们获得的保护可能是以牺牲经济条件较差，或社会地位良好的公民和群体的直接利益为代价的——这种"俱乐部式"的安全与犯罪风险的分布几乎成反比关系（Hope 1997）。换言之，"俱乐部物品"的供给不仅通过重新引入"零和"的目标与处理资源，从而牺牲了非竞争性的"外部效益"，而且实际上还产生了新的"外部成本"（Hope 2000）。例如，迫使违法犯罪行为向被排斥和缺乏良好安全保障的地区转移，就会进一步加剧这些地区的隔都化（ghettoization）①和社会边缘化。严酷对待"安全飞地"入侵者的粗暴行径，"非法、暴力、报复性、武断专横、妄加评判"等"民间警察"行为所导致的受害者困境，以及沦为好斗、偏执、多疑等治安维持会（vigilantism）的做派，往往会进一步加剧安全分配的不平等和整体的无效性（Johnston 1999：153）。此外，任何一种排他性的私人或民间安全框架也可能最终会阻碍或抑制内部成员的意愿。实现这一策略的前提是必须存在一个广泛的敌对性环境及其危害，从而不断地，却可能使人疲弱地提醒人们注意他们所认购的安全服务的

---

① 隔都，指的是市中心贫困少数族群的聚居区。——译者注

自我限制、高昂成本和不稳定性。①

综上所述，以上各观点表明，将安全作为公共物品的经济学观点具有内在不稳定性。如果把问题归结为如何产生一种收益，而这种收益本来可以根据其享有的条件、方式和意义而被视为私人物品，那么安全作为公共物品的地位就会倍加脆弱。一方面，使其特别适用于公共供给的那些特性并不是固有的和不言而喻的，而是取决于各种复杂的变量，以及与特定环境之间具有争议的各种相关性。另一方面，至少其中部分变量（包括产权的性质和分配、对商品化安全需求和供给的发展）是在特定人群的控制或影响范围之内，他们更希望看到一般安全，或至少是**他们自身**的安全，是在非排他性的公共框架之外予以提供和保障的。因此，安全作为一种公共物品，是以空泛的术语来构想的；而对这样一种安全的破坏，可能存在着一定自我实现的因素。② 这可能会受到福利经济学家更广泛论争的影响，第二章已经讨论了福利经济学家的观点，即**任何公共供给体制的"退出"—敏感（'exit'-sensitive）市场制度、对"发言"机制（'voice' mechanisms）的依赖、易受捕获或不平等影响，都被认定为处于劣势**。这也可能会受到更狭隘的利己主义算计的影响，对那些人来说，他们对于公共性相关概念的理解并没有超越他们与之分享短期"俱乐部式"利益和能力的群体，也没有超越那些既对消极外部性不感兴趣，又忽略了其社会短视行为造成的长期自我贬损影响的群体。

综上所述，纯粹以生产为导向的公共物品概念，既不能提供令人信服的规范性论据来支持一个特许的或任何特定的生产场域中的垄断性或支配性安全供给，也不能在实际上保证这种生产性制度框架。理论基础的偶然性、脆弱性和循环推定，影响和削弱了传统的公共物品研究的制度潜力。特别是，这种不足

---

① 正是在这种深层次意义上，私人安全的概念被认为可能是自相矛盾的（Loader 1997b）。也可参见下文中第176页脚注①。

② 这种自我实现的因素是碎片化螺旋的核心，而碎片化螺旋则是本书第八章将要探讨的现代安全的病理症综合征之一。

是源自于无法找到充分理由和实际动机来专注于此或主要投入于此，而不是除了有关集体供给的功能效益的观点之外的任何其他"公共"或"私人"共同体，这种有关集体供给的功能效益的观点预先假定，有关集体自我认同的排他性或主导性标志和衡量标准的充分理由和实际动机，已然存在。

作为社会物品的安全

如果说，将安全理解为一种公共物品或是支持对安全进行公共供给的观点不接受这些类型的批评意见，并且容易受到这些批评意见的干扰，那么显然就需要另外一个分析维度。如果我们无法论证，公共供给的某种总体性方案在其安全保障水平的交付能力方面胜过了其他所有竞争对手，而其相关受众群体的所有成员对其接受程度亦超过所有竞争对手（否则安全保障就无法得到保证），那么我们就必须转而诉诸公共供给的特性中某些独特的内容，从而进一步支持对安全进行公共供给的观点。我们必须通过分析模式的转换来确定公共供给模式的重要性，即从定量分析转为定性分析；必须超越简单地计算是否能够以及如何为聚合的个体提供安全，转为追寻以这种方式生产并提供这一公共物品的价值。或者用沃尔德隆的话来说（Waldron 1993：358），我们必须找到那些使安全具有社会性维度的方式（如果有的话），而社会性维度"不能以其对任何或所有社会成员的价值来——加以充分描述"。

然而我们从一开始就应该注意到，人们并不愿意在很大程度上认可（如果多少认可的话）更具有社会性的安全概念，抱持这种观点的不仅仅是那些把国家和社会生产视为只是"市场失灵"替代品的人们。例如，作为个人中心主义社会本体论的反对者，查尔斯·泰勒明确地对比和区分了仅仅具有"趋同性"的安全物品（与经济学家的观点相一致）与那些在某种程度上具有内在社会性和不可化约的社会性的物品（Charles Taylor 1995：191）。再举一个例子，约瑟夫·拉兹（Joseph Raz）在他著名的研究中，试图通过促进有利于"共同的善"的公共文化，来证明自由权的正当性。然而他仍然想把包括人身安全在内的这一类"个人权利"从自由主义的词汇中排除出去——相反，他认为这些权利之正当性的主要依据在于其对于权利所有人的内在价值（Joseph Raz 1986: 255 – 62）。

为什么会这么不愿意呢？我们可以推测认为，这既有意识形态的原因，也有知识认知的原因。在意识形态方面，考虑到安全在现代社会和政治想象中深刻的矛盾性，也就是说，安全既是个人自由的条件，又是个人自由的持续威胁（我们在第二章已经对此进行探讨），那么我们就不难理解人们往往以一种谨慎而敏感的态度来思考安全问题，这种态度体现了安全价值的集体维度，而不是个人维度。从知识方面来看，人们似乎没有充分认识到（其原因与这种谨慎而敏感的态度并不相关），对安全的社会性维度的考虑引发了多方面的问题，并且每个问题都提出了截然不同的答案。一方面，正如我们将会看到的，承认安全价值具有社会性维度，这显然毋庸置疑，但并没有明确提出对安全进行公共供给的相关案例。另一方面，这种承认显然是排他性的。第三方面的答案更加微妙但也许是最关键的，因为它指出了安全物品最显著的社会性维度，并指出如何在最终分析中以最合理的方式来证明公共供给的合理性。我们将在下文中依次讨论安全的社会性内容。

首先，得享安全（enjoyment of security）的社会效用可谓是安全的社会性内容中最不具有争议性的部分。正如经济学家的定义那样，我们发现工具性逻辑是切实起作用的，但是具体在这种情况中，因果关系却正好相反。在这里，我们关注的并不是生产和保障个人安全需要的社会方式，而是因果链上一系列后续联系——如个人安全物品的广泛生产，又怎样反过来产生具有社会价值的后果。根据这一观点，安全以及由安全所保障的自由，为共同的善（common good）——至少是部分共同物品（common goods）的发展提供了平台。这种共同利益本身可以用高度个人中心主义的术语来表述。正如我们所见，如果没有以强制性的自组织制度框架来保护个人及其财产的相关措施，人们就将无法在免受干涉和免受地方性干扰威胁的情况下追求自己的目标，这一观点即使对"最小国家"理论也同样适用。然而同样地，个人和财产的基本安全可以被认为有助于其他各种集体物品（collective goods）的实现，而这些集体物品则是实现更广泛和更积极的人类自由观的必需品——其中包括了幸福或充分享有消极自由的必要条件。例如，如果缺乏对私人自由的优先和持续有效的保障，我们就不可能实现稳定的、具有合理包容性和回应性的民主决策——在很大程度上，这种民主决策本身就是一种重要的集体物品，同时又有利于其他个人利益和集体物品的实现（Habermas 2001）。同样地，如果缺乏基本安全的保障——消极自由，我们也就无法想象与更积极的自由密切相关的各种基础性公共物品，如全面覆盖的卫生保健服务、社会保障，甚至是共同的公共文化；而这些基本安全保障同样也是民主政治和公共行政的稳定性来源。此外，在某种程度上，我们可能会将团结等集体物品视为美好生活的重要组成部分，除了它们对更积极的个人自由观的积极贡献之外，也再次证明了基本安全保障的不可或缺性；至于更积极的个人自由观念，这是自由主义者与社群主义者之间一个非常复杂，也十分具有争议性的问题，我们随后会回过头来进行讨论。总而言之，无论我们对自由概念的理解多么中立或宽泛，无论我们是否将消极自由和其他个人中心主义价值观作为我们评价良好社会的关键指标，或者说，我们是否以及在何种程度上，将与安全有关的其他集体物品视为具有其自身的工具性意义甚至独立价值——无论是否存在上述所有分歧，持续稳定的基本安全保障，都是实现其他特定"共同的善"的最基本条件。

然而，将安全视为一种社会物品的结果分析方法（consequential approach）同样也存在着一些弱点。虽然不像经济学家以生产为中心的研究方法那样薄弱，但在某种程度上，社会性维度仍然被认为是逐步衰落，并且是不连贯的。这种研究方法仅仅强调了安全的社会效应，却未能深入探讨安全的内在社会性维度（如果有的话）上更本质性的问题。事实上，我们甚至未能以一种间接方式来研究与共同利益相关的各种社会效应，如通过设问：什么样的或具有什么特性的安全才能提供良好的社会效应？那么安全到底对哪些方面的公共利益有积极影响呢？确切地说，正因为对这一问题存在着分歧，我们进一步分析发现，对作为后果的共同利益的不同认识，就会要求或允许对先前的安全基础有着不同的理解。简而言之，作为支持所有共同安全利益概念的必要平台，关于安全问题的相互重叠的共识，可能会掩盖对于该平台的社会属性的巨大分歧。① "平台假说"夸大了我们承诺严肃对待安全问题的决心和紧迫性，这又引出了新的问题，即我们应**如何**（how）认真对待安全问题——特别是，常见的、普遍接受的公共供给方案（如果有的话）的基础是什么，以何种形式来证明其合理性并给予保障。

如果说结果主义（consequentialism）为我们提供了一种从社会视角来理解物品的方式，这种方式虽然具有一定启发性，但最终并不稳定且薄弱（thin）；从另一个极端来看，我们也可以忽略一种不恰当的厚重（thick）理解。根据这一观点，某一物品是社会性的，是因为我们享有和体验该物品的方式具有不可化约的社会性。在这里，我们讨论的是泰勒所说的"直接的"共同物品（Taylor 1995：190）——其好处就在于"我们所共享"这一简单事实。也就是说，某一物品的产生及为某人所享有，是完全、直接并相互依赖于其同时为他人所产生并享有的事实（Waldron 1993：358-9）。我们确实可以想象处于不同抽象层次上的各种物品——从我们在谈话或聚会中所分享的愉悦之情，到特定的社会习俗如友谊、同志情谊或爱情，到团结、友爱等最普遍的社会情感。与其他这些物品相比，安全显然不是一种在本质上涉他性（other-regarding）的

---

① 高度个人中心主义的共同利益观强调了自由选择的重要性，并将集体物品的价值最小化；根据经验而得出的粗略规则，我们会认为这种个人中心主义的共同利益观更有可能注意到此前安全的工具性利益的"社会性"内容，例如通过对私人资源的再分配以实现最低限度上的全面和平等的供给，而那些持集体主义利益观的人更倾向于用集体手段来实现全面而平等的供给。这关系到单一理论世界观和工具逻辑中，不同视角的价值认同的连贯性和一致性——越是具有雄心壮志的社会野心的解决方案，就越是需要具有社会雄心的手段。

情感。我的安全和你的安全不仅仅是我们相互间关系的产物。无论我们各自安全状态的相互依赖形式与程度如何，它们均不是完全相互**构建**的。

不仅如此，更重要的是需要指出，即使我们把安全恰当地理解为最纯粹和最直接意义上的社会物品，仍然会有强烈意见**反对**而不是支持对安全进行公共供给。毕竟，直接的共同物品或公共物品的共同之处，恰恰在于这些物品是通过公共计划和公共供给实现的，因而它们对社会工程（social engineering）并不敏感，无论这是否是基于它们内在的结构、自发的动机还是长期经验或实践中的必要基础。任何试图在公共领域制造此类物品的尝试，往好了说，注定只能生产真实物品的可怜复制品——就像许多官方庆典中"有组织的娱乐活动"和虚假的欢乐；往差了说，则会造成对公共目的的恶意歪曲——如乔治·奥威尔笔下的"友爱部"。家长式（实际上是帝国主义式的）冲动往往想要告诉人们应该"怎样"体验相关的种种好处，或者想要指导人们什么才是体验这些好处的正宗方式。如果说，即便在真正的直接物品的情况下，我们也必须抵制这种家长式的冲动，那么正如我们很快就会回想起来的那样，我们必须以更谨慎的怀疑态度来对待所有的潜在诱惑，这些诱惑总是试图将安全的内涵向本质上涉他性的相同方向扩展。

然而，如果我们超越了结果主义和直接性（immediacy）的极端情况，就可以从第三种，也是更有说服力的视角来理解作为社会物品的安全。在这里，我们关注的是安全的社会性维度的一部分，它既不取决于其结果，也不取决于其表达和体验的方式，而是取决于某些社会前提条件的实现。想要分析这一观点，我们就需要区分两种不同但相互关联的含义，即任何个人的安全都有赖于他人的行动和态度，而每一种行为和态度都显示了安全的独特特征。

第一，也是最明显的，我们可以称之为安全的客观或主体间（intersubjective）维度。当我们想到任何个人的客观"安全情境"（security situation）时，一方面，我们考虑的是保护人身安全与财产安全的措施项目之间的关系，另一方面，尽管有各种保护措施，我们仍需考虑第三方威胁个人安全利益的倾向。情境分析的这两方面内容都取决于他人的行为和态度。其积极的方面——各类保护措施,在很大程度上取决于公共安全提供者和其他行为者的承诺和合作,这些行为者包括了商业安全机构、邻居、朋友和相关民众,这些行为者的战略定位使他们有利于个人的客观安全情境,在更深层面上,他们作为公民纳税人也有利于公共安全资金的准备工作。

到目前为止,这些表述大家都非常熟悉。包括清洁的空气、交通运输或公共设施等物质性公共物品在内的所有公共物品,其成功的供给都需要高度的社会协调和监管,以及相应的公共资金措施。只有当我们思考客观安全情境的消极面时,我们才会看到它第一个真正与众不同的特征;在这里,安全情境的消极面,指的是第三方试图避开或制服现有的安全措施,并对我们的安全造成威胁或危害。公共安全物品,它不同于完全的物质性公共物品,甚至也不同于对公共教育、共同艺术遗产等公益性物品的集体贡献(该艺术遗产的成就与我们的共同生活质量完全或部分相关,因此在社会或文化领域占有一席之地);公共安全物品还有一个额外的维度,即它解决了一个根本性的问题,而这个根本性问题本身就是社会生成的。公共物品得以解决"问题"的方法,至少其所需要的手段始终都是社会性的,在其期望的质量要求方面可能也是社会性的,但除了安全之外,所有的"问题"都只不过是因为缺乏理想的产品或物品。唯有安全所要解决的"问题"被描述成为一种病态的状态——**不**安全(insecurity),而不仅仅是非安全(non-security),其谱系和来源本身是完全社会性的。① 因此安全不仅仅是指在"问题—解决"层面上提供客观的安全措施,如配置到位的警务人员、犯罪预防设备、具有安全意识的建筑环境等,而且更重要的是要解决社会环境中所固有的风险和危险,它们内在于社会环境,同时亦是社会环境的产物。

---

① 在其他很多情况中,公共物品所要应对和解决的问题可能会因为社会环境的某些特点而恶化,如教育和健康所要应对的问题分别是健康不良(ill-health)和蒙昧无知(ignorance)。然而与"不安全"不同,健康不良和蒙昧无知的"坏处"并非完全是社会关系的产物。

然而，即便是在"问题—解决"的层面，个人的安全感也不仅仅取决于保护人身安全和财产安全的措施在客观上落实到位和其他人的支持，同时还取决于这些客观构建的措施是如何被个人主观解读和体验的。这种双重基础表明了安全作为一种社会物品的第二个特点。一方面，虽然许多公共物品可以在纯粹客观条件下完成和确定，并且在公共物品的实现过程中会产生各种积极的心态①，但感觉安全或不安全的社会体验本身就是我们所说的安全感或不安全感的内在和部分构成要素。另一方面，虽然直接公共物品仅仅指的是（共享的）精神状态，并且在其实现过程中可能会产生许多客观的利益②，但正如我们所看到的，安全同样也是并且首先取决于某些客观成就，而且也是由这些客观成就所构成。

安全的第二个维度即经验维度是如何表现出来的呢？在什么意义上它是由社会预设的？个人为了获得安全感，必须确信他们能够在免受危害性干扰及其威胁的情况下追求自己的目标；因此也必须确信，能够持续、有效地实现其客观安全的条件本身是相当安全的。也就是说，安全的体验和稳定的社会期望之间存在着内在关系。这意味着，我们当前的安全感在一定程度上是基于对未来安全的预期。我们不仅要在此时、此地感到安全，而且还要有信心认为，保障我们安全的条件在可预见的将来能够得以持续（Waldron 2004）。这种信心来自于两组因素的作用，每组因素都有明显的社会性维度。首先，它取决于个人对复杂社会"事实"的感知，也就是他（她）的客观安全状态和安全前景；而这种客观安全状态和前景不仅取决于个人对当前（安全）倾向的感觉，还取决于官方的安全保障机构和其他有可能对其安全产生影响的行为者的长期承诺与坚忍不拔的态度。其次，它取决于个人对于恐惧的控制阈值、对于不安全暗示的脆弱性阈值，也就是说，什么样的印象、在什么程度上以

---

① 例如，人们可以从教育中获得社会信任感。

② 例如，所有的物质利益可能来自于友谊，或者在更广泛的社会背景下，可能来自于团结感，但是我们认为这些利益是公共物品的结果，而并非这些公共物品本身所固有的。

及如何达到这些阈值。我们会在适当的时候进一步探讨这种类型的脆弱性和敏感性，也就是说，它也受到社会条件的制约，即公民越是对某一特定共同体具有"轻松安全的归属感"（Margalit and Raz 1990：447），他们就越不容易对边际安全风险感到焦虑不安。综上所述，个人安全感的整体衡量标准，是看他（她）对其安全的客观或主体间条件的存在现状、程度和重现稳定的**焦虑**程度。显然，个人的客观"安全情境"是影响他（她）的焦虑程度的非常重要的因素，但同样明显的是，这种重要性也受到其他许多社会因素的影响。①

我们可能已经开始认识到安全具有哪些明显的社会性，但尚未明确这对公共供给而言意味着什么。即便我们承认安全在本质上受到社会条件的制约，或取决于前文所阐述的方式，但如何生产并提供低风险、无焦虑的安全环境呢？关于这种安全环境的最优条件的具体规定仍然十分复杂，并且充满争议。我们已经创设了社会救济卡（social card），并揭示了我们仰赖他人以确保自身安全的范围和强度，这就可能会产生一种开始"开高价、抬高期望值"的诱惑，认为我们摆脱对安全的焦虑，从而获得自由感的最佳实现方式，取决于所有其他人平等地实现"摆脱安全焦虑并获得自由感"，因为我们在社会中"相互关联"，他们可能会影响我们的安全状况。换句话说，我们有可能会追随经济学家的步伐，认为并非是每个人的安全**表明**所有人皆安

---

① 有关人们"对犯罪的恐惧"与他们先前客观风险水平之间的非线性关系的无数研究都证明了这一点（参见 Hale 1996）。前面的讨论也表明，我们正试图打破在有关"恐惧犯罪"的辩论中有时会遇到的心理还原论。还原论认为，这种恐惧源自于"脆弱"个体的天性。如果以我们刚刚的方式将安全概念化为具有主观的维度，恰恰是**没有**诉诸常识的表现，也就是说，总有些人"坚韧不拔"，而有的人则较为"脆弱"，从而使安全成为个人心态问题。而我们的观点则是，与安全感或不安全感有关的情绪状态——焦虑、恐惧、报复、希望、快乐等，都具有深刻的社会性，不同的政治安排能够允许或抑制这些情绪的产生和表达。例如我们可以举出大量的历史证据表明，社会条件或多或少地放任和培养了所谓的"权威人格"（'authoritarian personality'，Adorno et al. 1950），因此我们就不难想象并（重新）配置某种状态，使其或多或少地提供相应的物质或象征性资源，从而使个人能够坚韧地面对环境带来的风险。

全,而是每个人的安全**取决于**所有人的安全,并以此来重申安保全覆盖的优先重要性,而唯有公共供给体系才能保证安保服务的全面覆盖。然而这种诱惑却应该加以抵制,因为这一观点赖以成立的假设无法令人信服地得以持续。

首先,这一观点的前提条件是认为共同体中的所有个人面对伤害的脆弱性和策略性防范能力是完全相同的。如果每个人都与其他重要的共同体成员一样,能够而且愿意影响其他所有重要成员的安全(即脆弱性完全对称),并且这一点得到完全相互承认(即充分认识到这种对称性),那么我们就能根据"自我强化的社会均衡"来构想共同安全(mutual security)。但是在没有类似《鲁滨逊漂流记》这类情节的情况下,这并不能概括和描述人类社会的任何实际状况。其次,在缺乏同等影响力的条件下,如果我们仍然能够构想关于其他重要成员(虽然是广泛定义的)安全问题的充分同理心(mutual empathy)和利他主义条件,那么我们也许能够继续坚持这种坚定的相互依存论。唯有在确信其他成员安全的情况下才能缓解我们对于安全问题的焦虑,如果是这样的话,**那恰恰是因为**我们将安全定义为一种唯有在人人均享有的情况下才有价值的物品,并且唯有在其他人的安全得到同样保证的情况下,才能够安心享有自身的安全,因此安全已然成为一种集体德性,而我们的道德取向就是要确保安全。然而,除了一些"直接"社会单位的规模和范围之外(如家庭或其他联系密切的团体,在这些团体中,友谊或忠诚等情感联系往往特别紧密),这对现实人类社会而言是一个令人难以置信的假设。事实上,如果不加任何限定条件就提出这种观点,那就相当于将安全重新界定为一种直接公共物品——其价值在于其共享性,然而我们已明确拒绝了这种理解。

然而,相互关联的脆弱性和利他主义关怀这两种情形为我们如何着手充实安全的社会维度提供了线索。毕竟,我们的焦虑程度至少在一定程度上受到以下各因素的影响,即我们对他人、官员和外行人影响我们自身安全的能力的评价,以及我们影响他人安全的能力和倾向又是如何影响了他人对我们自身安全的态度。因此，在对我们的安全焦虑进行日常监控，并对这种焦虑的条件进行评估的过程中，我们就必须考虑"他人对我们造成的威胁"与"我们对他人造成的威胁"这两者之间的关系，即便这两者的影响力并不对等，即便我们认为"他人影响我们安全的倾向"与"我们可能影响他人安全的倾向"并不相同。不仅如此，正如我们在前文已经指出的，我们的安全感（或不安全感）有一个自反性的维度——我们对于安全问题的焦虑本身就是不安全感的一种表现，而对安全的自信本身亦能增强安全感。在某种程度上，我们对自身焦虑程度的监控让我们变得很焦虑，我们对安全条件的评估又需要时刻保持警觉，因此，这种迹象本身就表明了我们现有的安全状态并不令人满意，我们太容易受到不安全感的影响。① 由此可见，我们向往的通常是这样一种情形，即我们对自身安全环境的监控往往是一种具有高度默契和例行公事的日常事务，这种活动主要是在"实践操作"层面而不是"话语意识"层面进行（Giddens 1984）。在这种情况下，我们很少觉得有必要掀开遮盖着我们的安全问题的面纱，就算这么做的话，这种检查也仅仅是敷衍了事。因此，在这种理想情况下，我们对安全环境的信任程度应该是很高的，而对我们的脆弱性的提醒可谓稀少又平常，在我们的自然物质环境中并不明显，也无法触及我们的日常生活，同时在我们的话语意识中也并不突出。

前文提到的战略关系把我们的安全与其他人相互联系在一起，除了加强对这种战略关系的重要性的认识，对最优安全的严格条件的理解也有助于解释更多的利他性考虑如何进入安全等式。我们不需要假设利他主义是一种自然的人类条件。从而得出结论，在我们监控和降低对安全的焦虑的技术中，对他人安全的关注会带来某些提示，在某些情况下，我们可能会认为这是"自然"

---

① 有许多例子可以说明这一点，人们往往会以封闭性社区或其他富裕中产阶级聚居的"飞地"为例，在这些"飞地"中，客观安全的条件往往与普遍存在的主观不安全感共存，这种情况在涉及"围墙之外"的社会生活条件和可能性时，表现得尤为明显（有关这方面的论述，请参见 Girling et al. 2000: ch. 5）。

的——一种必要的美德。对自身安全问题的战略性监控，不可避免地会使我们意识到其他人的安全问题和担忧，而我们想要降低因自身安全焦虑而产生的焦虑"交易成本"的愿望，则可能会让我们得出这样的结论：对我们自身安全的最佳保障——没有任何交易成本的安全保障措施，是对所有他人安全的同等保障，这里包括了与我们有联系，以及我们可能受其影响的所有相关人员。在这种复杂的、迭代的计算中，更容易将他人的安全理解为自身的利益。也就是说，安全焦虑的具体情况表现为，我们可能接受了安全利他主义美德的教育，并认可上文所述观点的合格版本，虽然我们已经批判过该观点标榜的先天性与普适性。换句话说，他人享有的安全确实对我们自身的安全有着积极的影响，这已经超越了它作为战略前提的功能。尽管这种利他主义是有限度的，但在某些情况下，精明谨慎的利己主义和对他人安全的独立关注，这两者在实际中同时共存的情况往往强而有力，能够得以持续并不断自我强化，因此这些限制常常经不起考验。

这些论述还远远不能从对安全的社会前提条件的分析中挖掘出最大胆的观点和主张：每个人的最佳安全状态取决于所有人的安全。不过，这些论述确实也沿着同样的思路，提出了一个更有条件性的主张，也就是说，安全问题有着独特的双重特征，它的产生源自于社会性因素，而其解决方案又具有主观经验性，因此当个体与他人共享的社会环境的安全得到合理关注时，特定个体的安全质量自然也得到了提升。尽管这并没有提供一个强有力的论据来支持"只有公共供给体系才能保证实现（安全的）全面覆盖"，但确实提供了一个可供参考的思考面向。

作为构建性公共物品的安全

然而，我们从对安全的社会条件的分析中所得出的更重要的信息，是间接的而非直接的（事实上对安全的社会结果的分析也是如此）：它涉及这些内容与我们最后要讨论的安全的**建构性**维度之间相互关联的方式。我们已经开始用结果性和条件性术语来描述安全，在这里，我们指的是安全作为一种社会物品或集体物品，是如何涉入"社会"或"公众"的建构过程。

这种研究路径必须克服一个初始性的反对意见，这种反对意见会质疑区分建构性维度和其他社会性维度的有效性。因为，我们对"社会"或"公共"的理解，不仅仅是指对所处各种情境的不稳定的、具有情境依赖性的、明显差异化的结果。人们正是在这各种各样的情境中感知和发现事物的共同点。显然，我们对"哪些人是'我们的'相关公众"的理解，以及对"我们的社会关系的本质"的认识，确实是通过新的经验、新的战略和情感环境的融合而不断地进行调整。但这并不能证明公众在社会想象中独立的、建构性的作用。对人类社会性的最基本的人类学知识告诉我们，"公众"和"公共领域"的象征性组织，不仅仅是社会意识的河流中随机出现的朵朵涟漪。相反，我们对社会组织和身份认同的理解有助于嵌入和引导社会意识的发展，并且往往在不同的情境中长期存在并持久稳定地发挥作用。从根本意义上说，这种相对的持久稳定性有两个方面的原因，这里指的是大型社会团体满足两组要求的能力。首先，它们对解决集体行动问题具有重要的工具性意义：这使我们能够在相对稳定的协议条件下实现目标，如果没有这些条件，我们往往就寸步难行、无法完成这些任务。其次，对巩固有关自我的社会意识也具有重要意义：这提供了一个具有自我肯定特征的身份认同，这种身份认同表达积极的自我概念的方式，如个人尊严和个人真实性（Smith 2001：25–33），可以辨识出，并且来自于我们的实践和经验的不可化约的社会特征。

现在，在社会发展的任何实际背景中，这两方面的因素——工具性和情感性的，显然都是紧密相连，且也相互依存的。正如我们此前讨论公共物品的经济学概念时提出的那样，通过聚集在一起以解决集体行动问题的工具性解释最终是不充分的。这是因为，在强调这种研究方法在克服市场模型的短期利己主义和信息不足等问题上的功能效益时,他们假设这种集体承诺将共同事物交付给这一群体而不是其他任何群体,他们需要证明这一点。如果缺失的因素并不是,不应该也不可能是(或者,从长期来看,至少不能**只是**)这种战略行动或其他任何变体形式,例如一些已然很强大的团体的强势劝导,甚至可能是强迫,那么唯有非工具性因素才能提供足够的凝聚力,特别是对社会认同感和理想抱负的长期培育。相反地,这种情感维度需要以特定的社会经验教训和不同的实践理性背景为基础,而社会认同的概念和意义正是源自于此。因此,它必须建立在一系列实际或预期目标的基础上,这些目标证明了把(自身)所构想和追求的目标**作为**共同目标的价值,从而为我们作为社会动物的自我定位进一步提供了证据。简而言之,这需要参考和借鉴工具性有效的集体行动的经验,并在一定程度上以此为基础。换句话说,行动以认同为前提条件,而行动又证明了认同的正确性。

以追求稳定并享有持久的工具性成功为目的的共同体,它们必须同时也是情感性的共同体,而且这种情感产生于实现共同目标的承诺。我们这么说的时候,并不是指某些抽象的本体论难题,而是无数相互强化的动态因果关系。在这些动态关系的运行过程中,不可避免的是,产生于稳定共同体的社会认同感本身被灌输了工具性目的的内容,这些工具性目的建立在社会认同感的基础之上,同时又深受社会认同感的影响和恩惠——除了社会认同感之外,还包括各种有助于实现这种工具性目的的实践手段和条件,其中最明显的就是共同的语言和领土。实现共同安全的愿望是这种工具性目的之一。事实上,正如同我们在第二章中已经阐明的,安全在集体项目中的基础性作用恰恰在于其是自由的组成部分,对共同安全的期许可能也是**最为**重要的工具性目的。因此,正如我们已经提到过的,对赖以抵御内、外部威胁的共同安全的颂扬或渴望往往显得十分突出,这也就不足为奇了,这种颂扬和渴望体现在各种形式中——心态、隐喻和意象,而稳定的共同体通过这些形式来显示并表达它们作为稳定共同体的身份认同，如共同的语言和领土就起到了这种作用。① 正是在这个意义上，我们说，安全就像语言和领土一样，是一种**建构性**公共物品——作为建构性公共物品，其实现和渴望对共同体的目标至关重要，在自我认同的层面，它有助于构建和维持我们的"同群感"（we-feeling）——我们感觉到的"共同的公共性"（common publicness）。

将安全作为建构性公共物品的观点，如何帮助我们完成基本任务，即证明对安全进行公共供给的合理性？简单地说，它将内部分析和外部分析综合起来——也就是说，最合理的外部分析和解释，必须对所研究的社会世界的内部分析过程予以重点关注。建构性维度所引入的最重要理念，是自反性（reflexivity）的概念。考虑到集体目标与社会自我意识之间不可分割的密切联系，以及共同安全理念在锻造这种明确联系中的核心地位，它明确地指出了社会集体是如何，以及为什么认为并且坚持认为自己是社会集体，使得他们拥有，同时也可能进一步追求对安全的共识和集体承诺，以及其他各种以集体承诺为前提条件，维护身份认同的公共物品。此外，自反性的一个重要维度还涉及迄今为止尚未经深入探讨的观点，即将安全看作为一种不可化简的社会物品——这一视角与我们此前已经驳斥过的"将安全视作为直接社会物品"的观点有所重叠，但又有着本质的区别。从调整后的视角来看，安全的不可化简的社会性并不是由于该物品的意义仅仅在于共享（sharing），而是在于，除了客观的、个性化的实现条件之外，安全还是一个例证，以说明该物品"本质上包含了对其价值的共同理解"（C. Taylor 1995：140）。**也就是说，我们就集体安全的条件达成某种程度的共识和认可的能力，本身就是集体安全的促成**

---

① 在第四章中，我们已经探讨了警察与国家建构和政权维持之间的历史关系。在这一点上，我们只是试图说明，国家建构和政权维持对警察与安全部门的充分依赖产生了象征性的红利或遗产。在进一步分析的过程中，我们在这里要强调的是，表示安全的象征性维度和有助于表达的情感认同，不仅应该被视为政治共同体的结果（政治共同体的最根本动机在于其他因素），而且应该被看作政治共同体概念的**共同组成部分**。

因素。

因此，共同安全必然具有同时性和递归性：首先，它是形成和维持自反性公众的激励因素；其次，是社会存在的方式或公众的共同情感；再次，是一种为客观安全提供物质保障的公共权力平台。自反性的动员、集体的自我认知和工具性能力，上述每个因素都非常重要，而且它们之间是共生关系。这些不同的安全要素现在被认定为是公众的建构性要素，这让我们重新思考之前讨论过的安全的各种社会性维度，以帮助我们证明公共供给之不可或缺性的"内部原因"。

首先，这种共同的公共意识、动员和维持（在某种程度上归功于共同安全理念的工具性和情感性维度），有助于**这一**共同体形成必要的承诺，为基本的安全保障方案提供稳定的物质保障和监管——主张"最小国家"和"节点治理"的学者们都忽略了这一点。尽管我们对"不同层面、不同形式的共同安全方案的更深远的益处"仍存在不少分歧，只要我们对"我们是谁""构成共同事物的建构性承诺"等问题能够达成共识，我们就能够资助并建立将"掌舵"与"划桨"相结合的机制，以提供我们能够达成一致的最低限度的共同安全。

其次，前面已经讨论过，个人的客观安全状况不仅取决于对安全进行公共供给的承诺，还取决于某些人在提供个人安全保障方面相互援助与合作的倾向，而另外一些人则不愿意因合作而对自己的人身安全造成威胁。因此，与相对稳定的政治共同体围绕安全建构性成就相关的集体自我认知，以及情感政治共同体的工具性能力，都发挥着至关重要的作用。一方面，也是最直接的表现，在某种程度上，在稳定的政治共同体中预设并培育的共同的社会认同感，有助于形成共同体成员的自信心和归属感，这就使得人们更积极地支持和配合官方或非官方的安全措施，至少是较少地抵触和威胁这些安保措施。另一方面，同时也是较为间接地，这种共同体可以用源于共同情感承诺的"权力的'蓄电池'"（'battery of power', Canovan 1996：72-5），来寻找共同点以对抗产生于社会因素的不安全；还可以通过一定的分配性措施来实现资源分布，并传播相关的社会地位形式，由此尽可能地减少互相的怨恨、反感和冷漠，以免这些情绪导致不合作、相互敌视和直接威胁安全的行为。简而言之，这种直接影响和间接影响的组合将有助于带动"控制犯罪的良性循环"（Audit Commission 1993：49），即优化利用有限的安全供给资源并对其进行有效补充，尽量减少这些资源的压力，从而达到有效的客观安全水平。

最后，我们应该注意到，政治共同体的建构与安全的唯一和不可化简的社会条件之间的关系，不仅仅是上文提到的那种复杂的因果关系，而且最终还是一种概念关系。如前所述，使人们免于对安全问题的焦虑，这不仅仅是由于个人的客观安全状况，还包括人们认识到了安全保障的充分性；这种认知在某种程度上也是源于个人对社会环境长期稳定的感觉，并且认识到自己正处于这种稳定的社会环境中，同时也源自于个人面对社会环境时的心理脆弱程度，或是可控的恐惧程度的一般阈值。这些认识，反过来又取决于一种更普遍的"本体性安全感"，即"相信并信任自然和社会世界与其所表现的表里一致，包括自我认同和社会认同的基本存在参数"（Giddens 1984：375）。这种"本体性安全感"的来源当然是个极其复杂和多层次的问题，但是就如吉登斯本人所言，其中一个关键的层面是社会认同。尊严感、真实感、为身处的社会环境所接受并与之和谐相处，这些方面对本体性安全感而言至关重要：正如我们看到的，社会认同的这方面内容，涉及伴随政治共同体而产生的集体自我认知。换句话说，成为稳定政治共同体的成员，并对这种归属感十分自信，能够提高个人的脆弱性阈值，即能够获得控制恐惧和避免安全焦虑的关键资源。

针对不证自明的公理性安全

在这一部分，我们将对本章所探讨的内容进行总结，并做好重新引入

"国家"的相关准备工作。我们将重温我们在第一章就已经讨论过的主题,并试图证明,按照本章的研究思路将安全概念化为一种厚重的公共物品,同时也是将其作为生活社会关系的一种**公理性**要素。用这一术语总结我们的观点,就意味着回忆和强调一些内容。第一,安全是任何政治社会都必需的平台,无论它是否选择了重视和追求其他范畴的(公共)物品。但更重要的是,安全是一种社会教育。① 安全涉及教育问题,它教导人们彼此间如何相处,并提供日常社会交往的基本规范。因此,正如前文所述,安全的社会性维度首先在于它回应的是一个根本性问题——不安全而不是非安全,这一问题的起因不可避免地涉及个人与他人的关系;第二在于,安全在一定程度上是一种"免于焦虑"的主观感受,以及与之相关的、相信自己有能力面对由环境所造成的危险。虽然在基本意义上,每个人的安全并不一定取决于所有人的安全,但是如果所有人的安全都得到了合理照应,每一个人的安全显然都会**得到**加强。同样地,尽管安全并不是那种"其价值和益处在于与他人分享、可以被认为是类似于团结或友谊"的物品,但安全的条件**并非**与我们对其已达成的共识无关。

要得出上述结论,就需要坚持一种安全概念,这种安全概念与"认为或

---

① 安全在教育人们如何共同生活方面具有一定价值,这一观点很大程度上得益于尼古拉斯·卢曼关于信任的类似分析(Niklas Luhmann 1979:64)。卢曼认为,严格的工具性术语能够很容易,也非常合理地对"赢得信任"的行为进行分析。为了赢得他人的信任并增加对他人的影响力,人们总是努力让自己看起来值得信赖。此外,这通常也是一个双向或多向的过程——一场相互表演的戏剧。然而随着时间的推移,最初的工具性动机往往成为了习惯,而策略性互动则常常被字面上更"受过教育"的信任感(既包括个人的,也包括非个人的)取代或补充——通过更加理解和同情他人的立场,并且在这种得到加强的理解和同情的基础上,进一步发展共同的情感导向。安全,被认为向更深层次的社会性提供了类似工具。我们分析的全部主旨在于说明,尽管建构共同安全的初始方向很可能是战略性的——仅仅是创建共同利益的"低端平台",但就这些初始方向而言,相互交往行为的定期调整就能够产生教育红利。与信任一样,它可以使我们在面对脆弱时更加相互理解和认可,这种方式既能够相互启发,又有助于产生并维持彼此间相互影响的关系。

使得安全问题**无处不在**"的安全观截然相反。这样一来，这种安全概念同时还对"政治共同体更广义的目的可以简约为安全问题"的观点提出了质疑。在我们看来，恰恰是当安全在公理性意义上缺失的时候，它成为了社会和政治生活的普遍特征。在这种情况下，安全感或者更确切地说是不安全感，广泛存在于社会意识的表面，成为政治话语中反复出现的修辞，并且试图占据社会实践的其他领域。否则的话，打着"安全化"（securitized）的本体性安全形式的幌子，安全问题就会被提升到一个不良的霸权范畴，并意味着无意识地、狭隘地、焦虑地执着于由安全驱动的无风险社会概念。这样，当那些看似固定的条款受到威胁或质疑的时候，对他人的敌意、对未及深思的安全问题的高度关注，也就伸手可及了。

简而言之，如果"安全"问题处于"浅显"而"宽泛"的状况下，即安全供给和保障的效果并不稳定且经常令人担忧，而警力和控制犯罪措施则（不断）增加，那么安全的益处自然就难以体现。而如果安全处于"深刻"而"广泛"的情况下，安全的益处也同样难以发现——在这种情况下，安全被具体化为社会政策的压倒一切的目标，而不是适度的开端。前者"浅显"而"宽泛"的概念错误地忽略了本体论的深度或是将它们压缩成实体安全的表层性因素；而后者"深入"而"广泛"的形式则与之相反，它错误地把实体安全（或不安全）视为本体性安全（或不安全）的征兆和结果。但是关键是要充分考虑到安全的表面和深度，就像在递归的相互因果关系中一样——两者都不能简化。换言之，对安全的追求最好被认为是"深刻"而"狭隘"的，它对"物理维度既是对本体性维度的回应，又加强了本体性维度"的事实十分敏感，但对所有将整个社会政策领域"抵押"给追求本体性维度的教条行为都表示抵触。"深刻"而"狭隘"的安全观的指导原则，是实现以个人的默契自信为基础的稳定状态，使他们各不相同的和共同的合理期待，以及他们作为政治共同体成员的各不相同和共同的忠诚感都能得到承认。这种承认方式为他们提供了必要的物质资源和象征资源，使他们在面对环境中存在或可能存在的威胁时，足以克服或感到相对轻松。安全，不应该被理解和配置为无休无止的**奋斗**，而应该是一种**幸福**的状态——在这种状态中，我们能够在风险中安全地生活和共同生活。

169

7
国家的必要价值

在上一章中，我们已经描述和论证了安全作为一种"厚重"的公共物品的价值，并指出，这种观点在实践中的实现需要对某些重要领域的安全措施进行公共供给。基于此，我们认为社会在个人安全的产生和维系过程中是不可或缺的，并认为"公共性"和"政治共同体"等某些建构性概念对社会的全面繁荣是不可或缺的——即便我们想严格根据个人不同的价值理念，量身定制地为个人提供安全保障，社会的全面繁荣仍然是实现个人安全的必要条件。我们认为国家应在提供安全保障方面发挥首要作用，但是在此之前，还需进行更进一步的讨论。特别是，我们必须面对两个更深层次的挑战，再解决两个系列问题。首先，为什么以及哪些特定任务或者职能需要由某一特定公共实体承担主导性或主要作用，或者说，在提供安全保障方面**占优先地位**？我们将在适当的时候解释其中的理由。如果我们得出结论，某些实体确实应该承担这些职能；如果我们还决定了这种优先性应该表现为何种形式，那么为什么我们讨论的这个实体是国家（state），而不是其他类型的政治共同体呢？其次，即使我们有**充分的**理由说明国家的优先地位，我们仍然需要面对并克服其倾向于干预、偏袒、单一文化主义，甚至是愚蠢的行为倾向。在本章以及下一章中，我们将依次着手解决这两个问题。

因此，本章的任务就是要明确，为了有效地追求（我们在第六章中提出的）更加公平并增进团结的安全的益处，我们必须要做些什么；证明国家为什么，以及如何在这一过程中处于主导性地位。这两方面的问题是密切相关的。如果要切实促进并维持安全的公共利益，就必须，而且常规性地完成一定数量的文化和治安维护工作。此外，如果我们了解这些任务将经由各种不同方式相互依赖、相辅相成，我们就应该找到某种类型的政治共同体，使其能够负责执行并协调所有这些职能，也正是在这个意义上，该政治共同体获得了优先地位。当然，我们并不一定要将这个实体称为"国家"。但是，无论我们是否拘泥于符号本身，我们都一定会认可一种政治共同体的不可或缺性，其独特性是由于其能够独立地整合和协调各种必要的秩序维持与文化任务。

简而言之，我们对这两个问题的回答如下：首先，正是由于核心的文化工作和秩序工作十分重要并具有较高的关联度，因此确实有必要由一个单一实体优先提供作为公共利益的安全；其次，考虑到它的记录和持续履行这种安全供给所需要任务的范围，只有国家或具有同等功能的实体，才有能力显示其"必要的价值"。如果我们想要实现安全的文明化，那么我们别无选择，只能接受这种必要性，并在此过程中寻求恢复和延续国家传统的真正价值和德性，同时寻求根除或者最小化其陋习的方法。对此，我们将在本章的结论部分提出建议，即转化成我们所说的"**锚定的多元主义**"。在第八章，我们将更深入地考察国家在当代安全政治和实践中表现出来的陋习，试图在制度原则和设计上阐述并完善"锚定的多元主义"概念，打破国家的德性与陋习之间摇摇欲坠的平衡状态，并支持国家的价值和德性。

国家的优先性

让我们回顾一下我们所面临的难题的几个基本问题。如果要实现上一章中所论述的集体安全，需要做些什么？需要由谁来做这些事情？对于这个难题的第一个方面，我们的回答是存在着一系列任务或职能，这些任务或职能的实现能够满足安全的某些关键条件：身份认同、资源的动员与分配、协商、监管和承诺。我们将在下文中简要说明每一项任务的内容，以及它们的重要性何在。

不过在此之前,我们应该先说一下这些任务是如何结合在一起的,而这种结合又如何影响了我们对上述难题的第二个方面的回答。

在这里,我们认为有三个密切相关的观点值得强调。首先,这些任务或职能构成了一个**整体**,其中每一项都是安全的公共利益不可或缺的组成部分。其次,每一项任务分别都是安全这一公共物品的最佳生产模式的先决条件,不仅如此,它们相互之间密切关联,因此必须被视为一个**完整的**有机整体。也就是说,其中任何一项任务的成功完成都离不开其他任务的成功完成——就像一个拼图,只有当它拼成一个整体的时候,每个部分才具有了意义和完整性。因此,这些任务必须与其他任务相互协作完成,任何试图将其中某一项职能区分出来,或者将不同职能分包给不同机构的做法很有可能对其造成不良影响。最后,各项任务的整体性从根本上取决于相互**依存**和相互**支持**的基本关系。如前所述,各种不同的任务在相互协同的关系中具有广泛的文化和秩序维度。这就是说,它们需要创建稳定的社会身份认同,这既为有关秩序的基础设施提供了推动力,又有助于培养一个文明程度相对较高、安全风险相对较低的社会环境(即文化工作),同时亦为基础设施本身提供了秩序,即规则、资源以及管理能力,这些都是持续提供集体安全的必要条件(即秩序性工作)。

这三点中的每一个方面都指出了需要国家或与其相当的功能实体发挥独特性和优先性作用的原因。首先是责任问题。如果这五项任务确实是不可缺少的,那么除非某个特定实体能够对所有的任务负责,否则根本无法保证每一项任务乃至所有任务能够得到有效执行,甚至可以说完全无法执行这些任务。其次是协调问题。如果这些任务是相互关联的,那么该实体必须充分意识到它们之间的相互关联性,并且能够对其相互影响进行监测,甚至影响其发展。再次是基本能力的问题,同时也是支持前面两个问题的基础。各项任务之所以缺一不可并且相互之间密切相关,是因为这些任务承担的职能是相互依存并相辅相成的;但正因为这些相互依存和相互支持的关系如此密切和广泛,所以不能简单地把它们从某一个责任和协调中心分配或转移到另外一个中心。国家各项文化任务的范畴,以及国家对文化任务和秩序任务的协同整合，深深地根植于特定的社会组织形式中，也深刻地编印在特定的社会想象中，如同我们在第二章所见。因此，当我们考虑我们的安全措施时——尤其是考虑到对责任和协调进行持久"集中"的必要性，我们就不能简单地忽视如此巨大的（社会）遗产。

然而在这里，很重要的一点是要明确哪些方面是我们论证的假定条件，而哪些方面不是。在国家角色的独特性和优先性方面，责任、协调和能力这三个方面究竟意味着什么？一方面，我们不应该对国家要求太多。我们并不认为，国家应该在提供安全这一"厚重"的公共物品方面发挥垄断性作用。实际上，这个否定性声明适用于强弱两种不同形态的垄断观念。首先，可以明显看出，在优先性主张中并没有要求国家是主动性安全供给的唯一来源。值得注意的是，我们列举的五项重要职能关注都涉及如何确保安全的社会和政治前提，也就是说，这不包括安全行为者自身基本的"划桨"功能。因此，警务和安全服务的实际提供者当然不需要是"国家情报人员"（'state operatives'）——这一概念的法律翻译和操作性在不同的国家背景中总是有所差异，并不一定具有累积的相关性标准，因此不能将其简化成任何单一的阈值测试。① 其次，优先性并不要求国家是这些"掌舵"职能的唯一负责人，即使对于这些职能而言，国家的贡献和协调是必不可少的。因此，国家必须在身份认同、动员与分配、协商、监管和承诺这五项任务及其协调方面发挥关键作用，但是正如我们将会看到的，这并不意

---

① 某些与法律相关的因素可能会导致出现不同答案，这些因素包括：(i) 正式雇主的身份及薪酬来源；(ii) 详尽的绩效控制和处罚（包括解雇）缘由；(iii) 不当行为的法律责任资料库；(iv) 对执行不同备选方案的政治问责的核心。警察的正式法律地位往往与这些因素，以及这些因素间的组合有关，而不同的法律制度强调的因素及因素组合各不相同，甚至在某一既定的法律制度体系内，对不同问题的回答也可能倾向于不同的方向。例如在英国，传统的观点认为警察机关的独立性与地方政府控制之间取得了一个平衡，然而如果对各种问题进行更深入细致的思考，就会发现不同的答案或不同因素的组合，其中不仅包括了地方政府和警察机关，而且中央政府［如英国（打击）重大组织犯罪局（Serious Organized Crime Agency）等一些新的组织形式从2006年开始，逐步接管并整合前国家犯罪小组（National Crime Squad）和国家刑事情报局（National Criminal Intelligence Service）等机构］和其他各种政治独立的中央机构［如警务督查机关（Inspectorate of Constabulary）和国家警务改革机构（National Policing Improvement Agency）等］的作用正变得日趋重要和突出。相关例证，请参见W.沃克的著作（N. Walker 2000）。

味着它需要垄断所有或其中任何一项任务。更重要的是，在寻找除了垄断之外的其他适当词汇时，正是因为在不断变化的安全保障体系中，国家通常是众多行为主体的其中一个，因此我们在用词的选择上更倾向于用"优先性"（priority）这样的关系词语，而不是像"卓越"（pre-eminence）这样具有绝对主义内涵的词语，或是"首要性"（primacy）这样具有更严格等级意义的词语。最为关键的是，当我们讨论"锚定的多元主义"时应该明确，在国家与其他多个行为者之间的动态关系中，以及通过这种动态关系，国家的这种优势总是能够得到体现和证实，并不要求国家在任何时间、在任何方面都必须成为安全保障中最突出的行为者，甚至也无需成为最响亮、最有影响力的发声者。

然而另一方面，我们也不应该对国家要求过少。显然，如果仅仅把国家看作是与其他次国家（subnational）或跨国的公共和私营机构一样的平等合作伙伴之一，那么国家的优先性就无从体现。如果仅仅将国家视为众多行为者之首，那也是不够的，因为这往往就意味着该实体的优先性仅仅是视情况而定的，也因此仅具有经验的偶然性，就像至少在某些越来越具有影响力的安全治理网络形态或节点治理模型中所表现的那样，我们在本书第一部分已经讨论过这一点。① 责任、

---

① 有关这一问题，请参阅本书第五章。出于以下几方面的理由，我们以审慎、规范的方式来提出这一观点。首先，节点治理的文献数量庞大而且发展十分迅速（例如，Shearing 2001，2006；Johnston and Shearing 2003；Shearing and Wood 2003a，2003b；Dupont 2004；Cherney 2005；Johnston 2006；Wood and Shearing 2006），我们不能也不应该假设所有的研究文献都持有相同的观点。其次，节点治理的研究文献仍然处于动态变化的过程中，节点治理理论尚未成熟，仍在不断发展和完善，例如某些方面的研究偏好越来越强调节点的流动性，以及它动员知识的原始动力与能力，而不是网络的强度和韧性，而网络将不同的节点连接起来，并为权力和影响力的异质传播与协调提供了网格系统（例如，Burris 2004；Shearing 2006）。再次，在本书前面部分，我们已经在不同场合对这些文献进行了讨论（Loader and Walker 2001，2004，2006）并得到不少建设性的反馈和回应，试图强调并发展那些支持着我们各自研究方法的共同目标（例如，Johnston and Shearing 2003；Shearing and Wood 2003a；Johnston 2006；Shearing 2006）。因此，对于如此丰富多彩、发展迅速和开放性的理论文献，要得出明确的结论不仅是困难的，甚至可能是令人反感的。尤其需要指出的是，虽然节点理论在原则上常常竭力否认"任何特定权力中心（包括国家）在概念上的优先性"（Johnston 2006：34），然而在实践中它们往往并不纠结于承认国家这一"节点"持久的（可能还在不断增长中）实力（例如 Shearing and Wood 2003a：208），或是国家实力在权威框架中的位置，以及在具有持久生命力和重要性的监管与资源能力中的作用。

协调和能力这三者的共同要旨，反对并驳斥了重新调整职能的任何可能性和可接受性，因为职能的重新调整可能会影响乃至否定特定安全治理中心的持续优先性地位。因此，在国家优先性模式中，我们需要的不仅仅是一种偶然的优势，即便其还称不上稳定的卓越优势或持久的首要地位。国家在认同、动员与分配、协商、监管、承诺这五项任务中的独特性在于，它在执行每一项任务的时候，归根结底都必须优先于在其他任何公共场所或私人场所行使的类似职能。

然而，在这一点上，抽象的定义和纯粹的概念区别与差异可谓已经尽其所能，无法再进一步深入阐释。我们无法更进一步阐明优先性的含义，也无法深入阐释国家在连接不同职能时其自身的协调性职能的重要性（国家在履行这些职能时均具有优先性），同时也没有对每一项职能分别进行探讨。那么，我们接下来就对这五项职能进行深入分析。

保障安全的前提条件：国家的五项任务

我们的目的并不是试图说明，国家的安全角色的文化维度和秩序维度能够在五项任务之间整齐划一地分割——恰恰相反，我们只能在大体上区分哪些任务的文化维度更加明显，而哪些任务则更显著地体现了秩序维度。因此，我们将从身份认同、动员与分配、协商这三项"文化"任务入手——特别是"认同"这一核心"文化"任务，然后我们将讨论监管和承诺这两项"秩序"任务。

认同

在第六章中，我们讨论了如何通过工具性和情感性——个人和社会——的组合来构建政治共同体，以及中央安全是如何作为媒介来协调"建构性想象"和"想象性建构"这两个互相支持的过程。我们在此关注的是后一个维度——国家在有关身份认同的想象性建构过程中的实际作用和潜在影响,以及想象工作对集体安全的建设性贡献。我们将分几个步骤来深入探讨以下观点:在保障集体安全的先决条件方面,国家在身份认同方面的作用是不可或缺的,并且优先于其他的政治认同形式。

首先,具有丰富而重要的经验遗产。从历史上看,至少在某些时候、某些地点,国家通常是**民族**国家,以政治共同体的形式走上了历史舞台,并具备了执行上一章中所述各种公共—建构性情感任务的能力。我们必须认识到,民族国家也因此强有力地建构了一种国民身份形式的归属感、尊严感和真实感。在这种情况下,民族国家经常参与社会认同的缔造,这不仅为建设和维持安全秩序的基础设施提供了必需的激励动机,同时也为社会环境提供了必要的同理性熟悉感,这样的社会环境文明程度相对较高、安全风险相对较低,并且用于维持秩序的基础设施也较为充足,能够合理满足任务的需要。同样我们也必须承认,除了这种复杂的工具性利益之外,民族国家在身份认同建构上的努力,在某些时间和地点更是与社会根基感(social rootedness)和安全归属感密切相关,从而使得对不安和焦虑的自我管理成为可能。我们承认国家能够成功完成这些任务,并且在某些情形中已经获得了不同程度的成功,但我们也必须提醒我们自己,唯有在民族国家的层面而不是其他任何可能的政治共同体形式,安全观念——正是因为它深深地铭刻在政治共同体形成与维系的目的和实践中——才会对集体认同的形成(Walden 1982;Emsley 2000)、改革(Glaeser 2000)和维持(Loader and Mulcahy 2003:ch. 2)产生重要影响。

其次,国家经常证明它**能够**胜任这种"使安全得以可能"(security-enabling)的认同工作,这一事实明确地指示我们,要以国家能力为基础来证明它的不可或缺性和优先性地位。我们可以回顾一下有关国家能力的观点,该观点认为,国家在多个领域内,包括安全工作领域,以复杂的方式执行各种互补的文化和秩序任务方面,具有十分突出并且能够自我强化的能力。然而,基于能力的观点并不能提供完整而充分的解释。一个明显的事实就是在某些时空条件下，国家尚未出现；或者说，国家**并未**能够有效地利用其能力来发展广泛的工具性设施，也**未能**建立相互支持的、具有包容性的情感共同体。反之，国家在这一过程中要么干脆就失败了，要么就放任其出现过度干预、偏袒特定利益、帝国主义或顽固不化等倾向。作为上述经验事实的基础，"能力观"也显示了理论上的差距。与此相关的有两点。首先，也是最明显的一点在于，能力体现的仅仅是一种潜在的可能性，而不是已经达成的成就，因此基于能力的观点回避了一个问题，即从潜在能力转化为实际成就的必要条件是什么？其次，从根本上来说，基于能力的观点是一种"功能性的观点"，因此它也就具有所有"功能性解释"都具有的理论局限。通过展示自己有益的结果，"能力观"可以很好地说明，为什么在某些情况下应该采取这一系列特定的措施或一连串行动，以及为什么在许多人看来，一旦采取了这些措施和行动，就倾向于坚持这些措施和行动。但是根据这些结果，它仍然无法充分解释，为什么在某些特定情况下，特定的一系列措施和一连串行动会得到**实际**采纳和持续推行，或者说，为什么没有得到采纳和推行。①

这就迫使我们转入第三阶段的讨论。如果国家不是一个功能性机器，如果在明显不方便的情况下，仅仅因为集体安全可能带来的有益后果，就不能保证国家以特定方式发挥其在社会和政治认同中的作用，那么我们如何才能坚持国家作为政治共同体的身份认同者的角色是不可或缺的，并具有必要的优先性？为了回答这个问题，我们必须要回顾一下现代国家产生的现实环境，也就是我们在第二章中详细讨论的内容。在第二章中我们发现，正是由于社会和政治想象偏离了预订的社会和政治关系的秩序，转向将个人作为道德价值的基本单位，揭示了现代国家的双重基本动因。这就解释了为什么现代国家关注的是为

---

① 在有关民族主义的研究中，特别是在那些把民族主义完全，或主要与"现代性"和"现代化"社会经济条件的发展联系在一起的思想流派中，功能主义思想有着十分重要的影响——有时候这种影响十分明确，有时候则表现得较为含蓄。相关论述，可参见劳伦斯的研究成果（Lawrence 2005：ch. 4）。

形式上自由平等的个体之间的工具性互惠关系提供一种框架。同时它也解释了为什么现代国家致力于促进和承认一种积极的、有目的的政治共同体意识，并且确实为此提供了积极和消极两方面的理由。从积极的一面看，这种新的普遍而平等的道德观，使人们第一次在集体作者（collective authorship）及其世俗潜力或成就的基础上，建立归属感和基本的关联关系。从消极的一面看，随着旧的自然或先验的等级观念的淡化和消弭，为大规模的情感共同体提供替代型基础的可能性也随之开始消退。

但是在个人和集体维度之间的协调仍存在着一些根本问题。如果上述二者没有经过充分调和——重复一下，我们不能想当然地把功能反馈机制的偶然发展认为是两者协调的启动或开始——那么作为能够影响现代国家的集体行动的框架，就会导致两种截然相反的危险：过于"轻薄"和动机不足，或过于"厚重"和文化帝国主义。人们确实都普遍认识到了这一问题，从最粗略的概念考察中就可以发现，现代国家的观念往往是概念化的，特别是在各种紧张的耦合关系中被概念化。诸多概念与概念间紧张的对偶关系就是很好的例证，例如民族主义与公民身份（Cox 1987）、特殊与普遍、相似性（affinity）与接近性（proximity）（Waldron 2003b）、共同的命运与共同的成员资格，甚至还包括了**同一**（idem）与**自我**（ipse）——前者是对先验同一性的**认同**（ident*ifica-tion*），后者则是对作为发展和提炼集体自我意识的自反性过程的**认同形成**（ident*ification*）（van Roermund 2003）。我们在某些新词语（neologistic）的结构中也发现了同样的动态过程，这种过程以一种构造新词，同时又诉诸问题的方式——有人甚至会说这是一种自相矛盾的方式，将各种不同主题聚合在一起，如"宪法爱国主义""抽象的团结"，或是"情境普遍主义"，甚至是看起来平淡无奇但颇受现代喜欢的"公民民族主义"（Fine 1999）。类似的例子还有很多，但当务之急是要提醒人们，在构词的过程中把概念并置（juxtaposition）并创新，在阐明问题的同时往往也会造成同等程度的困惑。它们所阐明的问题，让人们马上就想到现代国家发展轨迹中遇到的关键问题和尚未解决的问题。然而令人困惑的是，它们通过"嵌套的对立"构架的世界，却并未使其能够轻易地**超越**它们所识别的二律背反。

因此，就有一种著名的叙述分析，用丰富多样的理论语言来展现民族国家矛盾不清的意蕴和模棱两可的发展历程。一方面，民族与国家的结合暗示了抽象团结的"魔力"。特别是在公民身份的符号象征下，民族国家有助于培养"陌生人之间的共同体"的观念，而这种观念只有在民主的、实现了非人格化的密切联系或共同困境的环境中才可能出现，它建立在共同拥有某一领土的基础上，而不是像前现代时期那样，通过人与人之间的联系和效忠关系，或是通过对某种先验秩序的共同忠诚来建构共同体（Habermas 1996；Brunkhorst 2005）。另一方面，人们也经常援引一些更深层次的共同目标感，用来激励、唤起或敦促某些基于地理的临近性而形成的共同承诺。作为一种将领土与共同的历史、语言和文化联系起来的意识形态，民族**主义**为这项任务的完成提供了一种强而有力、形式多元的可能性（例如，参见 Yack 2003）。然而民族主义也存在着具象化的持久危险——这部分是前现代集体主义的遗产，部分是将社会意义归于集体的一种倾向。它有可能被归化为（naturalized）一个有关归属感与拒斥感的自我确证的故事，这些归属感与拒斥感由集体激发，却注定在个人身上，并伴随着严格的排斥标准和否认多样性的包容标准。当然，民族国家的文化维度，的确常常强调民族国家对安全问题的结构性关注。正如我们看到的，作为国家认同建构的重要组成部分，共同安全的观念在工具性与情感性的两级之间维持着微妙的平衡。根据这种平衡的实现和打破方式，安全话语能够支撑非人格化的、具有包容性的团结，也可能会支持过度强化的文化共同体，因此它要么具有广泛的容纳性和适应性，要么表现出狭隘的排他性和分裂性（见第四章）。

无论我们用什么样的概念语言来描述国家的起源和丰富的遗产，国家的认同职能都是一把双刃剑，并且必然成为双刃剑。认同，是国家文化工作的根本性内容，因此它不仅对归属感和安全感之间的内部关系至关重要，而且也关系到用以解决不安全问题的秩序性基础设施所需要的共同动员。然而，认同也可能成为国家很多问题和症结的催化剂，尤其是其过度的干预和文化帝国主义。说到底，如果我们想要克服这一问题而不是对其进行戏剧化地夸大，我们就必须超越宏大的抽象和日益明显的对立。更确切地说，这是我们想要论述的第四点，也是最后一点，为了从文明化而不是部族化的方向来解决民族国家的认同职能的矛盾，关键在于要更详尽地了解它所建构的政治想象的新颖之处。这样一来，我们可以将民族国家的**优先性**看作是政治认同的场域，是安全解决方案的固有组成部分，而不是逃避问题或是使问题进一步恶化。

为了说明这一点，我们再来回顾一下第二章的思路。正如我们在第二章所指出的，现代国家不仅仅是一个新的、实验性的政治"食谱"（recipe），其关键（和难以捉摸的）组成部分是"抽象的团结"或其他的"x"因素，它更像是一盘全新的"菜肴"①。现代国家是一种全新政治观念的先驱者，根据这种政治观念，政治被认为是一个全面统一的、独立的、专门化的公共领域，其运作逻辑与它统治的社会是不同的，因此政治不再是一堆杂乱无章、相互重叠的决策领域（在每一个决策领域内，集体行动所关注的问题、特定利益等都深深地纠结在一起）。这个新的专业化政治体系具有内在性和自我限制的双重属性。一方面，它声称自己是自我合法化的，这为其对于一般政治领域自治权的持续要求确立了正当性，同时也助长了非人格化的团结，这种非人格化的团结能够为其提供必要的社会学支持。首先，一般政治领域自身运行的程序性承诺是，在一般政治领域内，除了亲密的、面对面的共同体环境之外，人们共同关心的所有事项都能够得到同等对待，而不必担心或偏袒特定的利益；其次，通过一般政治领域的运行，如安全等公共物品的实质性承诺或馈赠得到了明确的界定和启用，并且是在适当的"经济"规模上启用。另一方面，也是该问题的另一个侧面，除了一般政治领域和公共领域的观念之外，还出现了"纯粹私人行动的一般领域"和"消极自由"这样相对应和相互补充的观念，这不

---

① 它更像是一盘从窗帘到制作配方均为全新的菜肴。——译者注

仅超越了一般政治的专业领域，也超越了公共和私人权利与义务的特定混合体制，这种混合体制是基于特权和支配性地位的优先形式而形成的，在现在已变得多余了（Habermas 2001；Loughlin 2003：ch.3；Grimm 2005；N. Walker 2006c）。正如我们反复指出的，虽然我们很难精确地界定其边界，但私人领域对于安全公共物品的贡献十分重要——所谓私人领域，指的是在这个领域内，公共权威或任何其他权威都对个人选择的完整性保持容忍、克制或不干涉的态度。

这两种属性——致力于确定并提供公共物品的一般政治，以及保护私人领域免受过度干预，都要求将国家的优先性内在化，即国家作为政治认同的场域相对于其他场域的优先性。因为在任何情形下，对一般（政治）领域和保护私人领域的保障，都取决于国家有关政治共同体的主张的合法性，国家认为政治共同体对合法性权威的主张超越了其他地方或专业人士对合法性权威的要求，而政治认同感则进一步凸显了这一点。也就是说，国家作为政治认同和政治共同体构建场域的独特可能性，它在为相邻和密切联系的人群提供并保护公共物品方面所做出的独特贡献，并因此而在这些人群组成的"人民"面前持续宣称其权威的合理性，在于以一种终极循环和自我证明的方式，在最后的环节证明其相对于其他各级政治共同体的优先性。当然，国家应该进行必要的文化工作，以便在追求公共物品和保护私人自由的过程中，确定和追求其集体目标的最佳意义，因此国家应该尽可能地打好一整副牌。也就是说，国家应该依靠自身其他功能属性的同等优先性（我们将在接下来讨论这些功能），来支持和协调其对共同政治和政治认同的基础性培育工作。

集体资源的动员与分配

查尔斯·蒂利（Tilly 1985）曾有个著名的说法，他用"有组织犯罪"的形式来描述前现代和现代各时期的国家建构的特征。在他这种片面的、带有挑衅性的观点看来，国家被认为是"典型的收取保护费的组织"（quintessential protection racket）。但是，就像诺齐克提出的"支配的保护性**社团**"（dominant *protective association*，Nozick 1974），在"看不见的手的机制"作用下，逐渐演化为"超低限度"（ultra-minimal）的国家，乃至最终发展成为"最小国家"（minimal state），它逐渐地获得了对自身进行定义的力量。除了上述引人注意的比喻，蒂利在此还指出了一些根本性的问题。国家活动的核心特征和国家能力的关键指标之一，是对资源的汲取——或者国家将其称之为对人口"征税"。从历史上看，战争和外部安全问题往往会推动这种资源汲取行为、并证明其正当性（参见 Mann 1986：486；Herbst 2003），尽管这些资源汲取活动显然也服务于与内部安全密切相关的目的。不管我们怎样精确地理解汲取的动态过程，毫无疑问，当资源汲取被用于必要的安全行动时，它可以成为一个自我强化的动态过程来运作。战争的成本刺激了对资源的需求，而在战争胜利之后为扩大后的领土疆域提供服务所需的成本，就会需要更多的资源；而扩大后的领土也带来了更大的人口规模，使其可以持续进行资源的汲取。同样，在非扩张的情况下，内部安全的巩固能够加强税基，从而进一步增强国家执行内部安全所需要的财力。当然，只需要稍微调整一下视角，就国家精英等既得利益者和主动利益者而言，资源汲取活动，以及为加强资源汲取而提高行政管理的能力，都可以看作是结果，而不是手段。从这一点上来说，从资源入手的观点很容易就融入了我们此前的讨论，即国家在追求内部安全的过程中偏袒特定利益（见第三章）和文化帝国主义的危害（见第四章）。

虽然这些考虑因素是对过于理想化解读的有益警告，但我们必须承认，在所有谋求安全公共利益的努力中，资源的动员和（重新）分配仍然是至关重要的工具。① 它们提供了关键性机制，用于引导人群中存在的情感认同和关联

---

① 以税收的公共支出形式来进行资源分配，是否刚好能够被理解为是对个人财富、或是高收入群体的个人收入进行**再**分配或**重新**配置，这本身就是一个有争议的问题。有些人认为（如 Murphy and Nagel 2002），国家对包括财产法和劳动法在内的监管环境的全面控制，意味着我们所说的税前财富和税前收入的观念本身就是个圈套——税收制度本身同样取决于公共政策的特性和偏好。从某种意义上说，这种说法很有说服力地提醒我们注意国家参与分配正义的其他各种方式，并且帮助某些群体摆脱了举证责任，否则他们就必须证明累进税制的合理性，以免被指控为"征用（私人财产）"。

义务以实现两种互补的目标。它们启用了秩序性基础并确保这些设施的安全运行和维护，无论这些基础设施是否由国家工作人员直接提供。此外，通过为教育、住房供给、社会保障、卫生医疗等其他目的筹措和分配资源，也有助于缓解各种形式的相对剥夺感和社会排斥感，而这两种情绪的异化效应既有可能会刺激犯罪行为的发生，也可能会加剧对安全问题的焦虑情绪。而基于上述行为，对资源的有效动员和分配有助于减少本体论不安全感，而后者可能会引起人们高度关注安全问题。

但是上述所有论点都并不必然表明国家在资源调动方面的优先性。事实上，怀疑主义观点认为，不断要求"更多资源"的呼吁在狭义上是国家官僚机构自私自利的心态作祟，从更广泛的意义上来说，则是"治标不治本"地处理安全问题，结果却适得其反；因此，对于过度强调国家在这方面职能的任何企图都抱持怀疑的态度，这是可以理解的。① 不过，至少出于三个方面的原因，确认国家在以下领域的特权仍然很重要：国家掌握它认为必要的资源水平，以它认为适当的方式将资源分配给直接或间接的安全服务，确保其他潜在的资源提供者的能力不会干扰或损害国家的特权。② 反过来说，这些问题涉及了国家资源的深度、灵活性和"安全性"。

有关（国家资源）深度的观点基于这样一个前提，即对额外的安全资源的需求更有可能是稀缺性而不是充裕性的作用。失败国家、正在衰败的国家的证据表明（事实上所有国家都是如此），如果公共开支的税基处于异常压力之下，对安全支出的政治诉求往往就趋于更加尖锐，整体的公共资源水平则会日

---

① 尤其可以参见本书第八章对于威权综合征的讨论分析。
② 虽然其他各级政府能够（尤其是在联邦体制下，常常如此）在安全以及与安全间接相关的其他问题上拥有独立的资源筹措能力，但其层级或是涉及的决策自主权，都不应该在实际上削弱或有可能削弱中央政府决定总体税收水平和分配格局的能力。同样，也不应该允许私人安全支出达到这种水平或涉足这一系列活动范畴，因为这有可能鼓励或者允许实体意义或比喻意义上的"封闭式"社区在实际上退出和脱离国家的安全保障和财政支持，同样也意味着退出和脱离了与国家安全供给相关的、复杂的跨区域外部性考虑。

趋枯竭，不同服务需求之间的竞争就会越来越激烈，对本体论安全的关注也就越来越少。① 更重要的是，由于与安全相关的词汇通常最能吸引人们的眼球，能够选择最紧急、最严厉的辞令，因此从短期内看，这种主张往往能够获得成功，就像撒切尔夫人（Margaret Thatcher）在1979年竞选时承诺的那样："我们将在法律和秩序方面增加相应支出，同时在其他领域缩减开支。"然而，作为领土范围内管辖面积最大的政府层级，中央政府负责公共服务的提供，特别是负责内部安全的基本事务，尽管有一些明显的例外，但中央政府至少在原则上仍然保留了最广和最深的征税池。因此，与其他任何公共机构或市场供应者相比，国家通常更容易摆脱资源短缺问题的困扰，以及因对浅层安全（shallow security）的担忧而产生的过度或不成比例的要求。

有关灵活性的论点遵循着类似的逻辑。政府在追求更好的安全性的过程中，如果真正关心资源的最有效配置，它会试图在直接和间接开支之间，在警务和保护性服务的支出，以及确保更广泛社会保障的支出之间找到一种最佳平衡，这种广泛的社会保障能够防止安全（或不安全）问题变得更为普遍。换言之，它希望用"联合"思考和"联合"融资的方式来进行正确的政策组合。这个目标在宽税基和多功能职权的背景下更容易实现。税基越窄、职能范围越受限制，税收需求就可能与选举政治中的具体方案和服务联系得更加密切，而这种密切联系的方式又有可能使不同部门之间的需求相互对立，并呈现过度程式化的选择。更进一步说，上述这种动态过程最可能的结果，便是得出一个简薄而宽泛的安全观，以及与其相适应的资金状况。

最后，还有一个论点强调国家资助的质量保证。正如我们在上一章中强调的，安全作为一种公共利益是面向未来的。承诺能够在当前和未来提供良好的安全服务，并有充足的资金保障，这种承诺本身就是我们当前安全感的重要组

---

① 例如20世纪80年代很多西方国家选举产生的新自由主义政府，包括英国的撒切尔政府。参见 Reiner（1980），Gamble（1988）。

成部分。国家拥有广泛而深入的税基，与其他可能的安全服务提供者（无论是商业机构还是公共机构）相比，国家拥有更有利的条件来提供长期承诺，并且在其他的安全提供者不稳定或不可靠的时候提供相应的资金保障。

协商

所谓协商，是指国家鼓励通过各种方式，在对各种观点和论据进行认真思考、深思熟虑的基础上，提出充分的理由，进而制定在安全保障领域的相关决策。包括安全政治在内的政治协商有多种不同的职能，我们将在适当的时候简要论述其中五项。但是在此之前，我们应该认识到，如果在分开提及或累计论述这些职能时，能够证明国家能有效地促进协商，那么通过必要的推论，我们就可以最终证明国家相对于其他协商性论坛的优先性。这原因很简单，根据我们对协商的定义，协商与决策有着内在的联系。有关国家层面的决策优先性，我们已经在论述（资源）配置的决策时讨论过，并且还将在涉及监管的决策时进一步展开论述，因此无需提出额外的理由来论述协商过程本身的合理性。

协商的前四项职能大致可以分为两类，一类是为满足民主政体"输入"要求的职能，另一类是满足其"输出"要求的职能（Scharpf 1999）。两个主要的输入要求分别涉及多元利益的代表和回应，以及参与的尊严价值。就代表性和回应性而言，协商意味着一种基本承诺，即在平衡安全政策偏好的决策过程中，承认并包括了国家这一广泛的政治共同体内部最广泛的选民代表。至于参与的直接价值，在机会和输入的重心之间显然存在着某种权衡。并非所有想要参与的主体都必然能够参与到最重要的中央层级的协商论坛。然而，这可以通过制度设计的机制来补偿——可以采取"自上而下"的委托，或把次要领域交由地方决策的方式，也可以通过"自下而上"的咨询渠道进行意见的汇集。

协商的两个主要输出职能分别涉及它对合规性的鼓励和它的认知质量。每一项功能在安全政治中都有特殊的共鸣。显然，就像"基于同意的警务"（policing by consent）的弹性所显示的那样，警务工作仍然高度依赖合规性。

正如我们在上一章中所见，安全作为一种公共物品，它的独特性在于，它所试图解决的问题——不安全，本身就是由社会所造成的。更为重要的是，由于引发不安全的各种活动具有分散性，这就意味着警察仍然高度依赖公众的支持，及时获取有助于其侦查并压制此类活动的基本业务信息（Kinsey et al. 1986；Tyler 2004）。决策过程中的协商参与在一定程度上能够促使人们更加理解和支持安全专业人员面临的问题与困境。因此，鼓励那些受到安全政策的影响，以及能够影响安全政策执行的群体积极参与协商，就具有很高的溢价性。

至于另一项以输出为中心的审议职能，专业化是其更核心的主题。在这里，我们关注的是协商和更好论证的方式，通过这种方式能够有效提升安全决策的内在质量。不同于协商的其他职能，国家中心主义（state-centredness）的优势，与其说在于决策与广泛的全国"人民"之间的关系，不如说在于知识和协调方面的获益，而这些获益又与专业知识和信息的汇集有关。在安全政策方面，往往有人极力主张专业自由裁量权的重要性和专业化决策的优越性，因为这方面的相关知识可能是（或者被声称是）较为神秘或依赖经验的，并且由于保密性而非常难以获得，我们将在适当时候对这一问题加以讨论。① 这种说法遭到了另一种观点的反驳，该观点认为更广泛的决策咨询基础能够带来更为广泛、更加独立的观点和考虑，然而毫无疑问，这种认识论的观点与其他更直接地论证协商的民主正当性的观点之间，存在着某种紧张关系。更重要的是，这反映了协商理论和协商政治中一个日趋广泛的趋势。在一定程度上，这是对代议政治的支撑框架日趋脆弱的回应，其中就包括了大众政党的持续衰落，当前对于协商的思考无疑是为这种认识和解决问题的维度给予了更大的优先性（如 Dorf and Sabel 1998；Estlund 1999）。事实上，一些作者已经开始讨论非政治化的民主形式的出现（Pettit 2004），或是"没有人民的民主"（'democracy without the demos'，Mair 2005）。

---

① 参见后面第八章对家长式综合征的讨论。

然而，当我们考虑协商的第五项，也是最后一项职能时，就重申了广泛的公共参与对于国家层面广泛政治认同的价值。基于合规性的观点，正如我们在第六章中所讨论的，这种研究方法不仅仅涉及"可执行性"的范围和程度，还涉及安全作为厚重的公共物品在不同群体中的重要地位，不同的群体对直接安全问题的关注点各不相同，而安全的地位取决于是否能够在这些群体间达成共识。只要我们能够找到一种共同的解决方案，来解决我们对于安全需求和优先性的理解，只要我们能够言之有物地阐明安全**对我们而言**意味着什么；那么在这个过程中，我们就已经培养了"我们感"，而这本身就是安全的一个基础要素。与协商的其他四个职能不同，在这一点上，"输入"与"输出"的合法性——过程与结果的合法性，两者合二为一。更重要的是，在彼此间毫无特色但相互密切联系的国家政治共同体层面，就安全问题建立包容性协商框架的想法，在这里找到了最清晰，也是最明显的证明。

监管

国家应该在与安全相关的整体规范性秩序体系中占有优先地位，这可能是国家的支配性地位中原则上最不具争议性的方面，虽然说实际操作起来可能最为复杂。然而在最初的印象中，即使仅在原则上主张国家的优先性，看起来似乎也站不住脚。事实上，有大量的研究——实际上是**研究文献**，试图质疑传统的威斯特伐利亚的国家观，即国家是所有监管权威的源泉。无论是查阅有关治理概念的相关研究（如 Kjaer 2004），还是有关监管研究（如 Parker and Braithwaite 2003；Jordana and Levi-Faur 2004）或法律多元主义的相关文献（如 de Sousa Santos 1995），我们都会发现国家监管机构的"命令—控制"模式（command-and-control model）正面临着一系列严峻的挑战。这些批判性观点在很大程度上是出于对社会智力集中化的各种怀疑主义态度，我们在第五章中已经对此描述过；在它们看来，主张"国家是社会中唯一合法的监管者，也是唯一能够合法地监管社会的监管主体"的说法，如果说曾经是一个合理的主张，但现在看起来却是一种不合时宜的论调。此外，威斯特伐利亚国家观的一个微妙的理论变体允许国家之外的监管机构存在，但即便如此，它仍然坚持认为这些监管机构所拥有的合法性仅仅是一种委托合法性，即归因于和取决于国家的认可；然而这种理论变体也越来越被认为是过时和不合时宜的。更确切地说，我们必须认真对待在社会中所发现的各种秩序形式——私人的、混合的、次国家、超国家和国家的，它们各自以自己的方式提供安全与秩序，无需体现国家在承认或授权领域的垄断地位（N. Walker forthcoming b）。

更重要的是，在这些新的研究文献中，没有任何理由认为（特殊意义上的）治安警务和（普遍意义上的）安全问题已经成为或应该被认为是"后监管国家"（'post-regulatory state'）趋势中的一个例外（C. Scott 2004）。事实恰恰相反。作为当前向节点警务（nodal policing）转型的先驱，谢林的一篇论文在过去十年来已经逐渐深入人心并产生了较大影响，他认为国家警务正在经历"后皮尔时代"[①] 的"第三波"转型（Shearing 1996）。也就是说，在这个过程中，不仅"皮尔时代"直接"划桨"的职能有所下降，甚至是从"前皮尔时代"沿袭而来的更广泛的"掌舵"职能也岌岌可危（如 Johnston 1992；Bayley 1994；O'Malley and Palmer 1996；Loader 2000；N. Walker 2000：ch. 10）。在这些学者的研究成果中（如 Grabosky 1995；Johnston and Shearing 2003；Parker and Braithwaite 2003），我们发现安全秩序的特殊性与普通的监管之间存在显著的交叉融合，安全专业的学生有时候甚至在后国家监管创新形式的思考中占领先地位。[②]

---

① 罗伯特·皮尔（Robert Peel，1788—1880），曾任英国首相，英国现代警察制度的奠基者，被称为"现代警察之父"。1829 年，罗伯特·皮尔担任内政大臣期间，敦促议会通过《大伦敦警察法》，并根据这一法案组建了世界上最早的现代警察队伍，确定"罗伯特·皮尔警务原则"。——译者注

② 除了莱斯·约翰斯顿（Les Johnston）、克利福德·谢林（Clifford Shearing）及其合作者有关节点警务的研究成果之外，我们还可以想到其他一些很有意思的"桥接"分析，例如犯罪学家关于恢复性司法和真相委员会等创新监管模式的大量研究。相关文献，请参见 McEvoy and Newburn（2003）和 Roche（2003）。

然而至关重要的是，正如我们认为国家在协调其各种不可或缺的职能中仍起着关键性的作用，所以，作为协调各职能的必要条件，国家也必须在控制和治理各种兴起于后皮尔时代的规范性秩序体系方面发挥关键性作用。这的确是完全可能的，正如许多研究安全监管"新一波转型浪潮"的学者所主张的那样，允许国家之外的安全监管形式合法地存在——无论是地方政府或次联邦政府，还是在跨国或超国家的场域，或是各种私人的秩序保障形式，其合法性在国家授权之前就已存在，并且并不受国家权力的影响。与此同时，我们会继续坚持认为需要某种终极权威来确保这些不同体系保持相互和谐，确保它们不会损害将国家安全理解为公共利益的观念，并符合获得广泛认同的分配正义标准，或是其他广泛协商输入的结果和共识；同时确保它们不会威胁到"边际约束"（side-constraints），以确保对私人自治领域的普遍性保护。

也就是说，我们可以并且必须将谱系与优先性相分离。我们可以高兴地承认，在任何社会形态中，都存在着很多谱系——安全事务与其他问题一样，有很多原始的权威形式。然而，这并不意味我们应该对这些权威形式的互相干性（mutual coherence）置若罔闻。也不意味着在某些方面——尤其是在民主输入的广度和对资源的支配力方面，国家不具备更强大的正统性，或者说不具有最终优势。针对这一点，优先性主张的重要特征使其免受以下指控，即在给予国家优先权的过程中，允许国家拥有潜在的、无限制的"决定其权力范围的权力"，简单讲，这一特征涉及的是**规范性**秩序的优先性。在安全力量的范围及其使用问题上，国家能够不受其他任何权力的制约（除了第九章将要讨论的欧盟的超国家权威之外），但是它会受到运行规范本身的纪律以及更广泛的宪法框架的限制，这些规则产生于宪法框架内，并受到宪法框架的审查。这些措施在形式上保证了追求这些规则时的普遍性、可预测性和问责制。在实质上则确保对安全中心多元化和安全问题多样性的尊重程度可以体现在这些规则的内容上。当然，魔鬼存在于制度设计的细节之中，对此我们将在下面关于"锚定的多元主义"的讨论中再次提及。

承诺

我们在第一章中就已指出,恃强凌弱的国家形象往往最能够助长国家怀疑主义思想,当然也最能助长怀疑主义的每一种特征变体。这种形象的基础是一个简单的——也许是过于简单的——联系。一方面,我们接受韦伯的著名论断,将国家理解为合法使用武力的垄断者。另一方面,我们将警务活动理解为一种"分配'禁止转让的强制力'的关键性社会机制"(Bittner 1970:46)。令人担忧的是,如果我们将这两者放在一起,那么警察和其他类似的提供核心安全服务的机构就会成为国家的工具,即成为其暴力工具;并且,当武力遭遇其他形式的权力或权威,如资源权威、理性权威、文化和情感权威时,武力往往会占据上风,因此认为武力"合法"的观点就会显得多此一举,只不过是空洞的自吹自擂而已。

上述两者间的联系带来的危害性在现代国家的历史上已多次得到证实,即国家可能会利用警察来破坏而不是促进它们应负责保护的安全——这正是警察权力最深层的悖论。然而面对这种悖论,我们不必屈服于这种宿命。相反,我们提出了两种应对方法。第一种是审慎的应对。它仅仅是重申了国家的上述几项职能在确保作为公共利益的安全前提的重要性,包括最低限度和最直接的情况,即防止成为"警察国家"。正如我们看到的那样,可以通过政治文化、资源决策、协商过程和协商决定,以及规则的普遍权威等因素来塑造警察机关并使其文明化,从而突破上述可能性。第二种应对方法的难度更大,但同样是必要的。它强调,尽管国家(权力)过度的威胁可以通过国家其他安全职能的适当部署来予以解决,然而除了日常警务能力之外,国家以"合法使用武力"为基石的观念仍然具有一定可行性,准确地说还具有重要的价值,因为它标志着以一种独立的机制来支撑日常警务能力的正确和有效使用。更重要的是,这一机制本身需要在一系列国家具有优先性的职权范围中对其予以单独承认。我们将在下面有关"承诺"的部分具体展开讨论。

当我们将"承诺"视为国家不可或缺的、具有优先性的职能,这意味着什么?它与"合法使用暴力"究竟有什么关系?从制度经济学的广义视角出发,我们可以把国家看作是确保"可信承诺"('credible commitments')的一项制度或制度集群(North 1993)。此外,我们可以认为,确保承诺可信性的能力既适用于国家本身的行动,又以一种密切互动形式适用于国家与之保持关系的其他机构和个人的行动。至于这些行动者履行其对国家承诺的可能性,至少在一定程度上取决于他们对国家是否能够且愿意信守承诺的信心和信任程度,而国家的态度则体现在它一系列积极和消极的激励措施中,无论是其遵循规则的持续性、执行规则的有效性,还是对其资源筹集与配置能力的持续保证。

当然,就像所有的权力形式一样,当它以潜在模式运行,以"预期反应规则"(Friedrich 1963:199)为基础,而不是反复显示实力的时候,往往效率最高。尽管如此,国家最重要的、也是高于一切的军队部署能力的的确确有助于确保其对税收、适用规则和实施制裁等承诺的可信度,从而也加强了其他行为主体承诺遵守国家规则和指令的可信度,这反过来又进一步强化了国家能够作出的承诺的可信度。关键的是,在这方面警务和安全问题并没有什么特殊之处。在警务领域,元层级(meta-level)的强制性可能的运行方式与它在其他受国家影响的公共物品领域的运行方式完全相同,如教育或医疗卫生领域,然而这些公共物品的交付**并不**像治安警务那样也是强制性的。在所有情况下,有关秩序和资源分配的基础设施最终都需要某种强制力来支持,其原因通常在于基础设施交付的有效性和可靠性,但不影响任何特定操作的具体可执行性。简而言之,国家在确保其承诺的过程中起到的优先性作用,仅仅是保证安全(或健康,教育等)秩序和资源权力的安全,从而鼓励人们能够向这些领域及其文明化品质进行投资,并对其有效性有一定信心。

关于锚定的多元主义

然而,国家怀疑论者难道不能回应我们对国家在这些相互联系的各种职能中的必要性,事实上是必要的优先性要求吗?工具性和文化性工作的历史记录的另一面,显示的则是另一种历史纪录,它描述了国家干预的倾向、体现并造成最严重偏见的倾向,也记录了国家倾向于动员并颂扬不宽容的文化同一性观念,并往往在没有足够知识或远见的情况下进行决策。而当国家持续有效地履行秩序和文化职能、提供作为厚重公共物品的安全时,这种行为同样也具有另外一面,即国家在这个过程中巩固或强化了各种病态的症状。而且,正反两面之间往往密切相连,就像恶习与美德如影随形;任何试图动员国家警务正面形象的尝试,至少从长远来看,都注定会刺激和带动这些恶习。针对这一问题的唯一答案,同时也是我们在本章结束部分所要谈到的要点,就是将详细地关注国家的协商和监管职能,并提出两项主张:首先,在提供安全保障、降低不安全感的过程中,尽可能地对相关利益持开放态度,并尽可能地对国家的秩序和文化工作进行核查,避免过度干预、偏见、信息不充分情况下的决策和文化帝国主义;其次,尽可能地承认或认同其他集体安全场域的秩序和文化工作,这也符合上文所述的国家的优先性要素。

我们将在下一章的后半部分详细阐述这一观点。不过在这里,我们可以总结一下,将其转化成我们所说的"**锚定的多元主义**"。按照本章所阐述的内容,国家应该是集体安全供给的顶梁柱,但同时也应尽可能地保持多元化;这种多元化,从内部意义上说,体现在宪法包容性、代表性、民主和行政流程中对少数族群与个人的保护机制等方面,从而使得集体安全的愿望得以被反映和追求;从外部意义上说,这种多元性则体现在承认国家之上、国家之下,以及国家之外的其他文化和监管主体的适当地位。在其中第二个,也就是外部维度上——外部维度上的繁荣前景当然与内部维度上的开放性密切相关并取决于此,国家在秩序领域的角色应该是元监管者(meta-regulator),在文化领域的作用则是社会与安全认同的广泛场域,在这个场域边界之内,其他类型的社会和安全认同可以嵌套于其中并得到支持。①

　　在这两种情况下,国家的目标都是既有积极的一面也有消极的一面。积极的一面在于,它确保了尽可能广泛的共同体能够与最低限度的情感纽带保持一致,而这最低限度的情感纽带是提供单一安全空间内的监管和文化基础设施所必须的,这样一个共同的安全环境能够有效地降低风险并减少恐惧。消极的一面在于,它可能会导致两种形式的限制。首先,受权利保护的私人领域会受到来自安全机关各种干预形式的自动限制,这些干预形式往往以安全为名,却行破坏安全之实——其中就包括了国家本身作为最强大、覆盖面最广泛的安全机构。归根结底,包括"锚定的多元主义"模式在内的任何多层次治理体系(Marks et al. 1996)都必须正视正义与公平的问题,这些问题的解决并非是通过权威的分配和权力的分立来实现,而是通过明确界定任何形式的集体权力都禁止进入的领域。其次,还存在着一种外部限制形式。由于其他的秩序和文化生产场域能够以更专业化、更具回应性和更贴切的方式,来参与实现更本地化或更具体实用的安全空间,因此,国家必须确保这些场域在这样做的时候,不会妨碍到实现更具包容性的安全监管和监管的安全。这种妨碍的方式,可能是通过与更广泛的监管领域相矛盾的监管规范,也可能是通过一种狭隘的团结,这种狭隘的团结与更广泛的安全共同体成员资格相抵触,事实上甚至与他们自己成员间的同等安全也不相符。

　　当前我们面临的挑战仍然是要找到必要的承诺和制度设想,以达到最佳的平衡。我们认为,只有放弃**先验的**国家怀疑论的立场,并重申国家存在的必要价值,以及它所隐含的优先性地位,才能有效地应对和解决这一挑战。

---

　　① 当然,鉴于跨国安全实践形式的发展,它是否必须,或应当成为社会和安全认同**最广泛**的场域,这仍然是个尚无定论的问题。我们将在第九章进一步讨论这个问题。

8

安全的民主治理

在前一章中，我们概括了国家在提供安全公共物品方面的必要价值，并认为在多元行为主体参与或承诺提供安全保障的环境中，"锚定的多元主义"理念与实践能够实现国家价值的最佳体现和利用。我们进一步认为，这意味着在最大限度地提升支柱性国家机构多元化程度的同时，在不影响国家必要优先性的情况下，尽可能地促进除国家之外的行为主体的多元化。说到这一点，我们现在面临着两项任务。我们首先必须解决的问题是，如果国家的优势与德性如此令人信服，那么为什么在当代众多的安全实践中显得如此稀少，或者几乎没有甚至根本就不存在？这一问题在当代很多的安全设置中都很明显。换句话说，我们需要考虑的问题是，与我们认为的国家的德性相比，为什么反而是国家的恶习（如干预倾向、偏袒特定利益、强加文化正统性以及愚蠢而顽固等）在塑造安全政治的过程中发挥了更大的作用，以及它们如何发挥作用。毕竟这一点在当前已经成为事实，并因此使得国家怀疑论者声称他们自己头脑清醒、脚踏实地，并没有产生幻觉。因此我们的第一项任务就是重新审视这些恶习，尽管我们在本书第一部分已经用思维程式化的方式对此进行了讨论，但这里的任务是要了解这些恶习在现代安全实践的病态症状中是如何实际呈现的，以及会产生怎样的影响。

第二个更具建设性的目标，是研究怎样才能更好地利用国家传统的优势和德性，以促进并维持安全实践，同时以试图压制恶习或使其最小化的方式，来打破这些病态症候群所引发的恶性循环，或至少是使其有所松动。在这里，我们的出发点是菲利普·佩蒂特（Philip Pettit 2001a：ch.7）将"假性积极"

(false positive)与"假性消极"(false negatives)的观点用于民主理论的最新研究。我们认为,这些概念可以有效地发展成为"枢纽性"概念('hinge' concepts)。一方面,枢纽性概念允许我们回顾过去,从而进一步深化对已经确定的病态现象的批判;另一方面,枢纽性概念又鼓励我们展望未来,思考"锚定的多元主义"观念产生实际效果所需要的制度矩阵类型,并试图将这些概念嵌入并不友好的氛围中,在这种不算友好的条件下,安全可能会成为社会想象和政治制度中公理性而不是普遍性的要素。

现代安全的四种病态症状

在当前安全问题被框定和回应的背景下,国家传统的价值和德性在最好的情况下也不过就是表现得参差不齐,而在最糟糕的情况下则是完全缺失,甚至是倒退。虽然当今国家承诺其交往结构并不会取决于业已存在的亲疏关系,承诺筹集和分配资源、促进有关犯罪与治安问题的公共协商、加强对所有安全行为主体的承诺责任的授权、监管和强化,但国家的这些积极作为很少以促进团结和平等的安全实践的方式结合在一起,而我们在本书中提倡并试图捍卫的,正是这样一种团结而平等的安全实践行为。相反,我们今天看到的有关安全的实践和表述,更多地体现和导致了有问题的国家能力。在第一部分中,我们用了大量篇幅来论述了这些问题,尽管我们这么做是为了说明国家理论中的某些普遍趋势。现在,我们关注的是在现代安全实践中表现出来的各种病态症候群,以及这些症状产生并不断复制国家恶习的方式。接下来,我们要依次研究以下四种病态症状:家长式作风、消费主义、威权主义和社会的分裂。在描述这些症候群及其影响时,我们并不是说它们已经拖累了现代安全领域,也不是试图理解它们之间相互联系、相互强化或处于张力之中的所有方式。我们也不打算从社会学的角度确立它们近来的发展轨迹和当前的突出地位——这些问题会因司法管辖权的不同而有所差异，而且也将远远超出本书的写作目的。我们只是想要说明，这些症状不仅存在于现代警务和安全实践中，并且还在持续地构建现代警务与安全实践，它们以各种方式助长了普遍的、不文明的安全形式，并且妨碍了安全实现其厚重的公共利益。下面，让我们依次来说明。

家长式作风

家长式作风的典型表现，就是提升了政府官员、警察、情报机构、刑事司法系统工作人员的专业知识和权威，从而使他们在规划和确定安全实践方面处于头等重要的地位。这种观点认为，警察和相关安全部门具有"知道如何行动"所需要的相关教育、培训、经验、技能、知识和习惯，能够较好地判断安全威胁的原因、规模及可能的影响，并能够用良好的判断力和审慎的态度来管理公众对秩序的要求，以符合所有人的利益。因此，在这种局面下，人民主权并没有得到尊崇——无论是以直接反映（或者更确切地说，经由**大众传媒**反映）公共需求的形式，还是以民选政治人物的意愿的形式，反而是那些中立的、相对自主的、看似公正的专业官僚机构获得了特权地位。

毫无疑问——正如我们从马克斯·韦伯那里所知道的，现代安全的发展史在很大程度上是官僚机构、专家和专业机构形成并崛起的发展史，这些机构了解并能够利用资源来应对犯罪和其他危害公共秩序与安全的风险。同样毋庸置疑的是，警察、刑事司法部门以及随之产生的各种专业知识仍然是当前安全体系的重要组成部分。但是，这种权威地位的优势程度，以及对专业家长式作风的挑战的规模及影响，在不同国家范围内都是不同的，并且这种差异仍将持续下去。当然，世界上有很多威权社会，其警察和安全机构并没有从政治体制中获得自主权，因此准确地说，他们并未拥有按照自身实践逻辑运作的、专业的安全官僚机构。相反，在法国和德国这样的欧陆传统国家，相对独立、专业的公共官僚机构长期以来一直牢牢掌握着警察和刑事司法系统内部的权力杠杆，其运作在一定程度上脱离了政治和民意要求诉求（Whitman 2003）。在美国，由于警务人员和检察官长期以来都从属于民选官员，因此专业家长式作风并不算严重；而在英格兰和威尔士，国家怀疑论的地方主义意识形态在一定程度上抑制了专业家长式作风的发展。尽管如此，专业家长式作风仍然在两个地方站稳了脚跟——尤其是从 19 世纪 80 年代末到 20 世纪 70 年代，自由主义、精英主义的刑罚福利主义国家统治期间，及其对缓刑、精神病学和犯罪学等专业能力的承诺（Garland 2001；Loader 2006a）。在治安警务领域，这里可以参考"专业警务"在美国的支配性地位，以及在上个世纪大部分时间里英格兰和威尔士的"警察独立"原则具有的近乎典范的地位——这两种观念都认为，警务工作最好基于警务专业知识开展，从而能够免受政治压力的影响，对法律并且只对法律负责（N. Walker 2000；chs. 2 – 4）。与此相关的"街头警务"（street level policing）概念代表着同一种基本指导思想，这一概念的界定并不清晰，它取决于现场警官对于常识性判断的运用，因此只有通过实践才能有所理解，也只有实践过的人才能体会其含义（Muir 1977）。

近几十年来，无论在何种情况下，家长式作风一直引发着各种争议——成为一些重大社会文化发展及其新自由主义表述的受害者。也许最能说明问题的是公众对社会和政治权威的情感转变，一方面，对政府权威的尊重和信任程度正在下降（"你不知道什么是最好的"），另一方面，对政府的期望值却同时在提高（"我们要求你这么做"）。与此同时，自从 1945 年以来，犯罪率以及公众对犯罪和社会骚乱的焦虑程度则急剧增加，随之而来的，是社会关系和公共生活中充斥着有关犯罪的话语和意象。反过来，这些又成为新自由主义政府用来谴责并试图控制警察和刑事司法系统中的专业自主权的理由——这在盎格鲁-撒克逊地区表现得尤为明显：面对被认为是狂热的、情绪化的恐惧和焦虑氛围，统治者们试图为"普通民众"的诉求代言，反对那些清高不群的、秉持自由立场的专业人士。在这个解释框架内，很容易就能解读为什么社区警务能够不断普及，并且看起来会永久地对其进行再造和重新启动——让"专业"

的警察机构去倾听并关注他们所服务的社区。更广泛地说，在刑法领域，反对精英家长制的努力往往表现在以下这些发展中，如对复原理想主义（rehabilitative ideal）的意识形态攻击，最低强制判决（或"三振出局"制度）的出现，诸如训练营和带镣服刑等古老惩罚形式的重现，以及零容忍警务等（可参见 J. Young 1999；Garland 2001；Simon 2006）。

于是我们发现，在当前很多司法管辖区中，专业家长制作风已经成为具有较大争议的话题，同时也有一些观点从不同角度来为此进行辩护。一些自由派评论家认为，那些更具回应性也更"民主"的警务和惩罚方式可能会产生严酷的后果，他们对这些后果表示震惊，并试图支持或恢复专业人士的具体做法和价值观，使其免受公众和政治压力的影响（Zimring and Johnson 2006）。在这种情况下，专业精英主义被动员起来作为反对"多数人暴政"的堡垒。另外一些观点则试图通过投资于技术专家的犯罪预防和控制策略，从而催生新的安全专业骨干并授予他们相关权力，更广泛地运用专业技能知识和权威——例如，情境预防、城市规划、项目评估、社区安全、风险评估和认知行为治疗等（如 Smith and Tilley 2005）。

此外，在后"9·11"时代的环境中，还有一部分人支持这种专业家长式的安全症候群，他们认为当前我们面临的威胁的规模要求我们授权并（再次）信任警察和情报机构——自从 2001 年以来，这种措辞经常被用于为各国已颁布的许多反恐措施辩护。在这种氛围下，人们目睹了国家在某种程度上回撤了安全机构的多元化趋势，并倾向于重申"传统"国家安全机构（警察、情报机构、军队）的重要性，同时组建"新的"安全机构，如美国的国土安全部（Department of Homeland Security）和英国的（打击）严重有组织犯罪局（Serious and Organized Crime Agency）。除此之外，我们还可以举出国际和跨国领域警务与安全能力发展的新方式，这些发展方式在很大程度上形成了警察和专业情报人员之间的新合作与合作网络——往往以远离公众关注和监督的形式出现（Sheptycki 2000；Goldsmith and Sheptycki, forthcoming）。

因此，我们关注的是这样一种专业家长式的症候群，虽然其安全程度也许不如从前，但它仍然是一种强大的存在，其中公共官僚机构及其逻辑与实践仍然是重要的安全行为主体。毫无疑问，专业家长式作风仍然是安全领域思考与行动的重要模板——它能够提供引起深切共鸣的且便于参照利用的安全启示，无论它是否仍处于霸权地位、是否有争议、是否处于防御性退却阶段，抑或只是一种愿景。因此，我们必须对其病理学层面给予应有的关注——也就是说，将安全专业人员及其"专长"置于优先性地位，是与国家传统恶习息息相关的。在这里，我们应该提醒自己，出于他人安全利益考虑而采取的家长式行动，又是怎样造成不合法地、没有正当理由地干涉个人的权利和利益。我们应该注意到，专业安全利益不一定等同于公共利益，而是成为追求小团体利益的幌子。我们也应该注意到警务人员致力于实施文化统一性的倾向，无论是打着正式的"官僚主义平等"（bureaucratic equality）的旗号，还是以专业安全要求的名义。或许我们首先应该特别注意专业精英们在形成有关信息时遇到的困难，即他们所处的环境需要防范上述三种恶习，从而能够高效且有效地朝着目标前进，这些目标来自于所有相关利益集团的反复思考和协商，而不是由上层精英强加的。

由于下文所要阐述的原因，专业知识和官僚机构能够在制度矩阵中发挥必要与合法的作用，制度矩阵的目标在于实现作为公共利益的安全。安全环境也是比较容易想到的因素，诸如冲突后的局势、缺乏成熟和有效运作的国家机构的社会等。在这些环境中，建立相关专业知识和权威是最紧迫的政治任务之一。但如果放任专业家长式作风不受控制或允许它有较大的回旋余地，那仍将存在一定危害性，并且会损害民主和公平的安全保障行为。由于公民无法在对话中被视为完全合作伙伴，如果试图为了公民的利益而采取行动，家长式作风缺乏足够的制动力去抑制它变得晦涩和自我证实的病理倾向，并证明和更新它自己的安全世界观及其相伴随的优先性和扩张性统治，而其方式可能与它所声称的服务对象的价值观、关注点或利益并不相符。

消费主义

我们要讨论的第二个安全症候群是消费主义。这时,我们想到的是菲利普·博比特(Phillip Bobbitt,2002:ch.10)以赞许的口吻将其描述为"市场—国家",以及玛格丽特·卡诺凡(Margaret Canovan,1996:80)所说的"服务站式的国家"(service station state)。这些术语表明,国家并没有从保护公民安全利益的任务中完全消失或撤退(虽然它承诺得很少);相反,国家重新定义并阐明了它的基本职能,即向个人提供,或协助其他主体向个人提供某些基本服务,在这里,个人被理解为消费者,国家必须尽量吸引并满足其偏好。与其说是**由**市场取代了国家(至少在安全等容易出现市场失灵的领域),不如说是在国家**内部**植入了市场逻辑和规则。在警务和安全领域,这种消费主义的症状表现为:国家的任务是采取各种措施发现人们的偏好,然后设法按照他们提出的条件满足他们对秩序的需求——如对特定警务风格和水平的要求,或对特定惩罚形式或数量的要求。当然,这意味着与专业家长制的作风是相悖的。在这里,"知道最多"的人是消费者,而不是政府官员或警察。国家宣称,其任务不再是追问原因之所在。

鉴于消费主义症状与对专业权威的批评是密切相关的,因此最好参照前面讨论过的相关事例来说明。在治安警务领域,近几十年来消费主义日益成为推动"全方位警务"(ambient policing)的动力和基础(Loader 2006b)。这意味着一揽子警务策略共同承受了对专业执法的批评,它们呼吁并声称可以平息警务服务的消费者对秩序的要求。其中一些警务策略,如"生活质量""破窗理论"或"零容忍警务"等,它们从威尔逊和凯琳(Wilson and Kelling 1982)有关"警务工作与邻里失序的关系"的研究中获得了灵感和指导,上述研究成果虽然仍有一定争议,但具有很强的影响力(Kelling and Coles 1996;cf. Harcourt 2001)。另外一些警务战略,如"社区警务""多部门警务"或"问题导向型警务"等,它们批评警方对公众呼吁的反应不情不愿、犹豫不决,建议他们与其他机构"联合"起来,寻求整体性的解决方案以应对犯罪、社会骚乱等社会问题(Goldstein 1990; cf. Herbert 2006)。在英国,这些警务策略最新的典型表现就是"放心警务"(reassurance policing)或"睦邻警察服务"(neighbourhood policing),其目的是旨在纠正日常生活中因警察权威过于疏远而造成的不安全感(Innes 2004)。当然,正如我们在第五章中就已经分析过的,这些方法之间存在着一些显著的"内部"差异。但仍可以将它们聚集在"全方位警务"的旗号之下,因为它们都有明示或默示的承诺,承诺增加当地警务人员的总量(无论是受雇于警察机关,还是地方政府或私营部门),并认为治安和警务的目的应该是广泛的、积极主动的、清晰可见的。通过提供警务资源以满足公众的需求,"全方位警务"战略试图缩短警务人员和服务对象之间的合理距离,以满足"警务服务的消费者们"的"需求和期望",因为当前这些消费者的要求更高,而品牌忠诚度则更低(Innes 2004)。

但是在犯罪控制和惩罚领域,人们也会遇到类似于这种消费主义逻辑的东西——至少在那些国家仍然想要成为主要或垄断性供应者的领域。近些年来,大量的犯罪控制和惩罚措施已经被卡诺凡所说的"政客民粹主义"('politicians' populism', Canovan 2005: 77–8)赋予了正当性——这一现象在美国和英国表现得尤为明显。这涉及民选统治者的主张,他们声称他们代表的是普通民众——或者更确切地说,是"中间选民"('median voters'),凭借其经验和关注的问题行事,并发挥他们的实践智慧。至于诉诸大规模监禁、最低强制判决、反社会行为法令、对性犯罪者的社区公告和同源管制制度、严惩取缔寻求庇护者、打击恐怖主义等新势力等等……当前,人们普遍认为采取这些"强硬"的行动是为了满足公众对安全的关注和需求。相反,一系列的替代措施,如削减监狱服刑人员数量、增加社区处罚、采用经济手段和社会措施打击犯罪和社会骚乱等却被排除在外,甚至从未进入实际政治议程,因为政治人物需要的是努力向看起来倾向于惩罚并怀有敌意的消费者们"推销"一种并不熟悉的方案。①

当人们把消费主义症候群的治安警务和刑罚维度结合在一起时，就很容易像鲍德里亚（Baudrillard, 1983: 36-7）一样得出这样的结论：认为国家是在"伪造自己的死亡"。它不仅把"划桨"变成了"掌舵"、把"提供"变成了"授权"、把"判断"变成了"裁决"（Osborne and Gaebler 1992; Bobbitt 2002: 235），而且甚至在那些国家仍然想要成为支配性主体的领域，它也对为任何社会目的而动员自身资源和权威的可能性失去了信心，这些社会目的往往超出了满足消费者需求的范畴，那些消费者的胆量不小，但忠诚度却具有偶然性，国家担心这些消费者会失望甚而离开。按照这种观点，政权机关的任务根本不是对公民合法提出的安全要求提出挑战、引述理由，或是提出另一种观点与其进行对话，或试图调节和限制其安全需求。

有一些证据——还有更多意识形态上的主张（Bobbitt 2002; Günther 2005）表明，虽然消费主义症候群尚未获得支配性地位，但历史的潮流正朝着对它有利的方向发展。在晚期现代社会，这是自由民主国家能够与如今更有期待，也更有选择意识的消费者—公民建立紧密联系的唯一形式。我们更广泛的目标之一，是坚决反对"历史的终结"（Fukuyama 1992），"历史的终结"宣告了市场—国家的必然胜利；相反，我们认为仍然能够设想国家在为公民提供安全保障方面承担了另一种可行与合法的职能，并为此提供制度效应。但首

---

① 必须承认，安东尼·博顿斯（Anthony Bottoms 1995）所说的"民粹主义惩罚"既不是唯一可识别的刑罚趋势，也不是对当前发展趋势的唯一可能的解释——博顿斯自己也很快认识到了这一点（也可参见 Matthews 2005）。正如很多分析人士指出的那样，这些"民粹主义"刑罚措施形成了，也仅仅只是形成了"动荡且相互矛盾"的领域中的一个部分，其中包括了将管理主义限制和基于风险的精算思维应用到警务和司法惩罚领域（O'Malley 1999; Garland 2001; Harcourt 2006）。然而，至少可以将这种"反向"的趋势以及它们引发的新的专业知识及组织形式，不看作是需要在这里单独讨论的另一种安全综合征，而是作为国家的一种技术手段，国家可以借助这种技术手段让警察或缓刑监督官的意志服从于消费者的明确偏好。根据这种解读，管理主义和精算主义都从属于"消费主义的民粹主义"（consumerist populism）。

先，我们必须明确消费主义症候群的原因是什么，在实践中它具体表现为哪些内容。在这里，我们需要说明四点。

第一，消费主义过于轻易地认为公众对秩序的需求是完全良性的。事实上未必如此。如今有许多人都处于不安全状态或觉得不安全，并且要求增加警力资源，这一点几乎不存在任何争议。但这些要求很少是基于冷静而清醒的风险计算之后，呼吁采取相关的措施。相反，公众对秩序的感觉和要求往往都夹杂着各种情感因素（如愤怒、怨恨、恐惧、预期的快乐等）；它基于个人的生活轨迹，同时又与地方或国家共同体的过去、现在及可能的未来息息相关（Girling et al. 2000）；甚至常常是出于对不公平的狭隘欲望、对他者的排斥和仇恨，或者是对绝对安全的难以实现的幻想（Markell 2003）。换句话说，当人们谈论犯罪和骚乱，并要求提供这个或那个级别的安全保障时，他们也总是对他们所处的政治共同体表达一系列的担忧和希望，以及他们内心的不安全感。此外，他们可能会采取的方式与以下观念完全不一致，这种观念认为安全是共同体所有成员仅仅凭借其成员身份就可享有的公共物品。

第二，消费主义症候群假设，消费者对特定的警务风格和水平的偏好能够，而且应该得到满足。这是一个不切实际的目标。这些需求对有限的资源提出了要求，并要求必须得到相关资金支持和优先地位。它们也可能对警务工作的目标和风格提出不同的看法。警务部门经常受到中产阶级选民的压力，这些人拥有大量的经济和社会资本，常常向警务机构施压宣称要按照与犯罪风险成反比的方式来分配警务资源（Hope et al. 2001）。然而即便按照他们所提出的条件，其要求也并不容易满足——这些要求都很容易导致自我推进式的恶性循环，在这种循环中，他们提出的要求以及为满足这些要求而采取的安全措施都被无休止地抬高了。然而与此同时，对国家警务的要求又表达了与陌生人的团结形式，以及对公共供给观念的内在拥护。这反过来表明了对共同安全以及通过民主制度和实践来追求安全的事先承诺——承诺进行"呼吁"而不是"退出"（Hirschman 1970）。所有这些，并没有指向隐性支持的方向，以及不加批判地以回应消费者的名义来满足其对治安警务的需求。所有这些都表明,这些需求最好是通过将其纳入所服从的制度安排来加以确认,从而使他们支持的身份认同、叙述和资源要求都要经过民主对话的审查。

第三,消费主义很少表现出对常规警察利益的关注,那些曾经被形象地称为"警察财产"(J. Lee 1981)的人,他们要么缺乏足够的经济和文化影响力,像消费者那样提出他们的诉求,要么是他们长年从事治安警务积累的经验,使得他们懒得费心去提出这些鲁莽而徒劳的要求。换句话说,消费主义的症候群趋向于抹去了与公众对警察权力的同意和监管有关的问题,而对我们所说的国家警察的核心悖论,则缺乏足够的思考;也就是说,作为强制性资源的垄断者,警察既是公民安全的卫士,同时也是公民安全的威胁。这在官方话语中表现得尤其明显,也并不令人奇怪。例如,英国政府关于"守法公民"推动警务改革的官方辞令(Home Office 2004:43)。但我们发现,在有关社区及其相关的"全方位警务"形式的学术论辩中有着相同的疏漏——含蓄地说,是动员和号召了同样的多数选民,持这些观点的人自鸣得意地认为所有社会群体都认为警方干预是良性的、受欢迎的且令人放心的,并且对警务的混乱保持长期缄默也非常普遍(Harcourt 2001:138-9)。新消费主义的支持者们在努力按照市场路线重塑国家,并使其在承受竞争压力的过程中,往往忽视源自于国家能力的恃强凌弱的恶习——干预、偏袒特定利益、狭隘而又愚蠢。通过这些方式,他们似乎在有关限制和规范警察权力等一些长期存在的问题上取得了一定进展,还包括一些仍然较为棘手的问题,主要是涉及如何对弱势群体进行管理,如何解决他们的问题或是化解那些问题。

第四,消费主义症候群从根本上曲解了民主国家的警察机关对公民安全的最根本贡献。从这个角度来看,警察与安全之间的关系可谓简薄而宽泛——可以参考我们其中一个框架公式(framing formulation)。说它"简薄",是因为这种贡献仅限于声称可以保护个人、财产和社区免受犯罪和骚乱的威胁。从这个意义上说,警察机关的任务是回答诸如这样的问题:"我在此时此地有多安全?"以及"我周围的环境井然有序吗?"(Innes 2004),而不是我们在第六章中描述的那种内涵更丰富的安全利益概念。之所以说它是"宽泛的",因为就其本身而言,警察机关对公共安全的贡献主要在于警察权威在广泛的地方社会关系中显而易见的展现和激活,这也可能会带来或威胁产生"混乱无序"的后果。根据这一观点,安全取决于制服警察的直接存在。警察的人数越多,越引人注目;越熟悉、越活跃,人们就会越安全;或者更重要的是,觉得更安全。这里的问题在于,消费主义症候群试图通过以警察为中心的战略来提供安全保障、并且未经周详思考即提供一揽子高可见度的警务措施以满足个人偏好,但这样做的风险,就使得安全不再是社会关系和政治生活中的公理性特征,而是成为一种普遍性特征。

威权主义

正如上文讨论的内容所提醒的,当安全成为理解社会问题的主流话语时,我们可以说它是"普遍性的"(pervasive),并且通过安全视角对社会问题进行定义、检验并履行职能。当安全开始获得某种拓殖能力(colonizing force)或"到处都是"的时候,当安全的相关主张和价值观念(即采取"强硬"的警务策略和以惩罚为中心的措施保护"我们"免受"他们"的伤害)在与安全问题并不直接相关的公共生活和政策领域(住房、教育或城市规划)占据上风时,它就可以称得上具有无所不在的"普遍性"。当安全问题变得无处不在时,通常就会伴随着产生一种焦躁感和紧迫感;呼吁行政当局迅速地、不受阻碍地公开展现(其能力);加深对少数族群及其某些行为的不容忍程度;显然对基本权利和自由表示失望,要求削减基本权利与自由。当安全实践和安全话语采取这种形式,人们基本上就可以确信,个人实际上感到不安全。普遍安全的做法往往也无助于应对造成这种不安全的情况,反而会助长和加深这种不安全。由此就形成了一个不断造成不安全的恶性循环。

威权主义,也就是我们想要批判的第三种安全症候群,就成为了这种不安全的恶性循环可能会采取的一种形式。这个循环运行的理想典型就像这样。生活在普遍不安全（或不安全）条件下的个人往往会要求采取"强硬的"反犯罪措施（更多的警力、更大的警察权限、镇压犯罪或者嫌犯、更严厉的量刑判罚和更严苛的刑罚制度等），并表现为对知情民主协商的不耐烦，试图暂停或缩减基本权利，助长对少数族群和外来者的敌意，冒着将他们的利益和身份认同与国家利益和认同相结合的风险，而国家的"保护性力量"正是他们寻求动员并从中寻求庇护的力量之所在。这个过程一旦启动，往往就会形成恶性循环，因为一旦按照其提出的条件满足了这些要求，想要创造出能够放缓这些措施的步伐，或是改变或逆转其发展方向的政治和文化条件就变得十分困难，从而在警察人数、监禁率或对基本自由的限制方面造成潜在的无止境的"升级"。如果这些行动被认为是"失败的"，或是从意识形态的角度进行如下表述——因为犯罪率上升，或有孩子遭到绑架，或一群年轻人扰乱滋事，或又发生了恐怖主义暴行，这就会促使人们呼吁采取"更强硬的"措施，而这一次的"力度"将会更大。因此，就会不可避免地进入一个不断侵蚀民主和自由的漩涡。安全政治的形式变得根深蒂固，它在很大程度上危及民主原则和基本权利，而在使公民更安全或更有保障方面却收效甚微。正如"反恐战争"再次提醒我们的那样，焦虑的公民造就了糟糕的民主人士（参见 Neumann 1957；Rorty 2004）。

威权主义——其本质倾向于追求、投资并服从于宽松的行政权力，我们之前讨论过的家长式作风或消费主义症候群中都很容易体现出威权主义的症候表现。从这个意义上说，它是引起症候表现的一种病理原因。在前一种情况下，它表现为政府、警察或其他安全行为者"自上而下"地决定犯罪、骚乱或暴力的威胁，已经到了需要强有力统治的程度，并且需要控制异议或减少相关限制，从而使得政府能够以它认为合适的方式，有效地对付那些"对抗"社会的内部敌人或外部敌人——这种做法常常要求其民众要么"支持我们"，要么"反对我们"。而在后一种情况下，人们就会发现——政府（通常是弱政府）

接受、阐明,并按照他们所面对的各种公开的偏好采取行动,在这种情况下,在面对严重和紧迫的,或被认为是严重和紧迫的犯罪与暴力问题时,"对威权主义的热情"(Gilroy 2004)就会"自下而上"冒出来,并呼吁国家权力机关迅速而果断地采取相关行动。在安全政治的背景下,这些"自上而下"和"自下而上"的倾向往往被锁定在一个稳定的、相互强化和相互支持的环境中,因此很难区隔出一个能够明确识别"鸡"和"蛋"的时间点。换句话说,威权主义的螺旋式上升和强化往往涉及以下因素:由于相对外行、缺乏相关经验而导致的焦虑、臆想并呼吁采取行动;而政治人物、专业人士和媒体则出于特定政治目的,试图动员、利用和强化公众的这种情绪。

在任何情况下,威权主义螺旋强化的实际影响都非常相似,因此这种解释学意义上的复原就显得没有必要了。不管是"自上而下"还是"自下而上",它们造成的结果都有可能彰显和放大国家传统的恶习,同时常常把这些恶习描绘成美德。简而言之,威权主义要求对国家的强制能力进行过度投资和过度认同,因此也会过度依赖这种强制能力。因此,它的结果就是造就了一个傲慢、过于强大、法律约束不足的国家,并且几乎没有纠错机制,制衡力量也很有限。这反过来又产生了一种安全政治,它以牺牲其他重要的社会公共物品(自由、权利和民主实践)为代价来承诺和追求安全,并最终牺牲了安全本身——至少是以公理性安全的形式,我们已试图阐明其优势。如果国家确实有干涉个人权利与利益的倾向,并且倾向于维护宗派目标、摧毁人文景观,以及在缺乏达成目标所必备知识的情况下继续盲目行事,那么威权统治的政治和文化动因只会加剧这些倾向。在那些强有力的高层管理者崇尚追求安全的政治体制中,个人权利往往无足轻重,尽管威权政府对"国家"利益充满了口头上的敬意,但实际上它们往往支持特定秩序,而不是一般秩序(Marenin 1982)。人们普遍认为,多元主义是一种危险的奢侈品,官方行为者也这样描述,社会允许这种奢侈的存在,但这种奢侈是危险的。通过使个人处于康德所说的"永久的婴儿期"状态,压制那些持续讨论"如何在风险之下民主地生活"的制度、机构、做法和习惯，并将其边缘化。威权国家常常与信息来源相脱节，然而实际上这些信息来源是保证其有效性的先决条件。

此外，作为引起症候表现的一种病理原因，威权主义往往成为普遍安全或安全化的"更厚重"变体的媒介和结果，我们在前面的讨论中就已经提到过——这些变体在其所主张的政策相关性范畴内是"宽泛的"，同时又"深刻"地试图将广泛的管辖权运用到高度规范的本体论安全模式中。但即使是在其深刻而宽泛的表现形式中，威权主义也可能是一种偏移了方向的制度设计，或者可能被编码成为一个作为转型的社会保护工程。因为在民主社会的安全政治中，威权政治很少以自己的名义行事，也很少宣称自己已经进入权力核心。然而，这就更有理由警惕并防范社会中持续存在，乃至受到庇护的威权意识，并对其表面上极具吸引力的项目可能引发的危险保持警惕。

社会分裂

我们思考的第四个安全症候群是社会的分裂和碎片化，它同时也是消费主义症候群的近亲。尽管后者（即消费主义）"第三条道路"的支持者们——特别是比尔·克林顿（Bill Clinton）和托尼·布莱尔（Tony Blair）等人，认为可以通过用户至上的消费主义对国家进行改革和重组，从而作为避免社会分裂的一种手段，但至少可以争辩的是，通过认可市场的自我形象、破坏公共领域的精神（参见 Marquand 2004），消费主义实际上可能会加剧目前在治安警务与安全领域的社会分裂问题。他们质疑个人作为公共供给的消费者，但仍然没有什么人来阻挡他们这么做并拒绝国家所提供的（公共物品）（Loader 1999）。[1]

---

[1] 应该说，这并不是像博比特（Bobbitt 2002: 237）这样的新自由主义作家的观点，他们认为，市场—国家将在未来与"权力下放和私有化"齐头并进。博比特引用了马丁·范·科雷维尔德（Martin van Creveld）的预测并对此表述赞同，即"保护社会免受低强度冲突的日常负担，将被转移给蓬勃发展的安保行业"。

这里所谓的社会分裂，就是指国家作为安全行为者（无论是作为安全物品的提供者还是监管者），与个人、社区、组织和企业一样，明确规定并找到管理或试图消除自身安全风险的方法——其中最有针对性的就是在市场上购买各种安全保护服务和硬件设施。正如我们在第一部分各章中阐述的那样，这一类商品市场在如今蓬勃发展、十分繁荣。在武装冲突以及冲突后维持和平与重建的情境中，"武力市场"和一系列辅助性的警务和军事服务正迅速发展、势头强劲（Avant 2005）。在那些国家缺乏保护其公民的能力或意愿的社会——从南非到巴西、俄罗斯，富裕的选民常常转为雇佣（通常是武装的）安全人员，或到安保措施到位的区域内寻求庇护（Caldeira 2000），而穷人只能在缺乏国家（或事实上缺乏来自国家的）保护的情况下，依靠自己微薄的资源保护自身安全。目前有大量证据表明，在西方民主国家，由于国家和政府努力想要满足公民、邻里社区和企业对保护其人身和财产安全的要求，私人安保行业的规模和范围正在不断扩大（Jones and Newburn 2006）。在这样的背景下，市场逻辑的应用——即使只是为了压制安全的商品化，可能也只是起到火上浇油的效果。

当前这些倾向中也包含着一种潜在的恶性循环上升的可能性——在这一点上与其他基本物品（如教育和医疗）一样，针对这些基本物品的供给，国家和市场之间存在着共存、竞争或相互冲突的关系。安全领域的逻辑是这样运作的。感觉自身不安全或未能得到国家有效保护的个人或社会团体，越来越倾向于寻找替代性的安全解决方案，要么通过组织地方性的社区自治形式（在企业或住宅区，或通过公民巡逻）来维持秩序，要么就转向市场来购买所需级别或类型的安保人员和硬件设施（如巡逻、静态警卫、警报和监视系统等）。这种做法越普遍，这些个人和团体就越不愿意去支持、资助或是参与有关警务和安全保障的一般形式的对话和交流。这就会造成社会的分裂和碎片化，因为它将削弱人们参与正在进行的集体项目的参与感，而这些集体项目的成员致力于实现和追求共同安全，这反过来又破坏了"同情结构"（'architecture of sympathy',Sennett 2003：200），正是通过"同情结构"，共同目标获得了实际的形式。因此，与政治共同体的归属感和认同感有关的安全和政治自由形式就处于危险的境地，同样受到影响的还有形成和实现共同目标的集体能力，其中就包括了共同的安全目的（C. Taylor 1995：ch. 7）。社会分裂为由市场和各团体组成的世界。

这里的问题或者说症候群，与其说是由于国家傲慢自负的存在，以及随后表现出来的各种恶行，不如说是由于国家权威的相对薄弱或缺失，以及由此产生的政治行为者的无能。这些政治行为者本应该最适合于培养和落实集体目标感，集体目标感又与实现作为公共利益的安全密切相关。这一方面是由于个人主体的出现，他们认为自己是主权消费者，能够在追求安全的过程中利用他们认为合适的资源；另一方面，则是由于新的安全共同体的发展——例如以阶层、族群、领土或利益为基础的安全共同体，他们致力于组织或购买保护性服务以满足他们自我界定的、特定的需求，其运作方式完全是为了"俱乐部"成员的利益（Hope 2000；Crawford 2006）。特别是当这些社会分裂的其中一个或另一个变体形式发生时，就会出现两种有问题的结果。

首先，当消费者或（安全）共同体围绕着他们自己对"安全意味着什么、如何才能确保安全"等问题的理解，来追求安全或进行自我组织的时候，安全问题本身就再次变得无处不在了。这是市场的本质特性之一，消费者不需要证明他们利用自身购买力来满足的偏好是正当的。因此，他们可以自由地或在其资源许可的情况下自由地以"主权"行为者的身份行事，以他们认为适当的方式努力缓解对于安全问题的焦虑，并通过转向市场寻求更高程度的保护，来应对失望情绪，或认为风险增加乃至于受到实际伤害等各种情形。在特定的共同体组织或集中资源购买自己的安全需求时，也出现了类似的问题——正如我们在第五章讨论谢林等研究者推广的促进地方能力建设的泽韦勒瑟姆巴（Zwelethemba）模式时所指出的那样。但是在这种情况下，由于人们关注如何对待共同体内部少数派的声音，并且往往忽视那些在共同体同情和保护范围之外的人员的安全利益，使得限制对安全的"欲望"的问题，以及使他人能够影响规划和追求安全的方式的问题，变得更为复杂。换句话说，安全保障的分裂和碎片化程度越严重、公共监管机构越疲弱，安全就越有可能成为"渴望主权机构"的一种表达（Markell 2003：22）。在这种情况下，对安全的追求很少或根本不承认相互间的不确定性、脆弱性和相互依赖，然而这种相互关系在"与他人共同生活与交往等活动"中又是不可避免的（Markell 2003：7）。

其次，也是与此相关的是，碎片化的安全导致了在民主政治共同体中生活的记忆和经验不断流失（Lindseth 即将出版）。消费者试图在市场上购买，或试图在特定安全"飞地"范围内寻求的安全越多，人们不得不容忍的经历就越少，也就越不习惯对与他们共存，并作为政体成员而共享公共空间的陌生人保持礼貌与"和睦相处"，而且他们也越不可能获得、保持或强化"民主公民的习惯"（Sandel 1996：332）。这些习惯源自于他们不得不考虑自己的安全"偏好"和资源要求，而这些"偏好"与要求又涉及他们与之共同生活和交流的社会其他成员的偏好和要求。诸如少数族群社区、社会经济阶层或年轻人和老年人等不同群体之间的安全状况差异越大，并开始相互孤立地思考和采取行动，这些群体就越不可能体验或理解他们共同的命运，也就越缺乏动机对"公共事务"进行情感和物质的投资——其中就包括了集体安全（Keenan 2003：148）。安全领域的这种现象，正是查尔斯·泰勒（1991）和迈克尔·桑德尔（Michael Sandel 1996）等学者警告的"公众不愿意投资"（public disinvestment）造成的恶性循环——这种投资不足造成的**影响**，又成为进一步民主匮乏的**原因**（Keenan 2003：146 - 51）。摆在我们面前的问题，以及所有致力于更民主和平等的安全实践的人们面临的任务，就是如何将这个问题以及现代安全症候群中的其他恶性循环，转化为一种良性循环。我们接下去就要讨论这个任务。

把恶性循环转变为良性循环

现在，我们希望提出在总体上更具建设性的意见，并通过解决制度原则与设计的问题，开始履行我们在第六章中所阐述的将安全作为一种"厚重"的公共物品的观念。我们特别想从制度矩阵的角度来进行思考，在这种制度矩阵中，在利用国家传统优势和美德的同时，可以抑制或最大限度地减少国家的恶习，从而使得安全问题不再无处不在，但同时更具有公理性。换言之，我们如何能够动摇甚至破坏现代安全实践的恶性循环，从而使得现代国家的恶习与美德之间始终摇摇欲坠的天平更偏向于后者？

我们论证的出发点是菲利普·佩蒂特（2001a：ch. 7）对民主理论的最新应用，以及我们对共和政治自由的理解和对"假性消极"和"假性积极"概念的理解。① 和我们一样，佩蒂特关注的是通过"追踪"，并考虑到受其决定和做法影响的所有各方"可公开承认的共同利益"（也仅仅是这些利益），试图确定政治权威或国家权力的形式，这些政治权威或国家权力能够促进非支配性的社会关系，进而促进个人自由。他在这一论点的早期表述中，将其描述为"全部和唯一的公式"（"all-and-only formula"，Pettit 1997：292）。对佩蒂特而言，当利益"有意识或无需付出很大努力就能被意识到"，而不是归责于政

---

① 佩蒂特对这些概念的运用是他更广泛的学术努力的一部分，目的在于复兴和捍卫新罗马共和自由与政府理论，我们将有理由在随后的论述中借鉴该理论的其他要素（特别可参见 Pettit 1997）。佩蒂特的**新罗马**共和主义与**新雅典**共和主义的不同之处在于，前者关注的是创造一种制度形式，以保护被理解为非支配性的个人自由，而后者则认为参与公共生活是人的本性，这两者之间的区别在这里是很重要的，梅诺（Maynor 2003：ch. 1）也对此进行了有益的讨论。当然，无论是在佩蒂特的独立研究中，还是在他与约翰·布雷斯韦特（John Braithwait）的合作中，他都将共和政治理论应用于刑事司法和刑罚，如果不是更广泛地应用于安全问题的话（Braithwaite and Pettit 1990；Pettit 2001b）。

府机构时,利益就是"可公开承认的";如果它们是"合作性、包容性"思考的产物,而不是出于自利性或狭隘的目的,它们就能被称为"共同"利益(Pettit 2001a: 156)。他认为,要发现这样的利益,就需要一定的制度流程,通过寻找、确定,并在民主协商过程中纳入每一个相关的候选人,以决定在当前情况下如何分配安全资源,并以一种与安全作为厚重的公共物品相一致的方式对此加以说明和解释,从而寻求消除"假性消极"因素(合法,但闻所未闻或被不合理地忽视的公民诉求)。此外,它还需要通过严格审查和驳回诉求等方式来消除"假性积极"因素——这些诉求可能是由组织良好的选民坚持提出的,也可能是带着极大的声势和热情来提出的,然而任何经由协商所达成的共同利益概念都无法合理地涵盖这些诉求(Pettit 2001a: 156–60)。

在我们看来,这是一个有力并且有价值的想法。因此,我们希望进一步挖掘"假性消极"和"假性积极"的概念,将其发展成为**枢纽性**概念,一方面使我们"向后"转向,以进一步强化我们对现代安全实践症候群的批判;另一方面,它也使我们"向前"倾向,以规定制度矩阵的相关要素,在此基础上发展协商和民主的安全实践。因此,这一简短的部分本身就在本章的批判性和建设性内容之间起到了"枢纽性"作用。

那么,如果按照共和理论的标准来衡量迄今为止我们讨论过的各种症候群,又会有哪些进展呢?共和理论的标准,即确保"可公开承认的"共同安全利益不会被有计划地忽略或漠视(即假性消极问题),以及确定相关阶层或党派的安全诉求,并使其承担相应责任(即假性积极问题)。**家长式作风**既不承认,也无法应对和处理假性消极问题,因为它指责而不是积极追踪"安全专业人士宣称为其服务"的那部分人的利益和想法。同样地,也可能存在着这样一种可能性,即专业的优先权可能会带有偏见、片面且极其自利,因此其本身可能就是假性的积极因素。原则上,**消费主义**能够应对假性消极的问题,只要它用来引出消费者偏好的机制具有足够的包容性——虽然在实践中,它往往很难涵盖民众的各种担忧，因为民众的疏离和异化使得他们不愿意以消费者的身份来提出他们的诉求，英国政府曾一度称之为"难以接触到的群体"（Jones and Newburn 2001）。但消费主义远远未能解决假性消极的问题，因为如前所述，它缺乏有效的机制来审查和判断任何在协商或参与过程中可能产生的偏好。**威权主义**则不能解决假性消极的问题，因为它仅仅假设行政当局及其支持者的意愿是唯一合法的安全考虑，而且还认为寻求替代性意见的过程会破坏政府的稳定，或危及重要的安全措施。同样地，如果认为假性积极问题不是什么问题的话，这种症候群就无法阻止政府坚决而盲目地追求党派利益或支持派系利益的可能性。最后，**社会分裂**和碎片化也未能消除假性消极问题，因为它产生和回应了那些拥有经济资本的群体的要求（也仅仅是要求），这些群体的经济资本可用于安全市场或发展自身自主保护能力所必须的社会资本。同时，它也没有办法去确认和消除假性积极的因素，因为它的运作是为了保护那些"声音最响、口袋最鼓"的人的利益和要求（Shearing and Johnston 2003：144）。

用佩蒂特的共和理论对其进行"实地测试"的时候，现代安全实践中普遍存在的各症候群并没有很好地表现出来。在很大程度上，他们中每个人的民主资格（democratic credentials）都被认为缺乏进一步暴露其缺点并强化可以超越他们的安全实践的理由。考虑到这一点，我们现在的目标是把这些想法"转化"成建设性的效果。我们特别希望重新审视上一章所总结的"锚定的多元主义"概念，以期对我们勾勒的概念框架增加一些制度性内容。在这样做的时候，我们希望能够说明如何利用国家的必要价值和美德，并使其产生实际效果，从而向所有公民提供保证和安全感，这种安全感来自于他们的想法和利益能够经常性地得到民主政治共同体相关机构的追踪和考虑，他们作为民主政治共同体的成员资格得到充分认可，并对这种成员资格有着强烈的归属感。

安全文明化的实践

那么，我们如何才能配置，或更准确地说重新配置国家的政治权威，从而使国家能够有效地加快"元—监督"或锚定作用，我们已经在第七章中论证了其必要性和价值。什么样的制度矩阵，可能会允许这样一个具有优势地位的政治权威能够对当前承诺或提供安全保障的各安全主体和机构进行严格的纵向监督和控制，同时又确保国家的"锚定作用"（state anchor）在安全的供给和监管维度上，仍然受到充分的民主论证以及公众和法律的监督？换句话说，我们能否以这样一种方式来实现国家必要的优先权——用佩蒂特的话说（Pettit 2001a：173），使国家得以"保护其人民不受支配，同时其自己也免于成为一种支配性工具"？

我们在这一部分的任务是解决这一问题，并提出肯定的答案。这么做，我们并不试图为制度设计提供一个现成的（更不是乌托邦式的）蓝图，这种蓝图在某种程度上可以被打包、出口和移植到人们可能希望嵌入其中的任何国家环境中。在寻求使安全文明化并释放其文明潜力方面，我们别无选择，只能从国家和民间社会实际存在的制度实践及其所伴随的所有恶习开始，通过它们，并对它们采取行动。换句话说，我们不可能在虚无中创造文明的安全政治，相反，我们必须利用手边现成的制度素材，按照"在海上重建这艘船"所比喻的思路进行工作（'rebuilding the ship at sea', Elster et al. 1998；Shapiro 2003：54）。然而，相反地，我们并不是试图在具体细节中——一丝不苟地（with the 'i' s' dotted and 't' s' crossed）来详细说明民主的安全实践体制的确切形态和**运作方式**，也不是试图研究我们的观点对不同国家背景下当代警务和安全政策辩论的影响（请参见 Patten 1999）。

简而言之，我们正试图在以下两种困境之间开辟一条路径，一方面，现存政治现实对我们超越当前现实的想象能力造成了限制，而这种限制又过度拘谨和保守地约束了我们的想法；另一方面，我们的想法可能很快就会被当作是"写给圣诞老人的信"而遭到摈弃。我们的目的是确定一个制度矩阵的要素，这个制度矩阵看起来能够调动和分配安全所需要的警务资源和其他集体资源；民主地管理当代安全领域内的相关要求、欲望、期望，以及各种不满和冲突；并对个人和集体安全有时不可避免地带来的强制力量表示接受审查并加以说明，从而有助于切实实现安全作为一种厚重的公共物品的理念。我们把这些要素称为安全实践文明化的四个方面（即四个"R"）：资源（resource）、承认（recognition）、权利（rights）和理性（reasons）——只有当这些要素结合在一起的时候，其效益才能得到最优化。我们在本章的剩下部分，就将依次描述其中每一个要素——它们的目的、价值和相互间的关系。

资源

资源问题表明，国家在调动和分配集体资金方面能够发挥独特的作用，而集体资金是实现安全所不可缺少的。我们在第七章中已经阐述了国家或与之功能对等的某些政治权威形式在解决资源调动问题上之所以至关重要的原因。在这里，我们关注的是，在这一基础上，国家将如何负责直接分配警务与安全资源，并间接地干预与安全相关的资源分配模式，既通过其更广泛的收入再分配和社会服务供给的职能，也通过其对非国家安全行为主体的权力分配的监管和监督来实现——在所有情况下，都是以追求安全公共利益为导向。我们此前在对消费主义的批判中就已提到，在追求安全的过程中，可以筹集并投入使用的警力和同类资源能力必然是有限的。由此可见，安全实践必须要事先确定优先事项，例如，在相互竞争的不同警务方式之间、在警务与其他预防性或保护性措施之间，优先选择哪一种选项；在警务与犯罪控制领域或更广泛的公共政策领域，优先采用哪一种干预措施。这也进一步说明了，安全政治（就像政治本身一样）涉及一系列选择，以决定对哪些秩序要求、哪些选民的要求做出回应，以及如何回应。认识到这些制约因素的长期存在，以及由此产生的优先次序和资源分配的政治，确实是构建安全实践文明化的重要组成部分——尤其是因为坚持这些制约因素，就意味着对那些"渴望全面的安全，然而其方式却是远离甚至试图压制安全"的情感、社会运动或政治方案建立一个检查机制。

在这方面，国家在多元安全环境中所承担的"锚定"作用就具有了三重含义。第一重，国家行为主体和相关国家机关在坚持与解释安全领域内因资源限制所造成的制约因素方面，发挥着必要且合法的作用，从而寻求对常常带有情绪色彩的秩序要求进行"重新引导"（re-direct, Loader, forthcoming b），引导这些秩序要求进行自反性的思考，思考如何更好地加强所有人的安全，以及遵循竞争路径所可能产生的影响。重申乃至反复强调限制和约束，是为了提醒人们——在当前背景下，也就是那些寻求更多保护、非国家行为主体也承诺对其提供更多保护的群体没有多少动机这么做的背景下，提醒人们注意相互竞争的价值观和存有争议的社会目标，当社会采取行动保护其成员时，这些价值观和社会目标有可能会遭到破坏。此外，它还要求国家强调并宣传相互竞争的行动路线可能带来的价值权衡与取舍；充分考虑对公共安全带来最大贡献的直接资源与间接资源之间的平衡；并充当中间人和传播者的角色，传播有关替代性预防或保护措施的可能影响和有效性的可靠信息。在上述每一个方面，我们都需要建立一种能够嵌入和应对资源限制后果的制度过程，这样一来，就不需要按照这些秩序要求所提出的条件，来满足人们不切实际的秩序要求和承诺。相反，这些秩序要求必须纳入公开对话和论辩的环节，从而能够以经过充分调解和回应的方式"满足"它们的要求，并最终有利于实现共同安全。我们在讨论有关"承认"和"推理"的互补重要性时，进一步充实了这方面的内容。

国家的第二重合法而重要的任务，就是以有助于而不是削弱安全文明化成果的方式，分配其所调动的资源，用于直接或间接地追求安全目标。如上所述,这就需要有样一种资源分配机制,其目标在于保障警务和安全资源能够追踪受其分配决定影响的所有公民的共同利益和想法,也只有这些利益和想法。在这里,具体的任务就是找到合适的方法,以防止国家在追求安全的过程中,用以下几种方式来实现资源分配和对社会生活的干预,这些方式包括:用取决于行为主体不受限制的专业计算,或只为那些在其行动中有合法利害关系的某些派系利益服务,或复制其他领域(特别是通过市场)内获得安全保障方面的不平等现象。在当代安全的具体实践中,这强调了各种政治权威形式的重要性,这些政治权威能够记录并处理"犯罪风险程度"与"人们获取警务或其他预防性或保护性资源的能力"之间经常存在的反比关系。它同样表明了,能够在多元化与碎片化的安全格局中进行全局性思考和行动的机构十分重要和有价值,从而为其带来某种自反性的一致性。这尤其意味着,国家已经认识到了安全保障领域深刻的不平等,这种不平等是由商业化的安全保障行为造成的,或是通过商业化安保行为体现出来的,这种不平等同样也源自于经济和社会资本方面的差异,这种差异使得不同个人和群体获得安全保障的能力也大相径庭。国家将采取行动来部署集体资源,以帮助那些总是被市场所忽略,或根本无法参与市场活动的民众。当然,这完全可以通过对公共警察部门内部的资源分配进行补偿性调整来实现。从更广泛的意义上说,还涉及确保有充足的资金用于提供多种形式的社会性(安全)供给,从而防止人们轻率地、条件反射式地对国家安全资源提出过度需求。更具体地说,这可能会导致国家动用其财政收入,用于在安全问题严重的地区支持非国家行为主体的治安和安全行动。①

国家需要承担的第三重角色,就是切实执行当代安全领域内唯有国家所拥有的监管能力,如筹措资金、订立合同、发放许可,以及设定市场进入的条件、监控和禁止等权力,从而致力于实现更公平的安全保障形式,有利于使安

---

① 我们在第五章已经讨论了一些能够采取的方法。

全成为，并持续成为一种公共利益。广义上来看，这意味着要努力消除当前的安全分配模式造成的最严重的不平等。更具体地说，这意味着要建立监管框架，以组织和规范当前承诺提供安全保障的多元安全主体和机构，确保其特定的或以利润为导向的计算能够在政治上被"圈定"在一系列制度安排之下，这些制度旨在促进和维持一种更团结的安全实践行为。我们可以设想，并沿着这些思路发展几种机制——尤其是为安保公司获得许可证设定严格的、以社会为导向的条件；为这些安保公司或各种区域性安全供给形式建立门槛条件，要求它们在运营时必须满足这些条件；并建立相应的检查、监督和会计制度。但每一种机制的任务基本上是相同的：有效地利用公共政治权威的特殊能力，使其能够锚定分散的权力场域，这些分散的权力在有利于普遍性安全的情况下被释放出来，从而将市场化的以及区域内的共同安全保障和保护性措施纳入制度架构的范畴之内，这里的制度框架旨在继续保持和有效落实安全实践行动，承认每个人的安全利益和愿望。因此，这种方法当然不会否认在地区性或非国家职能主体的背景下"增值"安全的可能性。相反，它坚持认为非国家（行为主体）的安全保障必须遵循的检验和标准应该是：在特定区域内（包括那些认为自己有权利成为政治**共同体**的人们），并且由这些区域自己提供的新型安全保障形式，不能够在实际上减损或淡化安全作为一种厚重的公共利益，在国家主导的更广泛的政治共同体中的价值。

承认

通过在所有受国家有关安全决策影响的人们之中进行常规性民主协商，承认（recognition），突出表现了国家在安全治理中的至关重要性——有关如何以及是否能够满足对秩序的需求，国家应如何分配其有限的资源，或者如何行使其监管能力。这里的任务是设计和维持有关安全问题，以及如何理解这些问题的公共对话和辩论机制，这种对话和讨论机制的指导方向是包容性的。简而言之，承认的价值在于认同制度安排的价值，这些制度安排使"人们必须去倾听和尊重社会上明显不同的声音和意见"(Pettit 1997：131)。

承认的价值在本质上具有双重性，并且与合法性和有效性有着广泛的联系——在输入和输出两个方面。首先，对于解决"假性消极"问题而言，承认是不可或缺的，这是为了防止国家和非国家的安全行为主体过于草率地、不合法地忽视部分群体的利益和想法，这些群体能够合理地声称对这些行为主体的决策后果有利害关系。因此，追踪这些利益和想法的包容性公共协商过程，就构成了反对支配和控制的重要堡垒，防止国家行为主体按照他们自己"自我界定"和"自我证实"的世界观行事，也防止国家行为主体过度偏袒任何利益集团，这些利益集团已经成功地抓住或吸引了国家的关注。这些过程，使得国家作为和不作为的受众——特别是那些常常被忽视或被故意排斥的弱势群体，看到他们的诉求与主张在决策过程中得到了反映，从而使他们认识到自己既是行为者的一部分，同时又是行为的受众之一（Habermas 1996）。在这个意义上说，承认原则是在国家内部和围绕着国家建立公共领域的关键，这个公共领域能够就不安全问题以及这些问题是如何造成的，又将如何应对等议题进行充分的对话，从而确保与该问题有利害关系的所有意见和声音都能顺利表达，并得到考虑。其目的是鼓励对安全问题进行更加充分和可靠的对话，从而不仅使得不同群体的利益和身份认同得到相互承认、倾听和给予应有的尊重，并且还以有利于相互理解与学习的方式进行辩论，使其相对化和不确定——我们将在"理性"（reasons）部分进一步阐明其前景。更具体地说，公共领域的相关机构可以培养对国家行为保持警惕的观察者和批判性审查者，同时也是国家能够参与的对话渠道，从中讨论、思考并努力实现安全作为一种公共物品的价值。

其次，在寻求减少或尽量降低国家的愚蠢化倾向方面，承认也是重要和有所助益的。也就是说，有助于应对它在获取社会信息时经常要面对的种种困难，这些社会信息又是实现其目标所必须的，其中就包括了安全目标。认知障碍问题并不是国家所特有的，而是所有组织与其环境间关系的一个特征。因此，这很难纠正，更别指望其消失了。尽管如此，建立在承认原则基础上的民主过程在这方面不仅对确立公共机构的民主资格具有重要意义，而且对改进决策所依据的知识基础从而提高决策质量，也有着至关重要的意义。广泛地征求和听取来自民间社会的声音，包括相关个人、社会团体、非政府组织、专业协会和其他民间组织等，这本身就承认了国家并没有垄断知识和智慧。这也是为了挖掘和充分利用实践性知识，从詹姆斯·C. 斯科特（James C. Scott）到查尔斯·萨贝尔（Charles Sabel），再到克利福德·谢林（Clifford Shearing）等务实的民主派人士都相当坚持这些实践性知识的重要性。无论是在哪一个方面，其目的都是形成分配和监管的实践行为，使人们了解并注意那些可能受其影响的群体的经历和经验，并设法通过公开的对话来弥补信息不足的问题，这一问题不仅困扰着公共权力机关，也困扰着承诺并试图提供安全保障的所有安全行为主体。这么做，就是通过民主对话和辩论的做法，为安全实践行为注入一种永久和动态的可逆性，即实验的能力、从经验中学习的能力，以及纠正错误的能力。通过这种机制，人们进一步寻求打破有据可证的恶性循环，这种恶性循环往往要求地处偏远和信息匮乏的警务部门采取强制性行动，从而导致其合法性与有效性进一步受到影响（Kinsey *et al.* 1986）。此外，人们还试图通过这种机制来培养一种良性循环，在这种良性循环中，合法性与有效性得以相辅相成、相互强化（Audit Commission 1993；Tyler 2004）。

可以部署或开发一系列相关机制来落实承认的原则及其效益，其中一些机制已经或多或少地嵌入在实际存在的民主政治中，另一些机制也已经在民主理论家的著作中或在社会运动的诉求中初具雏形（Shapiro 2003）。其中就包括了利用选举程序——以及得到公平资助和适当监管的选举宣传与曝光形式，来组成职能广泛的"警务"，而不是狭隘的"治安"董事会或委员会（Patten 1999；Loader 2000；N. Walker 2000：chs. 6 and 10）。在此基础上，还可以增加面对面的和虚拟的公众协商与参与机制；设立保障弱势群体代表权的程序；进行审议性投票并建议设立"协商审议日"；成立公民讨论小组和陪审团、通知和评论程序（notice-and-comment），等等。① 人们可能会进一步指出，必须确保这些机制以"尊重个人或群体的沟通方法"的方式来辨识和确定受其影响的各方的利益（Maynor 2003：84；see also I. M. Young 2000：ch2）。在当前，我们必须清醒地认识到，受（安全政策和安全行动）影响的群体可能不再与地方性甚至国家政治共同体的边界完全一致（Benhabib 2004），我们将在最后一章更全面地探讨其含义。

这些建议当然会引起民主理论的深层次问题，或许是难以解决的问题，也会引发许多棘手的制度设计问题。他们还面临着一些尖锐的实际问题，即如何在受公民政治冷漠困扰的、大众传媒和消费主义盛行的后意识形态社会环境中发展或拓展这些建议措施，或如何将其纳入缺乏成熟的民主制度和文化的社会中。然而就目前而言，开始"踏上进入这一领域的旅程"并不那么重要，重要的是坚持作为一种监管典范的承认的价值之所在，并坚持其对于形成相应制度安排的重要性，这种制度安排能够向公民提供南希·弗雷泽（Nancy Fraser 2003：36）所说的"平等的参与"。这并不意味着，人们试图通过这些程序进行追踪的利益和身份认同需要不加批判地得到认可或认证（McBride 2005），我们将在下文"理性"（reasons）部分进一步阐明其理由。在这里，培养和促进包容性民主对话与辩论的过程是关键之所在。最直接的问题是，如何在警务和安全领域，以我们所描述的方式建立合法有效的公共权威形式。但也必须指出，根据我们在第六章和第七章中的讨论，与政治权威有关的承认过程，本身就是安全问题的重要组成部分。有关安全治理的包容性民主过程向**全体**公民含蓄而明确地表明，他们不会默默地承受苦难，他们对于安全生活的焦虑和需求将会得到积极的引导和倾听，他们作为政治共同体的正式和平等成员的诉求与

---

① 在此，我们可以广泛借鉴有关协商民主的理论和"应用性"研究。其中重要和值得注意的理论成就包括了：哈贝马斯（Habermas 1996）、博曼和雷格（Bohman and Rehg 1997）、德雷泽克（Dryzek 2000）和古特曼与汤普森（Gutmann and Thompson 2004）等。菲什金（Fishkin 1991）和阿克曼等人（Ackerman and Fishkin 2002）则在其著作中提出了更多以实践为导向的干预性措施。

关注也将得到跟进、追踪和权衡。这样做的时候，这些过程提供了某种形式的保障，有助于使安全问题以优先于和相对独立于警务与安保成果的方式，实现安全的公理化，但这也使我们认为，这些成果本身绝不能破坏这种保障（Loader 2006b）。简言之，承认为公民提供了一种自信的成员资格保证，使公民能够提高应对焦虑的门槛，并能更好地实现在风险中安全地生活。

权利

第三，我们将思考权利的价值和意义。在这里，我们想要阐明权利的概念，不是将其作为安全诉求的对立面（后者必须是"平衡的"），而是作为安全实践文明化的重要组成成分（Waldron 2003a；Loader, forthcoming a）。除此之外，我们还想缓和一下已经膨胀的希望与抱负，这些希望与抱负有时候与权利观念有关——使权利成为当代进步政治（progressive politics）的组织原则，或是接近于西方世俗文化的坚定信念，同时认识到它们在任何合理的"美好社会"观念中的地位（Ignatieff 2001）。简而言之，我们的目标是将"权利"置于我们重新审视安全问题的四维结构**之中**，并进而强调它们**对**安全文明化实践的贡献——这一理论举措使得人们强调三个不可或缺的要素。

首先，权利制度旨在制约国家的强制能力。通过保证政治共同体所有成员均享有某些基本的政治和公民自由，即言论自由、政治结社的自由、新闻自由、隐私权、家庭生活、公平审判、反对残忍和有辱人格的惩罚手段等，得到法律保障和贯彻的人权能够防止国家成为专断独行的支配性力量，并阻止国家非法干涉公民的基本权利。它们进一步要求，通过建立多种执行和纠正机制，使得对国家权力的制约获得实际效力和力量，这些执行与纠正机制包括了独立的司法机关、监察机关、负责监督和揭露侵犯权利行为的专门机构，以及促进人权文化的专家机构等（Patten 1999）。在这种典型的"第一代"意义上，权利确实提供了一种特定的制衡机制，以制约那些试图使安全问题无处不在的政治和社会力量——它们往往急不可耐地追求安全，并且无视权利对于无节制寻求公共保护而必然施加的种种限制。这至少在一定程度上说明安全与权利之间的对立，在有关这些问题的政治和法律讨论中，安全与权利的对立已经变得司空见惯了（参见 Goold and Lazarus，forthcoming）。这种常规性描述具有理性的内核，它在本质上反对多数至上主义（counter-majoritarianism），这也是权利制度的标志，特别是保护不受欢迎的少数群体的利益，这些少数群体的利益很容易被国家以安全的名义所侵犯。①

在上述各个方面，权利保护个人**免受**国家的干预和歧视，并消除文化差异的影响。但是在一系列非国家行为主体也承诺提供安全保障的情况下——其中包括私人安保公司、各种社区自治性治安管理形式、跨国安全机构等，权利就具有了第二重，也是额外的重要性。我们认为，在缺乏充分而适当监管的情况下，这些非国家安全模式可能会采取无视非客户（non-customers）利益的方式，或表现出对当地社区中的少数群体，以及对民间社会（或非民间社会）中特定群体的不容忍态度。在这方面，对人权的保护就显得至关重要，它试图利用多元化安全的实际效益，同时保护部分"相对弱势"群体的基本利益，之所以称其为"相对弱势"，是因为这些群体因不受限制的市场运作或社区自治性治安管理而变得脆弱。在这些情况下，权利并不是对抗国家的堡垒。相反，它们要求国家制定法律和监管制度，并采取相应的救济措施，以保护个人

---

① 正因为如此，就像我们在第一章指出的，必须非常谨慎地对待"安全权利"（a right to security）的概念。正如我们在一些经典的战后国际人权宪章中发现的，如果安全仅仅被看作是保护个人免受国家侵犯的个人自由权利的一个组成部分或强化要素，那么这就是一种"天真而无害"的观点，并且确实强调了安全和自由有一个重要的共同之处：它们涵盖的规范性领域是相同的。然而，更宽泛意义上的"安全权利"概念试图使国家承担积极的责任，保护公民免受一切形式的暴力伤害——这种观点经常见诸当前的公共话语和媒体话语中，并经常被载入宪法性文件，例如《南非宪法》（Lazarus，forthcoming），但这种理解与这里讨论的安全概念及其与权利的关系并不相容。在这个更宽泛意义上的安全权利是危险的，这是因为，通过将打击暴力的权利和义务与基本自由权放置在同一规范和道义层面上，它中和了赋予自由权和其他基本权利以价值和力量的"反对多数至上主义""对民粹主义的压制"（populism-trumping），以及"对国家的制约"（state-constraining properties）。

免受短期商业力量或地方性暴政的影响。无论在哪种情况下，这种对个人基本权利的法律保障都提供了重要的社会利益，这种社会利益来自于成功地将多元安全锚定在国家制度中。

再次，权利是承认的先决条件和必要限制。在前一种情况下，权利是公民私人自由的保障，使公民感到有信心参与民主政治进程。正如斯蒂芬·霍姆斯（Stephen Holmes 1995: 31）所言："如果警察可以随意地破坏公民的家园，他们就不会自愿地参与公共空间。"换言之，基本权利和民主原则之间存在着概念的共生和共同的历史原创性。政治自主性总是以私人的自主性为前提，反之亦然（Habermas 2001a）。就后者而言，权利围绕着实质性后果设定参数，而这些后果来自于以不排斥原则为基础的民主进程。它们防止这些进程作出与受其影响者的基本权利相冲突的决定，从而阻止民主机制在实质层面上破坏"承认"（recognition）在程序方面力图实现的目标。在这里，权利进一步提供了反对多数至上主义的核查——这一次针对的是民主化的安全行为可能产生的不自由影响。他们保护少数群体不受政治多数派的影响，其方式是在安全治理的制度矩阵中嵌入一种思想观念，这种思想观念认为，追求安全的方式需要与民主政治共同体珍视并努力维护的其他福祉和价值相一致（Zedner forthcoming）。最后，权利也提供了一种更普遍的象征，提醒人们，现代民主国家最希望成为那种情感的共同体，这种共同体本身就代表着一种安全感，并能够促进具有包容性和归属感的安全生成感（a security-generative sense）。正如我们在上一章中指出的，一般公共政治领域的开放平等性与一般私人领域的不可侵犯性是相辅相成的。

在团结和平等的安全实践框架内，从上述这几个方面来思考权利的价值，就彰显了以下几点。首先也是最重要的是，它挑战了"权利与追求安全之间存在着深层张力"的观点。这样一来，就会引起有关交易条件的争议，奇怪的是——正如我们在第一章中就指出的，交易条件是"安全"和"自由"游说团体之间的共同基础。从上文所描述的角度来看，权利不仅或者说主要保护个人免受国家权力过度扩张的影响——就像自由主义者常常主张的那样。对于国家保护其公民的能力而言，权利也并不会成为一种放纵的、对安全构成威胁的负担——就像一些警察、政客和权威人士有时习惯说的那样，迫使国家"把一只手绑在背后"。相反，权利是实现安全文明化的重要前提条件。总而言之，权利是**为了**安全。

理性

理性，或者更准确地说，公共理性的概念，表明了在安全实践中引入持续性的社会论争的重要性。在这方面，公共理性与承认有着密切的关系，并且在很大程度上是承认的重要补充。正如我们看到的，承认涉及寻找和确认所有群体的诉求，这里指的是受到警务和安全领域内分配与监管决策影响的所有选民群体。因此，其目的是解决"假性消极"问题，并确保在公共对话和国家决策的过程中，所有公民的想法和利益都能得到有效的追踪和考虑。但是，如果"承认"孤立地运作，就会暴露出一些缺陷。在解决"假性消极"问题的同时，它并不能够很好地解决"假性积极"的问题。事实上，如果承认的相关实践能够很好地发挥作用，就可能会产生大量的甚至造成瘫痪而无法正常运作的诉求，而承认的原则使得这些诉求无法被区别对待。此外，承认还缺乏任何有效的手段来解决安全领域内公共协商的潜在的、令人担忧的悖论；也就是说，公民越是关心和讨论安全问题（或准安全问题），他们发现的威胁就越多，也越容易感到焦虑，从而就会要求更多的警力来应对这些问题或安抚他们的情绪。简而言之，承认具有一种重演消费主义症候群的倾向，也容易造成一些与利益集团的多元化和多元文化主义的某些变体有关的问题（Pettit 1997：205）。通过继续将纯粹的、未加掩饰的偏好或群体的身份认同和要求，视为政治生活的重要成分和原料，承认有可能会转化成为安全领域内"陷入社会怨恨的身份政治"（McBride 2005：504）。

正如我们所看到的，权利在一定程度上有助于制止承认原则可能造成的不自由的后果。但是，如果权利也被孤立地看待和运作，那么它们所提供的解决方案也会背道而驰。对于各种庞杂的需求问题，权利只能提供消极被动的、回应性的反应，并不会对个人偏好和社会认同等问题提出质疑和着手处理。公共理性的概念在某种程度上也具有这种消极性质，它排除了不能满足共同利益考虑的结果。但除此之外，它还试图使有关警务和安全的公共协商更具有建设性和目的性。理性交换使得公众对话有了一定的实际效果，认为公众对话具有弹性的"口号"，即自然正义的庄严格言——"永远倾听对方的声音"（Skinner 1996：15）。但这也导致人们拒绝接受这样一种说法，即在分配和监管警务能力的过程中，适当听取所有受影响各方的意见就意味着"我们认为每一种想要获得承认的要求，在道德上都是合法的或可以接受的"（Honneth 2003：71）。安全文明化的实践不能，也不应该代表这种观点。因此，公共理性的原则为安全治理的制度矩阵增加了一种期望，即在旨在确定安全诉求的过程中，公共协商论坛提出的要求受到质疑、严格审查，并对此加以辩护和修订；而这一过程的目的，是确定哪些安全诉求可以合理地认为是以共同利益为考虑，而不是出于无节制的情感，或是出于对自我利益和狭隘利益的追求。简而言之，公共理性的目标在于解决"假性积极"的问题，而这种"假性积极"至少在一定程度上是由防止"假性消极"的努力造成的。它试图曝光和禁止那些对秩序或公共资源的要求，这些要求与将安全作为公共利益的理念并不一致，甚至对其造成危害；在此基础上，它试图以维持民主的共同生活的方式来回应上述需求并分配资源，为其参与者提供共同的身份认同感和安全归属感。

关于公共理性的概念，存在着若干种可供人们加以参考和借鉴的研究思路，但并不是所有的研究思路都有利于实现上述目的。其中一种来自于罗尔斯（Rawls 1999）的启示，这种研究路径对公共理性的规定往往过于严苛，这就使得对理性的检验过度地影响了实质性成果——无论是以社会凝聚力和善治的名义，在公共辩论的议程上保留某些具有较大争议的话题，还是建立严格的决策方案，狭隘地限定理性结果所呈现的样子。这里的危险在于，公共理性的要求变得过于繁重，以至于公民从一开始就没有动力去参与资源分配和解决问题的协商过程。相反的危险则是理性的要求变得过于宽松——我们认为，对于激进民主的激进对抗形式的支持就与此相关（Laclau and Mouffe 1985；Mouffe 2000）。为了避免过度地规定民主进程的结果，以及过度地限定各种合理提出的观点和主张，理性的观念仅限于参与者所希望的内容：其目的是发起具有包容性的并预先假定存在着冲突的公共对话进程，并让参与者根据自己的意愿来理解和处置。我们认为，这里的风险在于，公共理性的观念完全阻止了所有实际工作，既不提供至少部分地孤立于游戏本身，并能够证明其正当性的原则基础的"游戏规则"，也没有足够健全和强大的机制，来确保对不合理、不自由、宗派主义的或其他假性积极因素进行适当的审查。实际上，承认原则尚未提供的东西很少很少。

在目前的情况下，我们希望——以尤尔根·哈贝马斯（Jürgen Habermas, e. g. 1996）建构性普遍主义（constructivist universalism）为先导，发展和运用第三种方法来探讨公共理性或交往理性的价值。这种观点认为，类似于佩蒂特（Pettit 2001a；156）"可公开承认的共同利益"的概念，可以作为围绕安全问题的公共对话和辩论的规范理想，但是这些利益的实质性内容，以及在以寻找利益为导向的制度过程中被认为可接受或不可接受的理由，甚至在这些制度过程中分配"理性—生成的发言权"（reason-generative voice）的基本规则（Tully 2002），都将在重新反思、讨论和论证的过程中逐渐形成和改造。在我们阐述的安全的民主治理的制度矩阵中，公共理性的概念既有消极的一面，也有积极的一面。

在前一个方面，公共理性的目标是为了开放和实现谈判，将相关诉求和身份认同的问题纳入有关安全的公共对话形式。其目的是建立协商审议的制度，拒绝将那些不合理的偏好表达、带有情感色彩的秩序要求、这个或那个群体要求提供特定级别的治安服务或社会保护的诉求等，看作是政治生活中永恒不变的话题和事实——这些要求希望能够得到不加批判的回应，并且是按照它们自己所表达的方式来回应。首先，经济和社会弱势群体的要求和主张也是如此，比方说，可能需要警察和安全部门作出特别的、在方法上富有想象力的种种努力，来引出并充分考虑他们的需求。这样一来，这些群体的要求和主张本身必须接受民主监督和审查，任何要求给予少数群体特殊保护或额外保护的请求，都必须是基于共同利益的考虑。这样的审查也必须扩展到那些"持有主流或流行的'良善'观念（conception of good）"的群体的安全偏好（Maynor 2003：87）——这些群体拥有良好的组织能力，并试图借助这种组织能力，要求从公共蛋糕中分得超过他们"应得"的部分，或获取超过其"应得"份额的市场资源。这往往就意味着满足他们要求的方式躲过了民主监督的审查——这也是某些激进的评论家们试图想要掩饰的事实（Johnston and Shearing 2003）。而且，我们必须寻找适当的方法，将充满情感色彩的诉求转为反思性的公共协商形式，这些情绪化的诉求往往对现代安全政治的结构以及原教旨主义对绝对保护的渴望有着十分深远的影响，从而使得焦虑的、缺乏安全感的公民很容易就受到影响，或使其感受到这种影响。

在后一个也是更具建设性的方面，公共理性的原则并不要求这些不同的选民群体在一开始就避免以尽可能强烈地、以他们认为合适的方式、反复强调他们的诉求，而是鼓励受影响的各方充分理解他们具体的和特定的安全特性与诉求，以及与其他群体的安全特性与诉求之间的关系，并充分理解他们可能对其他人造成的不安全的负担。这反过来要求，在讨论如何确定和认识安全问题并部署相关资源以解决这些问题的时候，这些群体需要倾听并设法理解其他受影响各方，以及公共安全专业人士和专门机构的要求。这样做的话，参与者可能会经历一种非强制性但持续的民主压力，如果必要的话，就需要利用被认为是"合作可接受"（cooperatively admissible）的标准来修改和重新拟定他们的要求，而这些标准是在考虑和权衡这些标准的公共协商背景中制定的（Pettit 2001a：156）——这种决策论坛强调的并不是集体意志，也不是人民的同意

(popular consent),而是话语理性的实践（Pettit 2004）。

当然，我们并不能保证这种（公共协商的）过程能够达成协议，也不能保证为分配和监管安全资源而建立的公共部门能够完全放弃谈判、妥协，或集体决策的方法。但这种具有包容性与反思性的公开理性协商和论证的做法，至少最大限度地提高了政治共同体对安全问题的思考，并对安全问题采取相应行动，从而不仅促使人们更多地认识到共同体成员之间存在的共同弱点和社会联系，而且还会促成其他结果，这些结果能够广泛维持民主共同生活的形式及其随之而来的公共意识，这对于族群和阶层多元化社会中的全体公民而言，是其安全归属必不可少的组成要素。因此，我们的任务并不是假装所有的诉求和主张都能够被接受，所有人都能或将要成为赢家。相反，公民参与有关安全问题的公共理性协商，使他们能够看到，通过与他人共同参与协商的形式（尽管他们可能并不总是赞同共同协商产生的具体结果），每个人和所有人的政治自由更有可能得到保障，而不是作为个人"主权消费者"在市场上，或是聚集在特定的共同体内部来追求自身安全，也不是向强有力的、表面上反应迅速的统治者寻求诱人的安全承诺。面对这一挑战，我们应该认识到，公民能够信服的公共理性的安全红利，只是在某种程度上产生了一个单独的有关"怎么做"的知识产品。正如我们在上一章中指出的那样，这也是追求共同事业的过程中固有的"红利"，因为经过公共的理性协商的安全观念，其追求的目标和临时性解决方案已经使我们有了更充分的理由使我们所讨论的公众成员感到安全。

显然，对于安全文明化实践的每一个要素，以及如何从制度上将其嵌入其中，我们还有很多内容可以说。但我们希望能够证明，国家——以我们讨论的4个"R"（即资源、承认、权利和理性）限定的条件——如何通过培养和维持陌生人之间的抽象团结和信任形式，实现对安全的民主治理；而这种团结和信任是安全的标志，是日常社会和政治关系的公理性要素。在我们看来，任何希望实现安全的文明化并释放其文明潜力的政治共同体，都需要找到某种方法赋予这4个"R"以实际效果，即使实现这一目标的制度手段必然受到特定社会的历史、文化和社会轨迹的影响,并随国情背景的不同而不同。

如果在一个社会中,"每个人都躲在他们能够建造的或国家能够提供的最坚实、最高耸的围墙后面",那么无论是公理性的安全,被理解为"厚重"公共物品的安全,还是符合非支配性的共和理想的安全,都"无法实现最大化"(Pettit 1997: 266)。在这样的社会中,安全或者更确切地说是不安全,实际上已经成为一种普遍的、自我实现的,并最终会侵蚀自由与民主的现象,其原因我们在这本书中已充分列举和说明。公理性的安全——安全地、放心地与一定的风险共生共存的能力,更多地是来自于一种看似自相矛盾的情况,即个人愿意承认他们与日常生活中的亲朋和陌生人之间存在共同的弱点,并且愿意和能够信任其安全所依赖的共同生活的其他公民,也能够信任相关的社会机构和社会制度,这些机构和制度对他们作为民主政治共同体的成员身份产生实际的影响。

从这个角度来看,旨在实现更加公理化的安全形式的监管制度的首要目的,既不是为党派利益或狭隘的小集团利益服务,也不是为了满足未经严格审查的秩序要求,这些秩序要求可能是出于不公正的想法、对异己人士和陌生人的排外与恐惧,或是对绝对安全和主权安全的幻想(Markell 2003)。相反,他们的目的是对这些焦虑和欲望进行深刻的反思和自省。也是为了使表面上看起来固定的利益和社会身份得以维持。它促使人们认识到,在不可避免地与他人共同居住和交往的日常生活中存在的基本脆弱性,认识到我们相互依赖的尊严和美德,同时也认识到试图从政治上应对和解决冲突的行动也存在着一定风险和令人不安的不可预测性(Warren 1996; Keenan 2003: ch. 4; Markell 2003: 177–189)。所有这些方法,都是试图将对秩序的要求纳入民主治理之下。在此过程中,这种监管政治的模式必须呼吁和动员目前存在于这些共同体成员之中的对于共同政治共同体的认同动机和归属感,并深化和扩大对陌生人的声援,以及对**所有**公民的安全和政治自由的承诺,这是人们对于正在进行的集体项目的忠诚感的内在组成部分。如果我们以此作为我们的指导目标,我们就能——按照我们在本章第二部分描绘的路线——更好地定位自己的方向，努力形成最低限度、尊重权利的警务实践形式，这些实践形式能够从实质上和象征意义上来支持和巩固个人从民主政体"共同的公共文化"中获得的切实保障（Miller 1995）。

在得出这一结论的过程中，即试图明确并捍卫民主政治共同体对于加强安全的价值意义，我们又遇到了另一个远非无足轻重的障碍；这可能导致读者再次得出结论，我们正在试图徒劳地阻挡当前社会和政治发展的潮流。因为在全球化的条件下，面对我们已经在书中屡次提到的飞速发展的跨国安全实践，人们已经不能自信满满地认为民族国家能够，或应该继续成为安全标识的最广阔边界，也无法将民族国家作为在其国境内外阐述并促进共同安全的最可靠渠道。我们将在下一章，也是本书的最后一章，来进一步阐述这些疑虑，以及我们提出的安全的文明化问题所面临的挑战。

9

作为全球公共物品的安全

在本书的开头部分，我们试图避开当前有关安全问题的论争中一些较为直接的表现形式和一些比较奇特的安全实践。我们尤其试图回避后"9·11"时代关于恐怖主义的讨论，正如我们也拒绝了一项艰巨的，甚至是西西弗斯式的挑战，即全面描绘现实世界中日趋多样化和强化的安全保障。我们已经充分说明了这么做的理由。安全是一个能够引起强烈情绪的概念，我们不希望我们对于安全问题的思考由于我们的出发点而遭到曲解，因为当代国际恐怖主义——实际上是后国家时代的恐怖主义，可能处于意识形态上最敏感的地带。同样的，我们也不希望陷入一些过于细节的讨论，这将会影响我们在政治、文化和制度等方面对安全论争中的各利害关系进行清晰的论述。

然而，正如我们一贯主张的那样，即使这些观点本身是有说服力的，但难道它们不会带来不幸的、对我们来说又非常重要的副作用？批评人士可能会认为，对于一个旨在恢复国家在安全领域主导作用的观点而言，这也许太方便了一点，因为其支持者将自身定位于**远离**某些事件和趋势，而这些事件和趋势最坚定地认为国家不再是安全工作的象征性和工具性中心。在"9·11"事件之后的艰难岁月里，近年来受到恐怖主义威胁的政治文化产生了一系列新的言论、规章和管理，并且它们往往是超越国界的（可参见 Chalmers 2004；Günther 2005）。作为"9·11"事件之后"反恐战争"的组成部分，我们在单方面维护美国安全利益和加强国家安全机构的同时，不仅目睹了跨境监管活动和信息共享的扩展与延伸、欧洲警察和情报机构负责人之间不透明网络的作用大大增强，也见证了大量士兵、警察和保安人员部署在战后阿富汗和伊拉克的街头从事"维和"工作（den Boer and Monar 2002；Lyon 2003；Sands 2005）。更重要的是，尽管在其他很多方面，跨国警务几乎或根本不受恐怖主义威胁的影响，但长期以来，跨国警务已然发展成为一个不断扩大、日益多元和复杂的活动领域，并因此而成为所有详细的安全图景中一个日益重要的维度。面对那些主要涉及非法跨境贩卖人口、毒品、信息、核原料和非法赃物的跨国犯罪组织和犯罪网络，除了国际刑警组织等历史悠久的国际警务机构之外，美国警务的国际化发展、欧盟内部警务网络与跨界合作新形式的发展——尤其是欧洲刑警组织（Europol）和最近成立的欧洲司法组织（Eurojust）等，都已加入了相关领域的行动，甚至在一定程度上已经取代了前者的重要性（Nadelman 1993；Anderson et al. 1995；Deflem 2003；N. Walker 2003）。一些弱小国家或衰败国家为了控制领土而参与了武装冲突、窝藏犯罪组织甚至恐怖组织，这一问题引发了其他国家对其进行公开和秘密的警察或军事干预，也促使联合国或欧盟断断续续地对其采取维和行动，以及一些跨国非政府组织为减轻伤害而尝试的种种努力（Caygill 2001；Goldsmith 2003；Linden *et al.*, forthcoming）。此外，它们还为新兴的、致力于提供跨国安全保障和军事服务的全球私人安保行业提供了新的机遇，这些行业主要向弱小国家，以及试图在这些国家开展业务的跨国公司推广和销售保护性服务（Johnston 2000；Muthien and Taylor 2002；Singer 2003；Avant 2005；Leander 2006；Abrahamsen and Williams 2006）。

这些新发展跨越了（国家）象征和领土的双重边界。正如我们在第一章中指出的那样，这标志着一系列曾经非常明晰的区别正在迅速瓦解——如外部安全和内部安全之间的区别；治安警务与军事工作之间的区别；战争和犯罪的区别；合法使用武力的国家战斗人员和手无寸铁的平民非战斗人员之间的区别（Kaldor 1999；Bigo 2000a；Andreas and Price 2001）。这同时也意味着，仅仅由国家单独采取行动，或是将安全行动仅限于本国国境之内，都已经不足以成为确保境内安全的有效手段，更不用说更广泛的区域安全和全球安全了。我们身处于多层级、多中心安全治理的世界，一系列跨国组织和行为主体在安全治理中与国家相互联合、相互交叉和相互竞争——无论是区域性和全球性政府机构、商业安全机构，还是组成了跨国公民社会的迅速壮大的非政府组织和社会运动。在当今世界，治安警务工作已经跨越了国家的边界（虽然犹豫不决和步履蹒跚），同时还肩负着打击全球有组织犯罪和政治暴力这两个经常相互重叠的问题。

作为全书的最后一章，本章的目的在于应对这些发展所带来的严峻挑战。我们承认，在安全保障领域的确存在着并且还将持续存在一种转型趋势，即转向跨国安全场域和安保网络，但我们坚持认为这并不会缩小我们所阐述的安全文明化的范畴，更不会破坏规范性框架。在强调国家作为提供安全公共物品（作为一种"厚重"的公共物品）的关键场域的优先性地位时，我们似乎暗示了国家之外的安全必然因此而是"浅薄"的和衰弱无力的，或者说，（对安全公共物品）进行跨国增厚（thickening）的代价可能是失去国家层面标志性的厚重感。然而，正如我们要指出的那样，我们无需用这种零和方式来研究厚重的或公理性的安全。相反，有一些思考进一步支持了我们在国家层面的观点，即基于必要的社会学和制度想象，我们至少可以考虑在更广阔的政治共同体和全球舞台上实现某种程度的互补性增厚。

然而，我们必须强调的是，与民族国家层级的观点不同，跨国层级的观点主要仍然是出于愿望和愿景，而不是基于具体的（如果只是有选择地实现的话）文化和秩序结构。就目前情况而言，跨国警务和安全实践的发展，既缺乏与之配套的对安全社区合理定位的明显态度转变，也没有建立能够充分跟踪这些发展动态的监管体系。作为拥护民主的传统共同体，国家仍然是努力将安全实践置于民主控制、公共监督和人权保护形式之下的主要（如果不再是唯一的话）制度核心。这种不对称的发展模式反过来又鼓励和强化了不透明的、自我证实的和难以捉摸的公共和私人权力场域，而这些场域却未能为相关的安全项目培育和提供有关更广泛公共认同的制度表达，同时在合法性和有效性方面也存在着缺陷。因此，在提出有关"增厚"作为跨国公共物品的安全这一问题时，我们必须始终牢记，文化和秩序活动的共生关系是国家特殊作用和地位的关键之所在，这种共生关系突显了在国家之外建立类似动力关系的困难性。正如情感依恋和监管框架的存在可以相辅相成、相互加强，它们的缺失或相对薄弱也可以造成相互削弱。

我们的论点如下。以我们最近在联合国开发计划署主持下有关"全球公共物品"的研究为出发点（Kaul *et al.* 1999c；2003c），我们首先要确定在试图对警务和安全（及其与主权国家的本构关系）作为全球公共物品进行重新概念化和交付过程中出现的问题。然后，我们简要回顾了五种相互竞争的跨国安全模式，考察了每一种模式处理和解决我们之前所发现的问题的能力，并提供适当的解决方案。最后，在明确了每一种模式的优缺点之后，我们概述了我们自己对于作为"全球公共物品的安全"的更厚重的解读——这一解释既具有社会学意义上的合理性，又具有规范意义上的稳健性。

寻求跨国公共利益

戴维·赫尔德（David Held）在其最近发表的有关世界主义意旨的声明中指出：

> 公共物品的供给不能再仅仅等同于由国家提供的物品。不同国家和非国家行为主体影响并参与了公共物品的供给——如果想要应对全球化带来的最为深刻的挑战，它们就需要这么做。此外，如果想要提供某些核心公共物品，就必须在区域和全球范围内进行供给。（Held 2004：16）

在警务和安全领域，我们如何才能更好地理解这个项目？如何在这些条件下执行和监管警务工作？我们能否在规范性原则和制度衔接的层面上，在多样化、多场域、多元行为主体的跨国警务领域，确认共同的公共利益？正如我们在上一章中看到的，这是一项相当艰巨的任务：要设法在国家警务这一相对更为熟悉的领域内，调动安全文明化实践的 4 个 "R"——资源、承认、权利和理性，并且要以一种非常慷慨与和谐的方式来进行，从而避免出现家长制作风、消费主义、威权主义和碎片化倾向等常常相互关联的各种症候群。但这些困难在跨国背景下往往变得更加复杂。由于引入了另一层面的私人和公共权威——一个更加远离国民关注的专业官僚机构，并对其在安全知识和职责方面的首要性地位更加自信，这就进一步强化了家长制作风（可参见 Bigo 2000b；Deflem 2003）。对经济犯罪或其他专业、深奥的犯罪行为（如艺术赝品的欺诈、伪造货币）的关注则刺激了消费主义的思维模式和方法，而这些犯罪行为往往是安全市场的专业领域最感兴趣的。威权主义倾向可能遇到的环境则由于强调另外一系列犯罪行为而变得更加容易接受，大多数公民对这种犯罪行为仅仅具有一些间接知识，他们通过相关的政治性和专业性中间机构不断获知相关信息，而这些犯罪行为代表着业已存在的，并且日益紧迫的威胁（如恐怖主义、核盗窃等）。临时性、随意性地参与一系列发展会助长社会分裂和碎片化的倾向，这些发展受多元化需求的驱动，并缺乏它们能够与之联系的政治共同体的优先意识，以及它们需要遵守的既定的治理框架（Sheptycki 2002，即将出版；Johnston 2006）。我们如何才能谨慎地面对并克服这些危险呢？

在这里，联合国开发计划署主持开展的有关"全球公共物品"的合作研究项目（Kaul et al. 1999c；2003c）是一个很有助益的起点，也是与本书更广泛的分析主题密切相关的起点。① 这个项目从公共物品的标准经济学定义开始，即认为这些物品的消费具有"非排他性"和"非竞争性"。在第六章中，我们详细地批评了这种简薄定义的缺陷，并且将在适当时候对这种理解跨国安

---

① 这也是赫尔德参考的重要观点（2004；ch. 6）。

全的局限性视角的缺陷给出解决之道。然而,初始定义的"简薄",有助于突显纯粹国家中心主义的逻辑和结构对于实现全球跨国(公共)物品造成的巨大障碍。由于经济意义上的公共物品的(市场)供给存在着外部性和搭便车等问题,因此,如果要实现此类公共物品的充分供给甚至完全供给,往往就需要某种强制性的集体行动机制,而国家通常被认为是此类机制中最为合适的。考尔等人认为,全球公共物品除了具备国内公共物品的所有要素之外(Kaul et al. 1999a),还具有额外的标准,即它们的收益(如果是"公共危害",则是指它们的成本)"能够跨越国家和地区、跨越贫富不同的群体,甚至跨越不同世代"(Kaul et al. 2003a: 3)。我们在这里以无污染的环境和财政稳定为例,同样重要的还有和平与安全。①

对于这一分析,我们尝试着从中梳理更详细的含义。随着公共物品的最优供给层级逐渐向全球供给的层面转移,这不仅带来了机遇,也造成了一定风险,这些机遇和风险在**规模**与**性质**上都不同于由国家作为公共物品最主要和最合适供给者带来的机遇和风险。规模上的差异是不言而喻的。强制性集体供给机制的成功制度化,其带来的益处是在更广泛的跨国或全球层面提供具有包容性和成本效益的物品;而一旦失败,代价则是排斥和成本效益低下,在负外部性的范围急剧扩大的背景下,针对集体行动问题的国内解决方案容易失败和瓦解,从而使部分国家(或许是所有国家)在努力确保相关物品造福于本国人民的过程中成为净输家。

然而为了充分认识这些可能性,我们必须考虑到,当公共物品的供给由国家层面转向全球层面的时候,其供给结构的性质必然也存在着差异。在古典经

---

① 考尔及其合作者在他们的分析过程中,对"最终"(final)全球公共物品与"中间"(intermediate)全球公共物品做了非常有价值的区分。"最终"全球公共物品指的是一种结果(如无污染的环境),而不是标准意义上的物品,而他们所谓的"中间"全球公共物品(例如国际制度等)则有助于上述结果的生成(Kaul et al. 1999b: 13)。因此,我们可以将安全描述为一种最终全球公共物品,而将跨国警务定义为一种中间全球公共物品,在合适的条件下,后者将有助于前者的形成。

济学分析中，所涉物品的替代性供给主体，以及可能是竞争性的供给主体主要包括了两方面：一方面是主要供应私人个体（private individual）和私人团体的市场主体；另一方面则是"俱乐部"主体。在后一种情况下，自我定义且具有排他性的群体聚集在一起，至少为其自身消费提供一些与非竞争性相关的益处，即具有成本效益地提供某些物品，其共同供给不会损害个人对该物品的享用。然而，随着我们进入国家间高度相互依存的时代，作为相同物品或重叠物品的候选供应商的市场主体或俱乐部的数量不仅成倍增加，而且**其他国家**也将会成为相同或重叠物品的相关替代性或竞争性供应主体。

出于多种原因，将其他国家引入这个综合过程（equation）将会使情况发生戏剧性的变化。首先，这些其他国家通常所采取的权威构成形式，使其在解决或造成集体行动问题方面的作用，从广义上讲，相较于私人行为主体或"俱乐部"而言，更不容易受到第一个国家的控制或影响。

其次，也是从广义上讲，这一点非常重要，因为其他国家相较于个人或"俱乐部"行为主体具有更强的行动能力，因此也更倾向于生产以安全为基础的公共物品，还倾向于损害第一个国家在这方面同样行事的能力。这种不利影响可能会体现在经典的外部安全矩阵中——通过其他国家对第一个国家的侵略行为或威胁，或者通过转变这些其他国家的自卫战略（如开发新武器系统或构建新的联盟），从而使第一个国家更容易暴露其实际和感知的自卫能力（Waltz 1993）。然而，其他国家损害第一国内部安全的能力正越来越多地通过一种更明显的"内部安全"逻辑来运作；也就是说，通过那些影响第一国的实际或感知的负外部性来运作，而这些负外部性是那些其他国家有效或无效地发展和追求其国内政策议程的结果，这些发展和追求则是以国内安全为导向的。例如，由于这些其他国家**成功**地镇压了毒品和有组织犯罪等领域内的某些犯罪可能性，或是它们对庇护申请或其他被认为"破坏安全"的迁徙运动采取了限制性做法，这些活动产生的替代效应可能就会产生负外部性，或至少被认为是对第一国造成负外部性。与此相反，也有可能因为其他国家**未能**"控制"自身的安全问题而对第一国产生负外部性,这可能是由于监测本土罪犯国际流动的制度未能起到有效作用,也可能是因为对非法物品和服务的跨界交易控制不力,或者从更广泛的意义上说,是由于其社会和政治政策导致某些人物和某些团体逃离或迁出这些国家,而这些人物和团体有可能对第一国的国内安全造成威胁。

再次,将其他国家纳入国内安全这个综合过程,既会产生一些共性,也会带来差异性。同样是作为国家,这些其他国家与第一个国家有着同样的一般性理由、同样广泛的优先性和激励措施——重要的是,在此基础上,具有同样深厚的文化取向或政治想象意识,使它们成为各自国内人民的公共物品的主要提供者。换言之,这些其他国家与第一国之间的关系(包括潜在的敌对或竞争关系中的方方面面),并不是因为它们基于**不同的动机**、**用不同的方式**(如通过私人主体或俱乐部等)努力提供与公共物品有关的利益,而是因为它们希望在相互依存的世界中,基于同样的动机、使用同样的方式,为**不同的人群**谋得主要利益。

我们将在适当时候再次讨论其中一些更详细的观点,特别是将对国家生产公共物品的文化维度进行更为深入的探讨。就目前而言,重要的是指出考尔及其合作者的研究结论,他们认为,在当前全球政治的制度结构中,公共物品最优供给的背景从国家到全球层面的转变带来的机遇,似乎被这种转变所导致的危机掩盖。他们令人信服地宣称,当今世界存在着"全球公共物品的供给严重不足"的现象(Kaul *et al.* 1999a:xxi),他们将这一情形非常笼统地归结为缺乏能够承担中央协调作用的"全球主权"(Kaul *et al.* 1999b:15);在进一步深入研究之后,他们认为这是由于三个关键性差距综合作用的结果。第一,跨越国家边界并需要国际关注的全球问题,与分散的国家单位和决策监管结构之间存在管辖权上的差距。换言之,我们认为,国家决策者担心失去对市场和民间社会的主导权,这种担忧使得国家决策者与国际政策环境的要求不相匹配,造成了"谁来对全球事务,特别是外部性问题负责"这方面问题存在着长期困难。第二，参与国家决策和国际合作论坛的国家行为主体与市场和民间社会中的非国家行为主体之间存在着参与性的差距，这些非国家的行为主体可能代表了受到相关决策影响的群体或是受这些群体的影响，虽然这些群体会受到相关决策的影响，却很少或根本不能参与决策，也没有自己的代言人。简而言之，跨国"决策者"（decision-makers）和"被决策者"（decision-takers）之间存在着严重的不对称和不一致（Held 2004：13）。第三，在公开表述的国家承诺与国际协定的实质内容，与其实地执行的现实之间存在着激励的差距。缺乏有效的超国家权威，再加上薄弱和不平衡的激励结构，这意味着国家和非国家行为主体在应对全球性问题时往往会寻求"搭便车"，或缺乏必要的动机来"尽自己的一份力"（Kaul *et al.* 1999a：xxvi-xxvii）。

如果我们全面地考察这些差距，我们就会清楚地看到在跨国和全球领域内秩序与文化维度上（工具性的和情感性的）相互贫困化的动态轮廓，并且我们也可以观察到这如何产生了我们之前提到的有关合法性和有效性的相关问题。在建立充分授权和监管的体制机构方面存在的管辖权差距，在充分且包容地审议政策议程方面存在的参与性差距，以及无论在何种政策、何种合作结构和执行机构中，都存在着遵守或合作的可靠激励措施方面的差距，上述三者的结合产生了一系列相互关联的问题。其中最主要的问题是缺乏对警务能力的适当授权和支持，以及未能调动警务能力，或选择性和不负责任地调动这些能力——这些问题显然会影响公众对于跨国警务的接受程度，也会影响其效果和质量。然而，我们不能假定这些"差距效应"潜在的不良影响将会有利于鼓励缩小相关的差距。恰恰相反，反而存在着使问题变得更严重的风险，因为在存在着上述差距的情况下试图生产和提供全球性公共物品，看起来可能无法提供有关共同承诺的成功经验，也无法为增加信任和信心奠定基础，而这种信任和信心往往有助于克服造成前述差距的动因问题。

对于考尔及其合作者指出的困难，一个简单或许是过于简单的回应是，这些困难正是他们研究的公共物品工具性概念的一个应变量函数。正如我们在第六章中提到的，工具性概念在确定政治共同体的适当边界、确定解决集体行动问题的最优水平方面总是存在着一些问题，这里指的是参与了任何非排他性物品或"难以排他的物品"（difficult-to-exclude goods）的供给的集体行动。解释了为什么通常应该从个人安全利益，有时候也包括趋同性安全利益的角度来激励民众采取共同行动，却仍然无法解释为什么**特定人群的组合**应该比其他任何重叠的特定人群组合更有充分的动机，从而使他们的共同动机起到决定性作用。此外，缺失的**解释**也意味着工具性概念在解释跨国合作或全球合作时会遇到一些特殊问题。面对国家形成的大量数据，工具性概念尽管缺乏足够的理论化，但可以理所当然地认为或必然会承认，无论是出于什么原因，无论受到什么限制，人们都已经把其集体行动的赌注押在了这个或那个国家之上，这种不断积累的效应使得国家逐渐成为越来越可靠，并日益占据主导地位的公共安全解决方案的来源。然而更令人困惑的是，除了那些依附于国家本身，并通过国家来阐明的承诺之外，它们如何以及为什么可以在更广泛的政治共同体层面上，作出有关提供集体安全的额外承诺并尊重这些承诺？根据这一分析，国家及其安全利益仍然是解决跨国和全球性安全问题的核心，这一事实开始成为问题的一部分——它对更好的全球安全管理的前景形成了束缚。但是，正是由于相关分析严重依赖国家作为解决集体行动问题的默认场域的基础性作用，这表明前述管辖权、参与和基于激励的阻碍因素，难以使人们转向更为广义的安全概念，即将安全作为一种公共物品；因此工具性的观点很容易受到指责，它通过循环论证，将自己困在了这个特定的"威斯特伐利亚角落"（Westphalian corner）。简而言之，考尔及其合作者在强调公共物品的经济概念时使用的基本假设，看起来很有说服力地表明了他们试图超越国家中心论和有限国家的结论。

然而，这种批评意见之所以过于简单，是因为它取决于我们将其解释为概念的盲点或偏见，并认为仅仅是同义反复，或许从更具挑战性的意义上说，将其视为具有深厚社会学基础的判断。过于"简薄"的公共物品概念无法解释其任何特定的相互关联场域——在这里指的是跨国或全球性场域,如果我们的应对之道是用一个更"厚重"的概念来替代它,那么我们仍然需要证明,为什么这些更厚重组合的组成要素会出现在任何特定的跨国或全球场域,以及如何能够获得这些要素。换句话说,作为一种类似于我们试图在国家层级上寻找的公共利益,这样一种更具社会基础的安全感是如何开始在跨国背景下被"广泛接受"的?如果确实如此的话,那么我们该如何将跨国层级的安全保障,就像统计模板一样,设想成为实现(跨国)政治共同体其他利益的平台?如果可以的话,那么我们又该如何将安全设想为跨国社会中的一项教育,就像它在国内社会中起到的指导性作用一样?如果确实如此的话,安全问题以及相关的应对措施又是如何帮助建构跨国的公众(transnational publics)以及类似的国家公众?因为,如果我们无法想象,至少在某种程度上,上述至少其中一部分情况是如何在跨国或全球层面上发生或可能发生的,那么我们就不能摆脱工具性概念在跨国和全球层级的局限性。

这些问题的提出本身就提醒我们,对其给出任何程度的肯定回答是多么困难。特别是,我们不能简单地认为这只是一个时间滞后性的问题,即认为在适当的时候,跨国公众心理,以及能够培养与激发这种共同情感的结构将会随着新兴的国际安全新实践而自然出现。大量文献表明,尽管全球相互依存程度不断加深,全球性治理机构日益发展,公众也更加清楚明白地认识到上述两个事实,但信任、忠诚和抽象团结的情感在某种程度上仍然"停留"在国家或次国家的层级上——这一顽固的倾向仍然制约着甚至是相对成熟的后国家政治秩序的发展,如欧盟(可参见 Grimm 1995;Weiler 1999;Haltern 2003)。换言之,在区域性或全球性层级上,似乎并不存在共同的记忆内容、神话、象征和语言,或类似的亲缘关系基础,围绕着这些基础,能够形成各种形式的认同和归属感(Held and McGrew 2002:30)。因此,在文化意义上想象公共利益,并给予其制度表达的文化障碍似乎仍然存在于民族国家的层面上。① 事实上，正是由于强大的民族国家文化与羸弱的后国家团结之间的不平衡，在一定程度上解释了为什么这些新兴安全机构的发展往往是由专业人士和官僚机构的利益驱动的（Deflem 2003；N. Walker 2003），也解释了为什么这些利益集团能够以一种远离民众的情绪和要求，并且不受任何有效民主监督的方式去推行技术官僚的安全目标。更重要的是，如果说跨国安全的发展在更深层次上的文化意义上有所体现，它也是以加强民族主义情绪的方式进行的，而不是作为民族主义情绪的补充。在专业利益、官僚利益以及生存威胁论（discourse of existential threat）的表述性效果的共同影响下，跨国安全结构中对公共利益的界定往往从狭义的安全视角来呈现。一种强烈的、排他性的和受到威胁的同群感（we-feeling）往往会因此而发展起来，这种同群感对犯罪分子抱有排他性的刻板成见，并成为以警察为中心、好战黩武的安全政治的一种重要佐证。

　　但我们当然需要小心谨慎，警惕不要用社会学本质主义来取代概念指令。也许有些东西是内在的，但对于当前身份认同和制度结构的组合而言，并不存在什么不可或缺的内容——没有任何内容能够说自己是跨国安全政治唯一可能的媒介和结果。在本章的剩余部分，我们将着重探讨如何想象和追求其他的各种可能性。

---

① 以下难题可以作为这方面的实例，我们不妨深入思考一下。哪些选民群体——除了直接受害者及其家属或者代表之外，可能会因为欧洲刑警组织成员或联合国维和任务成员的凌辱或暴行而出离愤怒，甚或采取相关行动？答案可能包括如下几个方面：(1) 几乎没有人会怎么做；(2) 受害者的同胞；(3) 跨国人权组织的成员；(4) 相关涉事工作人员的同胞；(5) 对"我们的"警察以这种方式行事感到羞愧的公民，他们往往具有欧洲意识或全球意识。我们认为，在目前情况下，答案（5）是不太可能的。不过，确实可以一分为二地来看待这一问题。由于缺乏对跨国警察组织的情感认同和依恋，使得公众并不会否认"我们的"警察会做出这种行为，从而为不那么带有偏见的安全政治奠定了潜在的基础（N. Walker 2002b）。

跨国安全的模式

在这一部分，我们开始探讨跨国安全想象的更广阔边界，将跨国公共利益可能牵涉到初始问题带入与各种跨国安全模式的"对话"中。这些不同的模式——国家中心主义、单边主义、安全机制（security regime）或共同体、全球民间社会和世界主义，都是从当前关于国际关系与全球化的文献和跨国政治的实际情况中总结出来的。这些模式具有解释性和规范性的维度——力求说明当前的跨国关系世界是如何构成的，并试图解释它应该成为和可能成为的样子。我们可以确定这些解释性和规范性差异背后的关键假设，进而通过参照他们在国内和跨国层面上作为公共物品的警务和安全观念的"简薄"或"厚重"，有效地将各种模式，以及我们首选的替代方案，彼此之间相互联系起来。这就引出了表9-1中描述的排列范围。安全可以（1）作为一种简薄的公共物品，在国家和跨国的层面上产生并提供（正如联合国开发计划署的作者们和许多世界主义者所提议的那样）。它也可以（2）在国家层面成为厚重的公共物品，而在跨国层面上则作为简薄的公共物品（例如在各种国家中心主义和单边主义的模式中），或者（3）在跨国层面是厚重的公共物品，而在国内层面却是简薄的（在某些世界主义者的著作中就隐含着这种可能性）。最后，也可以（4）在国内和跨国层面，从厚重的公共物品、社会和文化的角度来理解安全（在某些安全机制和全球民间社会模式中隐含着这种可能性，且在我们提出的研究路径中得到更充分的发展）。这些模式相互重叠且并不一定互不相容，但每一种模式都对国家以外的各种政治安排的现有实践、可能性与前景提出了一系列独特的见解，同时也对跨国安全的实践情况、问题和前景提出了不同的看法。我们将依次对它们进行讨论。

表 9–1　跨国/国家安全的维度

	国家层面	跨国层面
1	简薄	简薄
2	厚重	简薄
3	简薄	厚重
4	厚重	厚重

国家中心主义

国家中心主义描述了国际关系文献中广泛存在的立场，以及国际关系实践中仍占主导地位的一系列态度，它们的共同点是对作为全球政治中唯一或主要行为者的国家的持久依附。这样的定位涵盖了现实主义和自由国际主义学派的所有主要变体，以及兼有两者要素的各种混合变体。① 传统上，现实主义方法的显著特点是强调国家行为者的自身利益、强权政治的盛行以及由此导致的国际体系的"无政府状态"（Bull 1977）——类似于霍布斯式的自然状态，但没有可靠的利维坦来实施国际秩序。② 因此，现实主义者认为国际合作很难实现也很难维持，并且最终总是取决于国家权力和利益的平衡。在这种情况下，国际机构和制度几乎无法缓和国际秩序中的无政府主义冲动。在国际关系史上，现实主义通常被认为是主流理论——在实践中甚至更为主流，而自由主义则往

---

① 特别是在所谓的"新新争论"（neo-neo debate），即在 20 世纪 80 年代到 90 年代期间，新现实主义和新自由主义的制度主义者逐渐聚焦于共同的论争议题和优先事项上，甚至开始共享一些基础性的理论前提（见 Baldwin 1993）。

② 现实主义理论的主要差异，在于汉斯·摩根索（Hans Morgenthau）的著作中所体现的古典现实主义（如 Morgenthau 1948）和肯尼斯·华尔兹（Kenneth Waltz）及其追随者的结构现实主义（如 Waltz 1959, 1993）之间。前者强调国家本身的利己性质，而后者则更关注国际秩序的不稳定，这种不稳定是由于缺乏支配性的权威和权力的不对称造成的。然而，无论霍布斯式的国际关系问题主要是由于国家的内在固有"性质"，还是由于它们的协调问题，它们对于所有国际合作框架的可能性都抱持同样悲观的结论，在这种合作框架中，国家的初始偏好会在合作过程中发生质的转变和深化。

往被描述为"乐观主义传统"（Clark 1989：49-66）。与现实主义者不同，自由派国际主义者倾向于相信，国际和平与秩序能够通过某种利益的和谐或协商一致而稳定地实现，甚至可以通过共享或发展某些理想而稳定地实现，这些理想涉及国际关系的正确行为，以及对个人和集体价值的适当尊重。对于自由主义者来说，这种倾向并不是认为国家的利益纯粹是同质的和自利的，而是反映了其国内各种利益和偏好之间更为灵活多变的联盟，并进而对其他国家各种多变的利益和偏好联盟更加敏感。因此，有关合作的价值，也许还有其他更实质性价值的启发性开明观点，总是能够缓和自利的倾向，这些价值是各种国内联盟或国内联盟各个部分所共有的；而和平与秩序可以通过跨国性制度框架来得到稳定或培育，在这种制度框架中，对成功的定义不是依据国家（即便是最强大国家）的绝对利益，而是基于所有国家能够从中获得"正和"收益的预期。

尽管现实主义者和自由主义者有时在行为者的动机和跨国机构的生存能力方面存在着明显的观点差异，但他们仍然一致认为，国家是占主导地位的行动者——在最初和最后的分析中。国家是能力的主要来源，是合法性的主要参照。因此，国际组织充其量只是被授予了某种委托合法性（delegated legitimacy）。此外，国家还是确定安全合作宗旨的主要主体，也是保证其有效性的必要手段。但无论它们在传统的威斯特伐利亚国际体系模式下有什么优点，在跨国交易呈指数级增长的条件下，现实主义和自由主义这两种解决方案都有内在的不稳定性。这就是全球安全决策涉及的相互依存和跨国外部性的范围和数量，也是解决这一问题所需要的决策范围，因此每一种理论方法的充分性都受到了严峻的挑战。现实主义者在寻求稳定的权力平衡，以应对国家和非国家实体间日趋严重的无序性利益冲突方面存在的严重问题，而自由派国际主义者则很难确立一个有充分稳定的国家支持的制度框架，并且在面对目标分歧和委托权力的限制时，也很难以良好的决策效率和执行能力来应对各种相互依存的问题。

例如，这种国家中心主义的逻辑可能有助于我们理解国际刑警组织错综复杂的历史——它是现存最令人尊敬的国际警察机构。国际刑警组织成立于1923年，并于1946年恢复重建。但长期以来，国际刑警组织在国际法中并不具有明确的法律地位，并且受到很多国家的漠视、忽略或自私地剥削，它们有的将其视为一种便利的资源（现实主义），有的则是国际刑警组织的签约主体（自由主义）。作为一个实体性组织，国际刑警组织反映了两种理论立场的影响、限制和不稳定性（可参见 M. Anderson 1989）。当然，每种理论立场——无论是现实主义还是自由主义，其现实或预期的局限性都可以强化对方的主张，而国际刑警组织的政治历史也将仍然坚定地以国家为中心。但是，现实主义和自由主义共同的局限性也会引出其他一些不那么以国家为中心的视角和模式，我们将在下文中进行讨论。

新单边主义

然而，在我们转入讨论这些其他研究视角之前，我们应该考虑另一种可能性———种同样以国家为中心，但只是以单一国家为中心，而不是多元化的。在这里，我们指的是新单边主义，随着两极化冷战时代的终结，美国崛起成为世界上最强大的军事国家，主张和鼓吹新单边主义的人们看到了"新帝国"的经验性前提——抑或是规范性的希望（normative hope）。同样，有很多不同的理论变体和说法认为在看待美国具有成为"世界警察"的能力和合法性（这可能是表明内部安全和外部安全问题逐渐融合的**最**生动的比喻）。在这个序列的一端是极端现实主义的观点，认为美国有权在任何地方维护和捍卫其利益，并认为所有其他利益的际遇取决于它是否干预，甚至支持美国的优先事项（The White House 2002）。序列的另外一端则是一系列类似于"轻型帝国（empire-lite）"的观点（Ignatieff 2003），认为美国为全球范围内传播某些"文明"价值观提供了工具。在这第二种研究视角中，美国确实可能被认为是一种替代品，代替自联合国以降失败或摇摇欲坠的自由国际组织，或许它只需要简单地守住堡垒，直到被伊拉克战争及其后续影响所破坏的结构得到修复或替换。①

然而，对新单边主义的所有变体而言，重点都在于美国积极主动地追求其利益或共同利益。在某种程度上，这个建议是在新单边主义的背景下，或者说是在后"9·11"时代恐怖主义更为猖獗的背景下提出来的（如Ignatieff 2003，2004），虽然好战黩武的态度确实可能会产生咄咄逼人的武断主张（aggressive assertiveness），但是以警务为中心的做法就其性质而言，往往不那么倾向于单独行动（to be less monocular）而更具有合作性。但我们必须非常谨慎地对待这一问题。首先如前所述，内部安全与外部安全在指导思想、实践做法和人员方面的界限正变得越来越模糊。其次，这完全符合帝国的逻辑，或者至少符合非对称世界秩序的逻辑。在这种逻辑中，对外政策往往被简单地看作是在另一个舞台上执行中心的（of）对内政策；反过来，在（at）中心执行对内政策是为了确保国内利益免受外来的挑战和威胁（Andreas and Price 2001）。至于负责国内安全的相关部门的对外分支机构（foreign arm），无论是美国联邦调查局（FBI）、毒品管制局（DEA）的海外活动，还是美国在海外建立的各种形式的警察机关（如代表处、联络处等）——并不仅仅是在拉丁美洲和加勒比海"周边地区"。有大量证据表明，美国在毒品管制、有组织犯罪和非法移民等领域，通过分布广泛的安全机构和国内政策议程网络来直接执行其政策主张（N. Walker 2003）。同样地，关于外交政策的国内执行部门，在"9·11"事件之后成立的国土安全部进一步整合和巩固了此前分散的专业安全职能和能力（如移民和归化部门、海岸警卫队、海关、联邦应急管理局等）。除此之外，

---

① 在"9·11"事件之后（以及哈特和奈格里的《帝国》一书于2000年出版之后），确实有大量文献聚焦于研究"美利坚帝国"的问题。这些文献的理论跨度不仅限于现实主义和理想主义，而且常常跨越现实主义与理想主义之间的分野，包含了从欢欣鼓舞到严厉谴责的各种态度。针对帝国行为所要求的中央控制和统一目标的程度，不同文献的观点也大相径庭。例如，可参见Ikenberry（2002）、Barber（2003）、Mann（2003）、Todd（2003）、Johnson（2004）和Ferguson（2004）。

美国还与欧盟和其他安全区域就航班乘客信息、相互引渡、证据交换和反恐合作等事项制定了更加综合和强有力的法律法规，以保护美国的安全利益（Bunyan 2004），这些都反映并促进了对国内政策领域中的对外利益具有更加一致的认识和实施。

在这个新兴的复合型安全世界中，单边主义的现实主义变体和自由主义变体，以及（更常见的）涉及两者在某种程度上结合的观点，都存在着明显的问题。第一，就能力而言，这种观点往往用一种目光短浅的态度来看待权力的本质。"硬"军事力量，以及（在较少程度上）其他类型的内部安全能力往往被视为**所有**权力的关键，而其他"软性"权力形式——经济、监管和文化，则很少或根本没有被认识到，这些软实力仍然分散在其他领域，并且美国的安全激进主义和由此产生的反对意见也确实有可能在这些其他领域进一步强化其软实力（Nye 2002）。第二，即使美国的军事力量并没有（再次）证明其在伊拉克是不可替代的，依靠单一国家来解决全球公共物品问题的想法也是极其缺乏合法性的。这是极端现实主义观点最赤裸裸的表现，他们认为美国的"特定秩序"应该优先于（pre-emptive）全球"一般秩序"，或最多与"一般秩序"保持一致，而这种"一般秩序"是与全球公共利益的观念相关联的（Marenin 1982）。然而，更注重以价值观为基础的方法也是如此——甚至可能更具有危害性，因为这会给更强烈的干涉主义以救世主式的支持（messianic support）。在最糟糕的情况下，这仅仅是输出一系列关于如何解决全球和平与安全问题的理解，对其他战略、模式和文化背景倾向却丝毫也不敏感。在最乐观的情况下，它充其量只是**一种仿造性**（ersatz）的自由派国际主义，美国就像最粗陋的社会契约论者一样，假设只要各个国家及其人民能够克服其集体行动的问题，那么由国家和人民的多样性决定的内容就将符合普遍的利益——这种立场很少或根本没有余地进行真正的对话，以便检验和验证全球性的公共利益，就更不用说产生这种全球性公共利益了（Habermas 2006; N. Walker forthcoming a）。

安全机制或共同体

这种从安全机制入手的研究方法，其独特之处在于，它确定并认同某些国家在某些政策领域或诸如欧盟、北美自由贸易协定等区域集团中联合起来的方式，这些政策领域包括了安全、环境、经济和通信领域，而那些国家联合的基础往往是某种共同**利益**或共同的**价值观**——这同样取决于其根本理论取向是现实主义还是自由主义。这些国家联合起来，试图在这些政策领域和区域合作集团中提供有关共同行动规则和决策程序的框架。这种机制理论在某种程度上具有内在的乐观主义色彩，即当这种理论抽象地思考从国家建构的基础内容，以及超越这种建构基础来发展跨国政治的可能性时，它试图超越像合法性和有效性这样的宏大问题，而专注于讨论合作和共同事业等更具体、更有辨识度的可能性和成就（Buzan 1991：chs. 4 – 5；Little 1997；Adler and Barnett 1998）。

然而，从机制入手的研究方法，其长处也是其局限性。即使可以假定存在某种平等的代表性和影响力，以及在某种程度上对共同利益进行总体性的思考，而不仅仅是战略合作，但**在**特定的机制**中**，从机制入手的研究方法总是会留下一个有关"外部"的深刻问题。让我们回到这些关于机制的积极假设，相比许多全球性的特定政策机制而言，这些假设在那些具有更广泛的一体化背景和更深厚历史传统的区域性机制（尤其是欧盟）中肯定更加有效，而且在资源分配更加均匀的地区，比存在明显不对称的地区（如北约内部的在军事能力上的不对称）更加合理。从另一方面来说，安全机制本身可以采取行动、并将自己理解为各个国家或非中心帝国向外输出特定观念（如自由）或某些"外部效应"，作为在内部维护这些观念和利益（现实主义者）的成本，而输出的对象则是那些没有发言权和没有能力影响与丰富这些观念与利益的受众。例如，在欧盟东扩过程中采取的"有条件"的做法，以及通常在司法和内政政策为引擎的背景下推行"睦邻"政策，就很容易受到指控：当欧盟在把安全边界、镇压某些类型的犯罪行为以及排斥或遣返某些不受欢迎的族群作为首要的优先事项时，它往往就输出了不安全，并将此作为保护自身安全的代价（Anderson and Apap 2002；Guild and Bigo 2002；Pastore 2002；Lindahl 2005；Melossi 2005）。从更普遍意义上说，正如著名的"民主和平"理论所认为的那样（Doyle 1995；Brown et al. 1996），通过庆祝并维护民主国家所建立的"单独的和平"（separate peace），安全机制会加强全球的"隔都化"（ghettoization）进程，并对他人的需求采取短视或无意识的优越态度。

此外，正如现代帝国的效能具有一定局限性，对于安全机制而言，即便是按照它自身设定的安全条件，其有效性与合法性也存在着局限，并且还会因为其产生背景的另外两个特征而变得更加严重。首先，安全机制可能会与相近政策领域或其他地区性的机制之间，甚至可能与其他强国之间，存在着重大的协调问题、利益冲突或价值冲突。人们只需想想近年来美国与欧盟关系的恶化——至少在"高层政治"层面，就能明白安全机制如何在冷战后的权力均衡中促成了一种新的不稳定（Kagan 2003）。其次，考虑到即便是嵌入得最根深蒂固的（best-embedded）"后主权"地区性或功能性机制，它们在超越该机制成员国的特定利益方面取得的成功仍然十分有限且不稳定（Morgan 2005），这不仅会导致机制内部的分裂和影响力的不对称，而且还会使得该机制能力不足（Barcelona Report 2004）、在安全化方面不作区分（Bigo 1996；Huysmans 2006），并在超国家内部安全实践及其监管的发展和多样化之间维持着一个顽固的鸿沟。尽管欧盟在治安警务和相关事务方面的能力有所扩大——1992年以来根据《马斯特里赫特条约》"第三支柱"的内容，设立了欧洲刑警组织，并在警务和司法领域展开各种形式的侧翼合作；根据1997年《阿姆斯特丹条约》中所提出的"建立一个自由、安全和公正的区域"的目标，逐步采用新的、更深入的政策工具，并减少了国家的决策否决权；自21世纪初期以来即致力于欧洲超国家体制的全面宪政化（迄今尚未成功）（N. Walker 2004；Guild and Carrera 2005；Kostakopolou, forthcoming），然而尽管如此，仍然有许多观察家发现这些问题具有韧性和复原性。对于是否将这种（超国家）机制内部的共同安全问题置于纯粹的国内安全需求和优先事项之上，成员国长期以来都抱持着严重的矛盾心理，这就导致了在政治和专业性层面的内部信任问题与承诺可信度问题反复出现。除此之外，上述这种矛盾心理也导致了某些狭隘的、潜在的非包容和排他性的框架被强化，这在一定程度上也是为了回应常态性的国家狭隘主义。无论是有组织的犯罪、非法移民，还是当前的恐怖主义，都容易成为动员跨国偏见的手段——这种趋势倾向于将狭义的、工具性概念意义上的并发性（concurrent）安全问题作为优先事项。①正是**因为**在跨国安全机制或共同体模式中，这一现象远比跨国安全政治的其他领域更要突出，因此，在面对和反对家长式作风、消费主义、威权主义以及分裂主义等病态症候时，我们也在跨国安全机制和共同体模式中发现了更多深层次的努力，这些努力从原来的国家情境中转化而来，并致力于在跨国安全机制中发展安全文明化实践的4个"R"——资源、承认、权利和理性。

全球民间社会

跨国民间社会的兴起，可谓是进一步回应了传统的国家中心主义，以及作为其替代选项的单边主义和（跨国）机制的研究方法在能力、合法性以及效力方面存在的问题，虽然只是部分地回应（Kaldor 2003；Keane 2003）。当前有大量的文献表明，近几十年来，国际非政府组织（NGOs）和其他"无组织的民间社会"运动在数量和质量上都出现了急剧增长（de Burca and Walker

---

① 这样做的后果之一，便是人们继续将欧盟内部的安全视为一种"俱乐部产品"——而这一概念更适合于那些关系密切、对一体化认同程度较高的特定国家群体，而不是整个欧盟。这一点在1985年最初发起的《申根协定》中就体现得十分明显，该协定最初是由少数几个国家发起的，它们希望在欧盟内部普遍取消边境管制，并采取新的安全措施以应对无边界的体制。最近，随着2005年《普鲁姆公约》的签订，这一问题又再次浮出水面——该公约基本上是由同一批"核心"欧盟国家提出的倡议，试图在欧盟条约的框架之外推动新的、可能具有广泛影响的跨国警务合作和共同行动（Balzacq *et al.* 2006）。

2003；Anheier et al. 2004）。全球民间社会至少从四个方面来应对跨国政治中的民主赤字和参与不足问题。第一，它提供了代表某些利益与价值的形式，这些代表形式并不是以国家为中心的，而是跟踪并帮助在不同国家之间形成共同或趋同的偏好。第二，特别是国际非政府组织为监控国际政治运作中对个人和团体权利的侵犯提供了重要的手段，这一职能在警务和安全领域中尤其重要，如国际特赦组织（Amnesty International）、国家观察组织①和国际人权法律保护中心（Interrights）等各种团体的活动都表明了这一点。第三，全球民间社会为建立和发展全球"公共领域"的观念提供了一种关键方法，公共领域是一个交流和互动的空间，全球利益的概念可以在这个空间进行充分的讨论、表达、拟定并得以生成。因此，它力图修正国际关系中"民主赤字"现象的根本性文化根基，以及缺乏真正的共同利益意识与表达等问题，跨国组织和机构正是以这些共同利益为基础，同时又必须对这些利益作出回应。第四，全球民间社会，特别是"反全球化运动"，认为它们为世界政治的替代性范式提供了一个预示——在这种范式中，国家不再是主导性的机构，暴力不再是权力的"终极特性"，资本也不再是占主导地位的交易逻辑和政策引擎。

　　显然，如果想要认真思考是否有可能形成一种致力于阐明和落实全球公共物品的跨国公共利益概念，就必须认真地对待全球民间社会的愿望和成就。然而，全球民间社会永远只能是拼图（全局）的一个部分，而且除非其他部分也都各自到位，否则全球民间社会的某些影响就会成为无理取闹，在试图推进赖以存在的美好愿景的同时，也对这种美好愿景造成了破坏。第一，全球民间社会并不能**取代**现行国家结构和跨国机构的政策能力，而只能作为它们的补充和完善。在这个过程中，必须避免两种相反的危险。其一是增选成员（co-option）的风险，这种危险在国家和国际非政府组织的政治中都有充分的记载。

---

① Statewatch，一个致力于监督欧盟各国司法与内政、安全和公民自由状况的非营利组织，成立于1991年。——译者注

另一个则是消极能力，即民间社会的合法反对作用，这种合法反对者的角色很有可能沦为一种批评形式却无法表达积极的反向事实，或只能用最模糊的乌托邦术语来进行表达。具有讽刺意味的是，这种消极的能力可能会导致默认的国家主义，所有试图将跨国利益或价值从制度上统一起来的努力，都会因缺乏民主资格而受到先验的谴责。第二，跨国市民社会必须首先关注其自身的合法性问题。全球直接民主显然不是一个适当的选择，这是由于政策领域的规模和多样性，以及在它们之间进行协调的必要性，在这种情况下，全球民间社会运动必须像它们监督和批评的机构一样，注意自己的审议程序和代表能力。第三，基于前述各种原因，全球民间社会必须关注有效执行的问题。与其他领域一样，在安全政治中，"反对派"文化必须认真对待政策执行差距的问题，即必须考虑到，在面对未实现的全球公共物品时，全球政治的"恶习"不仅存在于假性消极之中，也存在于假性积极之中；既是由于**不作为**（incation）（即未能将关注转化为政策、将政策转化为规范性监管、将规范性监管转化为有效的应用），也是由于不正当的**作为**（action）。这就需要采取一种既具有批判性又具有建设性的方法，既愿意为各机构可能取得的成就提供支持，同时又要对它们未能实现目标进行公开批评，或要求它们对自己的盲目追求和不当作为负责。

世界主义

自康德以来，世界主义得到了丰富多样的发展（Kleingeld 1999），并在其外部界限上与"联邦"全球政府和公民的理念联系在一起。但是当前大多数世界主义者并没有采用这种方式来表达他们的雄心壮志。相反，今天许多世界主义者想要强调和优先考虑两种类型的发展（Archibugi *et al.* 1998；Held 2004；cf. Waldron 2000，2003b；Vertovec and Cohen 2002）。首先，在社会本体论和规范理论的层面，与社群主义的立场不同，世界主义者强调，我们努力改善世界的适当重点应该是，而且越来越可能是全体人类，或人类的任何部分，而不论其是否经由特殊的亲缘纽带而联系在一起。反过来，这建立在人性观的基础上，这种人性观质疑根植于特定国家和次国家政治共同体的传统和实践中的情感纽带的主导性地位，在某些情况下甚至质疑其持续的相关性。① 伴随着全球沟通和交流渠道的拓展、相互依存程度的提升，并且为了解释和追踪这些渠道而建立了各种机构，这就提供了一个实际的背景环境，在这个环境中能够建立和培育有关信任、忠诚和共同事业的跨国联系。正是这一系列新的跨国机构构成了第二个重点：如前所述，这个重点并不是世界政府制定某些僵硬和乌托邦式的普遍秩序概念，而是加强现存于全球和区域层级上的各个机构，并使之民主化，如欧盟等区域性组织就非常重视其作为基于"公民权力"（civilian-power）的"后国家"集体行动可能性的原型作用，也非常重视它们对于当代跨国政治的特殊贡献（参见 Zielonka 1998；Cooper 2003）。此外，世界主义倾向于强调全球民间社会运动的力量，以及它们在打造跨国集体认同和团结的新形式方面，与新机构的共生互利作用。

世界主义者的愿景中有很多吸引人的内容。一方面，它强调人类共同的需求和愿望——它坚持认为"没有任何人是异类"（Waldron 2000：243），因此它在基本乐观的知识和政治框架内，将关注的焦点直接定位在全球公共物品的问题上，这一框架摒弃了与某种类型的概念或社会学本质主义相关的、毫无结果的二分法和停滞不前的理解。另一方面，世界主义拒绝任何简单的制度性解决方案，也拒绝任何志得意满的感觉，即认为新的政治共同体形式在经过一段相当长的时滞之后，必然会围绕着这些机构出现，同时它也强调有必要在制度和机构发展的同时，培养各种形式的公众意识，这充分表明，有效性与合法性是两个密切相关的愿望，而全球政策（包括全球安全政策）的有效实施则取决于这两者。

---

① 在这里可以对绝对世界主义者和温和的世界主义者进行一下区分，只有（不太常见的）前者认为，全人类共同体是道德共同体的**唯一**参照点。可参见克林戈尔德和布朗的著作（Kleingeld and Brown 2002）。

然而，世界主义仍然在某种程度上倾向于低估和淡化国家和其他地方政治共同体规范之间的持续相关性和价值，因而与国际关系研究中国家中心主义方法的各种变体对于国家政治共同体的关注相比，刚好是发生了相反的错误（Fine and Smith 2003：484）。当然，现代世界主义者并不想逐步淘汰国家机构。这似乎是一种务实的让步——承认国家机构具有根深蒂固的影响力，因此也是建立发展更强大的跨国机构必不可少的，而不是承认并赞赏地方政治共同体中任何不可约减的价值和它们能够明确表达和提供的物品。这里的风险在于，它假定了由于全球公共物品在范围和管辖权上均超越了国内公共产品，因此在内在价值上也使得国内公共物品黯然失色，而所谓适当的模式，是国内公共物品能够简单地嵌入于全球公共物品的需求中，并最终从属于全球公共物品的需求。

这种方法似乎取决于两个错误中的其中之一或两个同时。首先，正如上文所述，世界主义者可能根本不认为地方性共同体中存在任何不可约减的价值。用我们的术语来说，这就意味着并没有把包括安全在内的公共物品看作是厚重的社会建构性和社会惩罚性物品，而不是像我们在赫尔德的著作中所看到的那样（Held 2004：ch.6），仅仅是一种聚合性或工具性公共物品。另外——并且最后回到零和思维，我们在本章开头部分就强调了零和思维面临的挑战——即使国内安全物品的厚重性得到了承认，这也可能被视为是令人遗憾和压抑的事情，因为由此得出的结论或者假设是：一个类似于全世界团结的概念被自动排除在外，这个概念足以满足更广泛的共同体的共同安全需求。根据这一观点，首选的选项要么就是像联合国开发计划署那样，在国家和跨国家层面上推广"简薄—简薄"的安全观念（参见上文表9-1）；要么寻求在全球层面，并且仅在全球层面建立有关公共利益的厚重理念，因为只有在全球层面，除了共同的人性之外没有其他边界。我们认为，这个结论是有缺陷的，无论是作为理论阐释人们如何以及为什么会形成和保留一些共同事项，还是在为全球公共物品（包括警务和安全物品）的发展建立有效框架的过程中，作为汲取和利用社会能力与民众合法性来源的实践战略，这一结论都存在着不足。

作为全球公共物品的安全

在上一部分，我们展现了在应对全球政治，特别是全球安全政治中日益增长的相互依存局面做出的努力，作为一揽子应对方案的两个极端，一端是将他们关于可行且合法政治的愿景转变为国家中心主义的方法，另一端则是转变为超越了特定联系和义务的普遍的世界主义。上述两种观点和方案，都仍然没有对所有可行且合法的全球安全政治中的两个关键坐标之一给予充分的理解和认识。其他的替代性选择也同样不尽如人意，虽然原因各不相同。单边主义的方法只会使国家中心主义方法的问题进一步复杂化。国际安全机制的视角和全球公民社会的方法分别涉及了（整体）拼图中十分重要的制度和文化部分，但却无法解决整个难题。

在我们看来，未来的发展方向，以及我们在结束语部分的重点，是提供一个原则性基础，其基础是对公共物品多元结构的正确理解，在这个原则性基础上，同时对全球和国内两个层面给予适当的承认，并从这一起点开始想象制度、机构的发展和社会的发展，这些发展将使这一多元结构在实现整体安全最大化方面发挥最佳效用。这一原则性基础的起点不仅仅是重申国家的美德和价值，而且正如我们在第七章中详细讨论的那样，还重申了这种美德和价值的**必要性**。与其他某些公共物品不同，安全公共物品不仅仅是离散的个人利益的聚合，而且还具有内在的社会维度，也正因为如此，这一社会维度融入了对"是什么因素使得社会群体**成为**'公共'的？"这一问题的深刻文化理解之中，在建构全方位框架的过程中，我们不能忽视这一更深层次的社会学动态。客观的安全取决于社会环境，主观的安全则取决于社会关系的质量，而由于这些厚重的社会属性，我们对于准备共享某些事物的基本感觉是通过安全感和本地语言来理解的。这反过来又加强了人们的信任感和自信心，以及扎根于社会世界的感觉，这构成了（主观）安全作为公共物品的要素。这是一系列紧密相连并自我强化的关系。它既预设并强化了政治共同体的韧性单位的概念，还预设和强化了该政治共同体内的位置感，正如我们在第七章中提到的，这种政治共同体的范式形式和基本层级仍然是国家。因此，在政治共同体的这个基本层级，安全的社会维度是根本不可能被抹去的。由于建立在国家偏向于干预、偏袒特定利益、帝国主义甚或愚蠢无知等倾向的基础上，因此安全的社会维度也相应地呈现出助长了家长式作风、威权主义、消费主义或碎片化的趋势，这不得不说是一件令人遗憾的事，但如果这些必然发生的事**以某种形式**存在，就不会令人感到遗憾。

259

然而我们的第二点原则在于，即使在支持国家政治共同体和国家安全的概念方面仍然存在着明显的增强趋势，但这一事实并不意味着我们就要对实现全球公共物品或全球公共利益概念的可能性感到绝望，也不意味着我们只需要用"简薄"的聚合术语来构想这个更高层级的问题。换言之，如果我们要在跨国领域建立和发展公理性安全的理念与实践，我们也不需要以"零和"或"负和"的方式来构想不同层级的政治共同体之间的安全，以及政治共同体的重叠层级之间的安全，因此我们不必听任国家中心主义的安全观成为社会学上的默认观念。事实上，这种零和思维的盛行恰恰表明了，我们在第六章结尾部分总结的"无处不在的"的安全理念是如何建构和影响世界政治的，它可能采取一种内向的、充满恐惧的、被动的肤浅态度，及其与之相伴生的警务或军事化的心态和思维方式（即浅显而宽泛的形式），也可能是出于各国在国际舞台上试图捍卫其特定的同质化和安全化的本体性安全观念（即深刻而广泛的形式）。

我们有很多理由可以不接受这些事态，并在此基础上超越这种零和计算。第一个出发点是全球公共物品的纯粹趋同概念。哪怕是最以国家为中心的现实主义学者也对国际安全表示了持续的关注，这一现象表明，国家在安全问题上有着强烈的自利性,这就意味着它们现在是,而且将永远是合作性战略的自愿参与者,尽管从制度上长期稳定这些战略存在着困难。事实上,稳定的问题并不是由于缺乏对相互依存的理解和认识,而恰恰是由于**敏锐且持久**地意识到相互依存的问题,再加上有时出于相互依存的因素而肆意地决定维护本国的利益。第二,由于各国有关内部安全事务的内容总是惊人地相似,因此相对于多个单一国家利益的最佳汇集而言,可以鼓励各国把全球公共利益看作是超越了上述最佳结合且更为重要的东西。正如我们在第四章中提及过的,与其他政策领域相比,在安全问题上所有国家都同样遵循广义的一般秩序概念——都同样理解(并理解他们需要回应)其人民渴望生活在安宁的状态及可预期的社会关系中。第三,与此相关的,各国在其对安全公共物品的社会性质的理解中也就能找到共同的原因。在此之前,当我们讨论提供安全保障的替代性方案时,我们一方面对比了国家、俱乐部和私人行为主体之间的竞争,同时也对比了不同国家之间的竞争。尽管各国的特定利益可能各不相同,但它们对其努力捍卫的(安全公共物品的)社会性和公共性仍有共同的理解,这反过来又使得人们对于实现安全的过程中**其他**场域和层级的社会或公共"附加价值"的可能性更富有想象力,无论它们是多么不均匀和不连续。①

国际安全需求的持续性和优先性(以及由此产生的紧迫性),在追求并实现这些需求的过程中对其他国家造成的"镜像效应"(以及由此产生的同理性),显然是能够以正和方式实现全球安全的重要因素。但是,我们之所以能

---

① 我们再回到欧盟的例子,如果人们已经意识到在维护国内安全方面有着同样的过程和内容,那么就更易将"欧洲安全"看作是一种整体性的社会公共物品——这种整体性社会公共物品的价值会因为其被成员共同持有而进一步增加。事实上,欧洲安全在这些经验主义术语中是"有意义的",这一事实本身就是近年来"建立一个自由、安全和公正的区域"的目标被作为欧洲一体化的催化剂而得到强力推动的原因之一。对那些不具备强大社会要素的公共物品而言,如公用事业的提供等,当它们被迁移到新的场域时也就不那么具有直观的吸引力。出于同样的原因,如果某些公共物品在其他任何地方都没有引起强烈的共鸣,这也就意味着它们同样不会在其他任何地方遭到强烈的反对。

够开始想象厚重的单一国家安全观念，以及一种更厚重的跨国安全观念，其至关重要的原因也能够被加入到这个因素组合中来并且与某些动态密切相关，而社会性与安全之间的关系正是通过这种动态因素产生的。在本书的主要部分，我们首先关注的是国家层面的安全文明化问题，我们倾向于把这种关系看成是**始终处于已完成状态**，从而把注意力集中于避免出现某些病态症候群，并希望实现自我强化的承诺。在政治共同体的构建和形成过程中，安全具有**时序性**和**逻辑**优先性，但这一点却往往容易被忽略，相比之下在国际社会"未完成"的世界中则更为明显和有针对性。当我们在第六章结尾部分总结有关公理性安全的讨论时，我们曾提及它的双重催化作用——安全既是社会需要的平台，同时也是一种社会教育，这实际上暗指了那种双重的优先权。反过来，这也有助于我们思考并认识到跨国安全实践对于国际社会的构建有多么重要，无论这种跨国安全项目本身是否不成熟或者遭受挫败。我们很难想象，并且更重要的是全球的决策者们也很难想象，如果缺乏安全这一全球性公共物品提供的稳定平台，是否能够实现其他全球公共物品的有效供给。除此之外，我们同样很难想象，并且更重要的是全球的决策者们也很难想象，在缺乏有益教育的情况下，**跨国社会**（而不仅仅是离散的国家**社会**间的关系）对于安全问题的共同关注能够将共同行动的工具性和情感性表达结合在一起。更重要的是，这里的"社会性"（social）总是或多或少（more or less），而不是非此即彼（either/or）。安全不仅必然存在于社会关系新层次和新阶段的"起点"，而且由于其催化作用，其初始和持续的生存能力并不取决于"社会性""民众的"或"文化的"等某些先验的标准，也不取决于已经实现的"我们感"的衡量标准或其他任何的亲和力基础，更不用说那些**尚未**实现或已经被放弃的其他领域的标准和基础。因此，如果安全的平台建设和社会生成性工作能够成功启动，就不是绝对的和相互排斥的生存或成功阈值，而是可以按照一种渐进的动态来运作，并在各种不同场域（国家的和后国家的场域）同时具有不同的动量和势头（momentum）。

当然，如果我们认为，在听任各国（即便是民主国家）自行其是的情况下，它们能够在建构自身公共物品的最优概念之余，还能试图建构全球性安全公共物品的最优概念，这实在是过于天真的想法。我们的主张要比上述想法温和得多：各个国家拥有多重性的，并且在某种程度上相互强化的激励结构，促成它们在保护安全利益方面进行合作。此外，在过去一个世纪以来，人类经历了广岛原子弹事件、对犹太人的大屠杀、核军备竞赛，以及当前网络恐怖主义的兴起等超越了国家边界的重大安全事件（Robertson 1992；Kaldor 2003：112），这反映出人类具有某些共同的弱点、价值偏好和富有想象力的工具，从而促使各国同时思考是否有可能建构一个更厚重的全球安全模式——在这个全球安全模式下，各个国家认为自己不仅仅代表了本国的公民，至少在某些时候，它们还代表着潜在的"世界公民"。也是在这个全球安全模式中，对共同人性的关注既是必要的前提假设，也是区域安全感或全球安全感的一个组成部分。

因此，我们必须从各个国家着手，建立必要的制度和社会框架以实现某种更厚重的跨国公共利益概念，从而与国家公共利益并行和相互补充。但同样地，我们决不能也不需要以国家为终点。除了各个国家以及各国间建立的谈判结构和制度，我们还需要某种具有影响力的区域性和全球性论坛，使那些不受国家利益束缚以及其话语和"公民身份"并不是完全由国家主义术语进行界定的人，能够更充分地发挥他们的政治想象力，并思考如何在全球范围内实现作为一种厚重公共物品的安全。这样做的原因不仅仅是出于政治道德的考虑，而是因为在认识到国家并不能够很好地代表新旧选民群体之后，越来越多的人要求以元民主（meta-democratic）的方式对全球秩序进行"重构"（Fraser 2005）。其中也有非常实际的原因。我们认为，国家就同其他任何行为主体一样，它们在特定的集体行动框架内单独进行了大量投入，但仍然能够想象另一种或其他可能更好地服务于**它们所共同秉持的**利益的集体行动框架。也就是说，它们可能缺乏在现有框架内寻求这些共同利益最佳意义的个人意愿或集体谈判动力，但仅仅因为它们意识到了这一点，它们就不一定或持续地反对建立或发展替代性的框架，这些替代性框架强调的是共同利益而不仅仅是同时并存的利益，并为实现这些共同利益提供文化动力和调整后的激励结构。事实上，如果在原则上并非如此，那么就很难理解和解释国际和超国家的法律、政治体制的**现有**发展，这些发展超越了现实主义或其他主要以国家为中心的调控结构的简薄而不稳定的逻辑。

即使已经到了本书的最后部分，我们仍然必须谨守上一章中做出的承诺，即**不**发布机构和制度愿望清单——相较于在国家自身的内部结构中，这种活动在当代动荡和不稳定的跨国安全领域显得更加专横和难以捉摸。然而从最笼统的角度来说，我们试图将"锚定的多元主义"的概念进一步延伸和扩展，向上扩展到跨国社会，向外延伸到民间社会和市场社会，同时向下包含了次国家的社会。在可预见的将来，这个制度矩阵仍将不可避免地继续把国家作为在其境内外发起共同行动的主要推动者，亦是相关制度创新举措的主要动力源泉。但是在原则性和非协商性的承认与理解方面，至少在国家自身的承认和理解上，它应该是多元的。也就是说，在抽象政治共同体的两个层级上，我们可以把安全看作为一种更厚重的公共物品，它们彼此之间不能相互还原，而是需要不同的辩论和机构论坛来阐述和表达它们的观点。在第二个层面上，跨国民间社会和区域性机制将成为主动和关键参与者的重要补充，因为它们已经在一定程度上被认为超越了国家利益。专业人士和行政团队已经远离了国内政治环境，但仍努力遵守谋求安全最大化的职业道德，并在这些职业道德的驱动下决定情境决策，然而其职业道德并未脱离国家环境，因此这些专业人士和行政团队也不可避免地，并且富有成效地成为这一层面的重要参与者。[①]当然，有关

[①] 在这方面，谢普蒂基（Sheptycki, forthcoming）关于跨国"警察伦理"观念的著作和研究计划尤其具有启发性。这在一定程度上是因为人们希望把跨国领域内必然存在的警察高度自由裁量权转变成一种美德。但在某种程度上也是基于这样一种认识，即共同的警察伦理思想是安全人员在许多不同情况下建构的基本自我认知的一部分，这不仅是出于专业自身利益或自尊（我们在第八章有关家长式症候群的分析中讨论过这种类型），同时也是由于在广泛的国家和跨国背景下的安全威胁局势动态，与试图补救这些局势的共同的警务工作的价值意义之间那种结构连续性。

"重构"（reframing）的宏大问题仍然悬而未决，即如何处理和解决以下两者之间可能存在的张力：一方面是在纯粹的国家和国际对话及论坛上达成的提案或方法的"聚合"或趋同倾向，另一方面则是在区域性和全球性论坛上达成的更具有超越性的提案和方法。但是，至少应该从原则上理解安全公共物品的多元层级，并在此基础上，从制度上承认和理解这种张力，以及就这种张力进行沟通协商的需求。如果想要对安全文明化的美德和价值进行优化，那么安全公共物品的任何一个层级都无法单独地确保或表达安全文明化的美德、价值和意义。

参考文献

Abrahamsen, R. and M. C. Williams 2006. 'Security Sector Reform: Bringing the Private in', *Conflict, Security and Development* 6: 1–23.

Ackerman, B. 2004. 'The Emergency Constitution', *Yale Law Journal* 113: 1029–91.

Ackerman, B. and J. Fishkin 2002. 'Deliberation Day', *Journal of Political Philosophy* 10: 129–52.

Adler, E. and M. Barnett (eds.) 1998. *Security Communities*. Cambridge: Cambridge University Press.

Adorno, T. W., E. Frenkel-Brunswik, D. J. Levinson and R. N. Sanford 1950. *The Authoritarian Personality*. New York: Harper.

Agamben, G. 1993. 'Sovereign Police', in B. Massumi (ed.), *The Politics of Everyday Fear*. Minneapolis: University of Minnesota Press, pp. 55–63.

Agamben, G. 1998. *Homo Sacer: Sovereign Power and Bare Life*. Stanford: Stanford University Press.

Agamben, G. 2004a. *State of Exception*. Chicago: Chicago University Press.

Agamben, G. 2004b. 'An Interview with Giorgio Agamben', *German Law Journal* 5/5: 609–14.

Ahire, P. 1991. *Imperial Policing: The Emergence and Role of the Police in Colonial Nigeria 1860–1960*. Milton Keynes: Open University Press.

Albrow, M. 1996. *The Global Age*. Cambridge: Polity.

Alderson, J. 1979. *Policing Freedom*. Plymouth: McDonald & Evans.

Alexander, G. 1997. 'Civic Property', *Social & Legal Studies* 6/2: 217–34.

Althusser, L. 1971. 'Ideology and Ideological State Apparatus', in *Lenin and Philosophy and Other Essays*. London: New Left Books, pp. 128–76.

Anderson, B. 1991. *Imagined Communities: Reflections on the Origins and Spread of Nationalism*. London: Verso.

Anderson, D. and D. Killingray (eds.) 1991. *Policing the Empire*. Manchester: Manchester University Press.

Anderson, D. and D. Killingray (eds.) 1992. *Policing and Decolonisation*. Manchester: Manchester University Press.

Anderson, M. 1989. *Policing the World*. Oxford: Oxford University Press.

Anderson, M. and J. Apap 2002. *Striking a Balance Between Freedom, Security and Justice in an Enlarged European Union*. Brussels: Centre for European Policy Studies.

Anderson, M., M. den Boer, P. Cullen, W. Gilmore, C. Raab and N. Walker 1995. *Policing the European Union: Theory, Law and Practice*. Oxford: Clarendon.

Andreas, P. and R. Price 2001. 'From War Fighting to Crime Fighting: Transforming the American National Security State', *International Studies* 4: 31–52.

Anheier, H., M. Kaldor and M. Glasius (eds.) 2004. *Global Civil Society 2004/5*. London: Sage.

Aradau, C. 2004. 'Security and the Democratic Scene: Desecuritization and Emancipation', *Journal of International Relations and Development* 7: 388–413.

Arato, A. 2002. 'The Bush Tribunals and the Spectre of Dictatorship', *Constellations* 9/4: 457–76.

Archibugi, D., D. Held and M. Köhler (eds.) 1998. *Re-Imagining Political Community: Studies in Cosmopolitan Democracy*. Cambridge: Polity.

Audit Commission 1993. *Helping with Enquiries: Tackling Crime Effectively*. London: Audit Commission.

Avant, D. 2005. *The Market for Force: The Consequences of Privatising Security*. Cambridge: Cambridge University Press.

Ayres, I. and J. Braithwaite 1992. *Responsive Regulation: Transcending the Deregulation Debate*. Oxford: Oxford University Press.

Baldwin, D. (ed.) 1993. *Neorealism and Neoliberalism: The Contemporary Debate*. New York: Columbia University Press.

Balzacq, T., D. Bigo, S. Carrera and E. Guild 2006. *Security and the Two-Level Game: The Treaty of Prum, the EU and the Management of Threats* (CEPS Working Document 234). Brussels: Centre for European Policy Studies.

Barber, B. 2003. *Fear's Empire: War, Terrorism and Democracy*. New York: Norton.

Barcelona Report 2004. *A Human Security Doctrine for Europe: The Barcelona Report of the Study Group on Europe's Security Capabilities*. Barcelona: Caixa de Catalunya. Available at: www.lse.ac.uk/depts/global/studygroup/studygroup.htm

Baudrillard, J. 1983. *Simulations*. London: Semiotext(e).

Bauman, Z. 1992. *Intimations of Postmodernity*. London: Routledge.

Bauman, Z. 1998. *Globalization: The Human Consequences*. Cambridge: Polity.

Bauman, Z. 2004. *Wasted Lives: Modernity and its Outcasts*. Cambridge: Polity.

Bauman, Z. and K. Tester 2001. *Conversations with Zygmunt Bauman*. Cambridge: Polity.

Bayley, D. 1985. *Patterns of Policing*. New Brunswick, NJ: Princeton University Press.

Bayley, D. 1994. *Police for the Future*. Oxford: Oxford University Press.

Bayley, D. 2001. 'Security and Justice for All', in H. Strang and J. Braithwaite (eds.), *Restorative Justice and Civil Society*. Cambridge: Cambridge University Press, pp. 211–21.

Bayley, D. 2006. *Changing the Guard: Developing Democratic Police Abroad*, Oxford: Oxford University Press.

Bayley, D. and C. Shearing 1996. 'The Future of Policing', *Law and Society Review* 30/3: 585–606.

Bayley, D. and C. Shearing 2001. *The New Structure of Policing: Description, Conceptualization and Research Agenda*. Washington, DC: National Institute of Justice.

Beck, U. 2000. *What Is Globalization?* Cambridge: Polity.

Becker, H. 1967. 'Whose Side Are We on?', *Social Problems*, 14/3: 239–47.

Bellamy, A., P. Williams and S. Griffin 2004. *Understanding Peacekeeping*. Cambridge: Polity.

Benhabib, S. 2004. *The Rights of Others: Aliens, Residents and Citizens*. Cambridge: Cambridge University Press.

Benjamin, W. 1921/1985. 'Critique of Violence', in *One-Way Street and Other Essays*. London: Verso, pp. 132–54.

Benson, B. 1990. *The Enterprise of Law: Justice Without the State*. San Francisco, CA: Pacific Research Institute for Public Policy.

Berki, R. N. 1986. *Security and Society: Reflections on Law, Order and Politics*. London: Dent.

Bernstein, S., T. Platt, J. Frappier, G. Ray, R. Shauffler, L. Trujillo, L. Cooper, E. Currie and S. Harring 1982. *The Iron Fist and the Velvet Glove: An Analysis of the US Police*, 3rd edn. Berkeley, CA: Center for Research on Criminal Justice.

Bigo, D. 1996. *Police en réseaux: l'expérience européenne*. Paris: Presse de Sciences Po.

Bigo, D. 2000a. 'When Two Become One: Internal and External Securitisations in Europe', in M. Kelstrup and M. Williams (eds.), *International Relations Theory and the Politics of European Integration: Power, Security and Community*. London: Routledge, pp. 171–204.

Bigo, D. 2000b. 'Liaison Officers in Europe: New Officers in the European Security Field', in J. Sheptycki (ed.), *Issues in Transnational Policing*. London: Routledge, pp. 67–100.

Bigo, D. 2002. 'Security and Immigration: Towards a Critique of the Governmentality of Unease', *Alternatives* 27: 63–92.

Bigo, D. (ed.) 2006. *Illiberal Practices in Liberal Regimes*. Paris: L'Harmattan.

Bigo, D. and E. Guild (eds.) 2005. *Controlling Frontiers: Free Movement into and within Europe*. Aldershot: Ashgate.

Bittner, E. 1967. 'The Police on "Skid Row": A Study in Peacekeeping', *American Sociological Review* 32: 699–715.

Bittner, E. 1970. *The Functions of Police in Modern Society*. Chevy Chase, MD: National Institute of Mental Health.

Bittner, E. 1983. 'Legality and Workmanship', in M. Punch (ed.), *Control in the Police Organization*. Cambridge, MA: MIT Press, pp. 1–12.

Bittner, E. 1990. *Aspects of Police Work*. Boston, MA: Northeastern University Press.

Blagg, H. 1997. 'A Just Measure of Shame? Aboriginal Youth Conferencing in Australia', *British Journal of Criminology* 37: 481–501.

Blair, I. 2002. 'The Policing Revolution: Back to the Beat', *New Statesman* 23 September, 21–3.

Blakely, E. and M. Snyder 1997. *Fortress America: Gated Communities in the USA*. Washington, DC: Brookings Institute Press.

Bobbitt, P. 2002. *The Shield of Achilles: War, Peace and the Course of History*. Harmondsworth: Penguin.

Boer, M. den and J. Monar 2002. '11 September and the Challenge of Global Terrorism to the EU as a Security Actor', *Journal of Common Market Studies* 40: 11–28.

Boer, M. den and A. Peters 2005. 'Urban Security: A View from the European Balcony', in K. van der Vijver and J. Terpstra (eds.), *Urban Safety: Problems, Governance and Strategies*. Enschede: IPIT, pp. 145–63.

Bohman, J. and W. Rehg (eds.) 1997. *Deliberative Democracy*. Cambridge, MA: MIT Press.

Bottoms, A. 1995. 'The Philosophy and Politics of Punishment and Sentencing', in C. Clark and R. Morgan (eds.), *The Politics of Sentencing Reform*. Oxford: Clarendon, pp. 17–49.

Bourdieu, P. 1987. 'The Force of Law: Toward a Sociology of the Juridical Field', *Hastings Law Journal* 38: 805–57.

Bourdieu, P. 1990. *The Logic of Practice*. Cambridge: Polity.

Bourdieu, P. 1996. *The State Nobility: Elite Schools in the Field of Power*. Stanford, CA: Stanford University Press.

Bourdieu, P. and others 1999. *The Weight of the World: Social Suffering in Contemporary Society*. Cambridge: Polity.

Braithwaite, J. 1992. 'Good and Bad Police Services and How to Pick Them', in P. Moir and H. Eijkman (eds.), *Policing Australia*. Sydney: Macmillan, pp. 11–29.

Braithwaite, J. and P. Pettit 1990. *Not Just Deserts: A Republican Theory of Criminal Justice*. Oxford: Oxford University Press.

Bratton, W. 1998. *Turnaround: How America's Top Cop Reversed the Crime Epidemic*. New York: Random House.

Brewer, J. 1991. 'Policing in Divided Societies', *Policing and Society* 1/3: 179–91.

Brodeur, J.-P. 1983. 'High Policing and Low Policing: Remarks About the Policing of Political Activities', *Social Problems* 30/5: 507–20.

Brogden, M. 1982. *The Police: Autonomy and Consent*. London: Academic Press.

Brogden, M. 1987. 'The Emergence of the Police: The Colonial Dimension', *British Journal of Criminology* 27: 4–14.

Brogden, M. and P. Nijhar 2005. *Community Policing: National and International Models and Approaches*. Cullompton: Willan.

Brogden, M. and C. Shearing 1993. *Policing for a New South Africa*. London: Routledge.

Brooks, T. R. 1965. 'New York's Finest', *Commentary* 40/August.

Brown, J. and F. Heidensohn 2000. *Gender and Policing*. Basingstoke: Macmillan

Brown, M., S. Lynn-Jones and S. Miller (eds.) 1996. *Debating the Democratic Peace*. Cambridge, MA: MIT Press.

Brunckhorst, H. 2005. *Solidarity: From Civic Friendship to a Global Legal Community*. Cambridge, MA: MIT Press.

Buchanan, K. 1978. 'From Private Preferences to Public Philosophy: The Development of Public Choice', in J. Buchanan *et al.*, *The Economics of Politics*. London: Institute of Economic Affairs, pp. 1–20.

Bull, H. 1977. *The Anarchical Society: A Study of Order in World Politics*. Basingstoke: Macmillan.

Bullock, K. and N. Tilley (eds.) 2003. *Crime Reduction and Problem-Oriented Policing*. Cullompton: Willan.

Bunyan, T. 2002. *The War on Freedom and Democracy*. London: Statewatch.

Bunyan, T. 2004. *While Europe Sleeps*. Available at: www.spectrezine.org/europe/

Burca, G. de and N. Walker 2003. 'Law and Transnational Civil Society: Upsetting the Agenda?', *European Law Journal* 9: 387–400.

Burke, A. 2002. 'Aporias of Security', *Alternatives* 27/1: 1–27.

Burke, J. 2004. *Al Qaeda: The True Story of Radical Islam*. Harmondsworth: Penguin.

Burris, S. 2004. 'Governance, Microgovernance and Health', *Temple Law Review* 77: 335–62.

Burris, S. 2006. 'From Security to Health', in J. Wood and B. Dupont (eds.), *Democracy, Society and the Governance of Security*. Cambridge: Cambridge University Press, pp. 196–216.

Butler, A. 1984. *Police Management*. London: Gower.

Buzan, B. 1991. *People, States and Fear: An Agenda for International Security Studies in the Post Cold War Era*, 2nd edn. Brighton: Harvester.

Buzan, B. 2004. *The United States and the Great Powers: World Politics in the Twenty-First Century*. Cambridge: Polity.

Buzan, B., O. Wæver and J. de Wilde 1998. *Security: A New Framework for Analysis*. London: Lynne Rienner.

Cain, M. 2000. 'Orientalism, Occidentalism and the Sociology of Crime', in D. Garland and R. Sparks (eds.), *Criminology and Social Theory*. Oxford: Oxford University Press, pp. 71–102.

Caldeira, T. 2001. *City of Walls: Crime, Segregation and Citizenship in São Paulo*. Berkeley: University of California Press.

Campbell, D. and M. Dillon (eds.) 1993. *The Political Subject of Violence*. Manchester: Manchester University Press.

Canovan, M. 1996. *Nationhood and Political Theory*. London: Edward Elgar.

Canovan, M. 2005. *The People*. Cambridge: Polity.

Cashmore, E. and E. McLaughlin (eds.) 1991. *Out of Order? Policing Black People*. London: Routledge.

Castells, M. 1997. *The Information Age: Economy, Society and Culture*, vol. 1. Oxford: Basil Blackwell.

Castoriadis, C. 1987. *The Imaginary Institution of Society*. Cambridge, MA: MIT Press.

Caygill, H. 2001. 'Perpetual Police?: Kosovo and the Elision of Police and Military Violence', *European Journal of Social Theory* 4/1: 73–80.

Chalmers, D. 2004. *Constitutional Reason in an Age of Terror* (Global Law Working Paper 06/04). New York: New York University Law School.

Cherney, A. 2005. 'Contingency and Resistance: Studying Developments in the Governance of Security'. Unpublished ms., School of Social Science, University of Queensland.

Clark, I. 1989. *The Hierarchy of States: Reform and Resistance in the International Order*. Cambridge: Cambridge University Press.

Cohen, H. 1985. 'Authority: The Limits of Discretion', in F. A. Elliston and M. Feldberg (eds.), *Moral Issues in Police Work*. New York: Rowan & Allanheld, pp. 27–42.

Cohen, J. and C. Sabel 1997. 'Directly-Deliberative Polyarchy', *European Law Journal* 3/4: 313–40.

Cohen, P. 1979. 'Policing the Working Class City', in B. Fine, R. Kinsey, J. Lea, S. Picciotto and J. Young (eds.), *Capitalism and the Rule of Law*. London: Hutchinson, pp. 118–36.

Cohen, S. 2001. *States of Denial: Knowing About Atrocities and Suffering*. Cambridge: Polity.
Commission on Global Governance 1995. *Our Global Neighbourhood*. Oxford: Oxford University Press.
Commission on Human Security 2003. *Human Security Now: Protecting and Empowering People*. New York: United Nations.
Cooper, R. 2003. *The Breaking of Nations: Order and Chaos in the Twenty-First Century*. London: Atlantic Books.
Cowell, D., T. Jones and J. Young (eds.) 1982. *Policing the Riots*. London: Junction Books.
Cox, R. W. 1987. *Production, Power and World Order: Social Forces in the Making of History*. New York: Columbia University Press.
Crawford, A. 1997. *The Local Governance of Crime: Appeals to Partnerships and Community*. Oxford: Clarendon.
Crawford, A. 1998. *Crime Prevention and Community Safety: Politics, Policies and Practices*. Harlow: Longman.
Crawford, A. 2003. 'The Pattern of Policing in the UK: Policing Beyond the Police' in T. Newburn (ed.), *Handbook of Policing*. Cullompton: Willan, pp. 136–68.
Crawford, A. 2006. 'Policing and Security as "Club Goods": The New Enclosures', in J. Wood and B. Dupont (eds.), *Democracy, Society and the Governance of Security*. Cambridge: Cambridge University Press, pp. 111–38.
Crawford, A. and S. Lister 2005. *The Extended Police Family: Visible Patrols in Residential Areas*. Bristol: Policy Press.
Creveld, M. van 1999. *The Rise and Decline of the State*. Cambridge: Cambridge University Press.
Dalby, S. 1997. 'Contesting an Essential Concept: Reading the Dilemmas in Contemporary Security Discourse', in K. Krause and M. Williams (eds.), *Critical Security Studies*. London: University College London Press, pp. 3–32.
Deflem, M. 2003. *Policing World Society: Historical Foundations of International Police Cooperation*. Oxford: Oxford University Press.
De Lint, W. 1997. 'The Constable Generalist as Exemplary Citizen, Networker and Problem-Solver: Some Implications', *Policing and Society* 6: 247–64.
De Lint, W. and S. Virta 2004. 'Security in Ambiguity: Towards a Radical Security Politics', *Theoretical Criminology* 8/4: 465–90.
Della Porta, D. and H. Reiter (eds.) 1998. *Policing Protest: The Control of Mass Demonstrations in Western Democracies*. Minneapolis, MN: University of Minnesota Press.
Della Porta, D. and H. Reiter 2004. 'The Policing of Global Protest: The G8 at Genoa and its Aftermath', paper presented at the International

Conference on Protest Policing and Globalization, Gothenburg, 1–4 May.

Dennis, N. (ed.), 1997. *Zero Tolerance: Policing a Free Society*. London: Institute of Economic Affairs.

Derrida, J. 1992. 'Force of Law: The "Mystical Foundations of Authority"', in D. Cornell, M. Rosenfeld and D. G. Carlson (eds.), *Deconstruction and the Possibility of Justice*. London: Routledge, pp. 3–67.

Dillon, M. 1996. *Politics of Security: Towards a Political Philosophy of Continental Thought*. London: Routledge.

Dixon, B. 2004. 'In Search of Interactive Globalisation: Critical Criminology in South Africa's Transition', *Crime, Law and Social Change* 41: 359–84.

Dixon, B. and E. van der Spuy (eds.) 2004. *Justice Gained? Crime and Crime Control in South Africa's Transition*. Cullompton: Willan.

Dixon, D. 1997. *Law in Policing: Legal Regulation and Police Practices*. Oxford: Oxford University Press.

Dorf, M. and C. Sabel 1998. 'A Constitution of Democratic Experimentalism', *Columbia Law Review* 98: 367–473.

Douzinas, C. 2003. 'Humanity, Military Humanism and the New Moral Order', *Economy and Society* 32/2: 159–83.

Doyle, M. 1995. 'On the Democratic Peace', *International Security* 19/4: 180–4.

Dryzek, J. 2000. *Deliberative Democracy and Beyond*. Oxford: Oxford University Press.

Dubber, M. D. 2004. ' "The Power to Govern Men and Things": Patriarchal Origins of the Police Power in American Law', *Buffalo Law Review* 52/4: 1277–1346.

Dubber, M. D. 2005. *The Police Power: Patriarchy and the Foundations of American Government*. New York: Columbia University Press.

Dunn, J. 1993. *Western Political Theory in the Face of the Future*. London: Canto.

Dunn, J. 2000. *The Cunning of Unreason: Making Sense of Politics*. London: HarperCollins.

Dunn, J. 2005. *Setting the People Free: The Story of Democracy*. London: Atlantic Books.

Dupont, B. 2004. 'Security in an Age of Networks', *Policing and Society* 14/1: 76–91.

Dupont, B., P. Grabosky and C. Shearing 2003. 'The Governance of Security in Weak and Failing States', *Criminal Justice* 3: 331–49.

Dyzenhaus, D. and M. Hunt forthcoming. 'Deference, Security and Human Rights', in B. Goold and L. Lazarus (eds.), *Security and Human Rights*. Oxford: Hart.

Elias, N. 1939/1978. *The Civilizing Process*, vol. 1: *The History of Manners*. New York: Pantheon Books.

Elias, N. 1939/1982. *The Civilizing Process*, Vol. 2: *State Formation and Civilization*. New York: Pantheon Books.

Elliot, N. 1989. *Streets Ahead*. London: Adam Smith Institute.

Ellison, G. forthcoming. 'Fostering a Dependency Culture: The Commodification of Community Policing in a Global Marketplace', in A. Goldsmith and J. Sheptycki (eds.), *Crafting Global Policing*. Oxford: Hart.

Ellison, G. and A. Mulcahy (eds.) 2001. Special issue of *Policing and Society* on 'Policing in Northern Ireland' 11: 3–4.

Ellison, G. and J. Smyth 2000. *The Crowned Harp: Policing in Northern Ireland*. London: Pluto Press.

Elster, J., C. Offe and U. K. Preuss 1998. *Institutional Design in Post-Communist Societies: Rebuilding the Ship at Sea*. Cambridge: Cambridge University Press.

Emsley, C. 1992. 'The English Bobby: An Indulgent Tradition', in R. Porter (ed.), *Myths of the English*. Cambridge: Polity, pp. 114–35.

Emsley, C. 1993. 'Peasants, Gendarmes and State Formation', in M. Fulbrook (ed.), *National Histories and European History*. London: University College Press.

Emsley, C. 1996. *The English Police: A Political and Social History*, 2nd edn. Harlow: Longman, pp. 69–93.

Emsley, C. 2000. *Gendarmes and the State in Nineteenth Century Europe*. Oxford: Oxford University Press.

Ericson, R. 1982. *Reproducing Order: A Study of Police Patrol Work*. Toronto: University of Toronto Press.

Ericson, R. 1994. 'The Division of Expert Knowledge in Policing and Security', *British Journal of Sociology*, 45/2: 149–75.

Ericson, R. and K. Haggerty 1997. *Policing the Risk Society*. Oxford: Oxford University Press.

Estlund, D. 1999. 'Beyond Fairness and Deliberation: The Epistemic Dimension of Democratic Authority', in J. Bohman and W. Rehg (eds.), *Deliberative Democracy*. Cambridge, MA: MIT Press, pp. 173–204.

Etzioni, A. 2004. *The Common Good*. Cambridge: Polity.

Falk, R. 1995. *On Humane Governance: Toward a New Global Politics (The World Order Models Project Report of the Global Civilization Initiative)*. Cambridge: Polity.

Feldman, N. 2002. 'Choices of Law, Choices of War', *Harvard Journal of Law and Public Policy* 25: 457–85.

Ferguson, N. 2004. *Colossus: The Price of America's Empire*. New York: Penguin.

Ferret, J. 2004. 'The State, Policing and "Old Continental Europe": Managing the Local/National Tension', *Policing and Society* 14/1: 49–65.

Fielding, N. 1984. 'Police Socialisation and Police Competence', *British Journal of Sociology* 35/4: 568–90.

Fine, R. 1999. 'Benign Nationalism? The Limits of the Civic Ideal', in E. Mortimer (ed.), *People, Nation and State: The Meaning of Ethnicity and Nationalism*. London: I. B. Tauris, pp. 149–61.

Fine, R. and D. Millar (eds.) 1984. *Policing the Miners' Strike*. London: Lawrence & Wishart.

Fine, R. and W. Smith 2003. 'Jürgen Habermas's Theory of Cosmopolitanism', *Constellations* 10: 469–87.

Finer, S. 1997. *The History of Government*, vol. 3: *Empires, Monarchies and the Modern State*. Oxford: Oxford University Press.

Fishkin, J. 1991. *Democracy and Deliberation: New Directions for Democratic Reform*. New Haven: Yale University Press.

Foucault, M. 1978. *A History of Sexuality: An Introduction*. Harmondsworth: Penguin.

Foucault, M. 1981. 'Omnes et Singulatim: Towards a Criticism of "Political Reason"', in S. McMurrin (ed.), *The Tanner Lectures on Human Values*, vol. 2. Salt Lake City: University of Utah Press, pp. 225–54.

Foucault, M. 1984. *A History of Sexuality*, vol. 3: *The Care of the Self*. Harmondsworth: Penguin.

Fraser, N. 2003. 'Social Justice in an Age of Identity Politics: Redistribution, Recognition and Participation', in N. Fraser and A. Honneth, *Redistribution or Recognition?: A Political-Philosophical Exchange*. London: Verso, pp. 7–109.

Fraser, N. 2005. 'Reframing Justice in a Globalizing World', *New Left Review* 36 (Nov.–Dec.): 69–88.

Fredman, S. forthcoming. 'Security as Equality: Security from Poverty, Illness and Degradation', in B. Goold and L. Lazarus (eds.), *Security and Human Rights*. Oxford: Hart.

Freeden, M. 1996. *Ideologies and Political Theory: A Conceptual Approach*. Oxford: Oxford University Press.

Friedman, M. 1962. *Capitalism and Freedom*. Chicago: University of Chicago Press.

Friedrich, C. J. 1963. *Man and Government*. New York: McGraw-Hill.

Fukuyama, F. 1992. *The End of History and the Last Man*. Harmondsworth: Penguin.

Gambetta, D. 1993. *The Sicilian Mafia: The Business of Private Protection*. Cambridge, MA: Harvard University Press.

Gamble, A. 1988. *The Free Economy and the Strong State: The Politics of Thatcherism*. Basingstoke: Macmillan.

Gans, J. 2000. 'Privately Paid Public Policing: Law and Practice', *Policing and Society*, 10/2: 183–206.

Garland, D. 2001. *The Culture of Control: Crime and Social Order in Contemporary Society*. Oxford: Oxford University Press.

Gerstenberg, O. and C. Sabel 2002. 'Directly Deliberative Polyarchy: An Ideal for Europe', in C. Joerges and R. Dehousse (eds.), *Good Governance in Europe's Integrated Market*. Oxford: Oxford University Press, pp. 289–392.

Geuss, R. 2003. *Public Goods, Private Goods*. Princeton: Princeton University Press.

Giddens, A. 1984. *The Constitution of Society*. Cambridge: Polity.

Giddens, A. 1991. *Modernity and Self-Identity*. Cambridge: Polity.

Gilmore, B. 2002. *The Twin Towers and the Third Pillar: Some Security Agenda Developments*. Florence: European University Institute Working Paper.

Gilroy, P. 2004. *After Empire: Melancholia or Convivial Culture?* London: Routledge.

Girling, E., I. Loader and R. Sparks 2000. *Crime and Social Change in Middle England: Questions of Order in an English Town*. London: Routledge.

Glaeser, A. 2000. *Divided in Unity: Identity, Germany and the Berlin Police*. Chicago: Chicago University Press.

Goldberg, D. T. 2001. *The Racial State*. Oxford: Basil Blackwell.

Goldsmith, A. 1990. 'Taking Police Culture Seriously: Police Discretion and the Limits of Law', *Policing and Society* 1: 2–20.

Goldsmith, A. 2003. 'Policing Weak States: Citizen Safety and State Responsibility', *Policing and Society* 13: 3–21.

Goldsmith, A. and C. Lewis (eds.) 2000. *Civilian Oversight of Policing: Governance, Democracy and Human Rights*. Oxford: Hart.

Goldsmith, A., M. V. Llorente and A. Rivas forthcoming. 'Foreign Assistance in Colombian Policing', in A. Goldsmith and J. Sheptycki (eds.), *Crafting Global Policing*. Oxford: Hart.

Goldsmith, A. and J. Sheptycki (eds.) forthcoming. *Crafting Global Policing*. Oxford: Hart.

Goldstein, H. 1990. *Problem-Oriented Policing*. London: McGraw-Hill.

Golove, D. and S. Holmes 2004. 'Terrorism and Accountability: Why Checks and Balances Apply Even in "The War on Terrorism"', *The NYU Review of Law and Security* 2/April: 2–7.

Goold, B. and L. Lazarus (eds.) forthcoming. *Security and Human Rights*. Oxford: Hart.

Gordon, P. 1984. 'Community Policing: Towards the Local Police State', *Critical Social Policy* 10/Summer.

Gorer, G. 1955. *Exploring English Character*. London: Cresset.

Gouldner, A. 1976. *The Dialectic of Ideology and Technology*. London: Macmillan.

Grabosky, P. 1995. 'Using Non-Governmental Resources to Foster Regulatory Compliance', *Governance* 8: 527–50.

Gray, J. 2003. *Al Qaeda and What it Means to be Modern*. London: Faber.

Grimm, D. 1995. 'Does Europe Need a Constitution?', *European Law Journal* 1: 282–96.

Grimm, D. 2005. 'The Constitution in the Process of Denationalization', *Constellations* 12: 447–63.

Grimshaw, R. and T. Jefferson 1987. *Interpreting Policework*. London: Allen & Unwin.

Guild, E. and D. Bigo 2002. 'The Legal Mechanisms – Collectively Specifying the Individual: The Schengen Border System and Enlargement', in M. Anderson and J. Apap (eds.), *Police and Justice Co-operation and the New European Borders*. The Hague: Kluwer, pp. 121–38.

Guild, E. and S. Carrera 2005. *No Constitutional Treaty? Implications for the Area of Freedom, Security and Justice* (CEPS Working Document 231). Brussels: Centre for European Policy Studies.

Günther, K. 2005. 'World Citizens between Freedom and Security', *Constellations* 12: 379–91.

Gutmann, A. and D. Thompson 2004. *Why Deliberative Democracy?* Princeton, NJ: Princeton University Press.

Habermas, J. 1974. *Knowledge and Human Interests*. London: Heinemann.

Habermas, J. 1996. *Between Facts and Norms*. Cambridge: Polity.

Habermas, J. 2001. 'Constitutional Democracy: A Paradoxical Union of Contradictory Principles?', *Political Theory* 29: 770–81.

Habermas, J. 2006. *The Divided West*. Cambridge: Polity.

Hale, C. 1996. 'Fear of Crime: A Review of the Literature', *International Review of Victimology* 4/1: 79–150.

Hall, S. 1980. *Drifting into a Law and Order Society*. London: Cobden Trust.

Hall, S., J. Clarke, C. Critcher, T. Jefferson and B. Roberts 1978. *Policing the Crisis*. Basingstoke: Macmillan/Palgrave.

Haltern, U. 2003. 'Pathos and Patina: The Failure and Promise of Constitutionalism in the European Imagination', *European Law Journal* 9: 14–44.

Harcourt, B. 2001. *Illusion of Order: The False Promise of Broken Windows Policing*. Cambridge, MA: Harvard University Press.

Harcourt, B. 2006. *Against Prediction: Profiling, Policing, and Punishing in an Actuarial Age*. Chicago: Chicago University Press.

Hardin, R. 1999. 'Democracy and Collective Bads', in I. Shapiro and C. Hacker-Cordon (eds.), *Democracy's Edges*. Cambridge: Cambridge University Press, pp. 63–83.

Hardt, M. and A. Negri 2000. *Empire*. Cambridge, MA: Harvard University Press.

Harvey, D. 2003. *The New Imperialism*. Oxford: Oxford University Press.

Hayek, F. von 1948. *Individualism and Economic Order*. Chicago: University of Chicago Press.

Hayek, F. von 1978. 'Why I Am Not a Conservative', in *The Constitution of Liberty*. Chicago: University of Chicago Press, pp. 397–413.

Hayek, F. von 1979. *Law, Legislation and Liberty*, vol. 3: *The Political Order of a Free People*. London: Routledge & Kegan Paul.

Hayes, B. 2002. *The Activities and Development of Europol: Towards an Unaccountable 'FBI' in Europe*. London: Statewatch.

Held, D. 2004. *Global Covenant: The Social Democratic Alternative to the Washington Consensus*. Cambridge: Polity.

Held, D. and A. McGrew 2002. *Globalization/Anti-Globalization*. Cambridge: Polity.

Held, D., A. McGrew, D. Goldblatt and J. Perraton 1999. *Global Transformations: Politics, Economics and Culture*. Cambridge: Polity.

Herbert, S. 2006. *Citizens, Cops, and Power: Recognizing the Limits of Community*. Chicago: University of Chicago Press.

Herbst, J. 2003. 'Let Them Fail: State Failure in Theory and Practice. Implications for Policy', in R. I. Rotberg (ed.), *When States Fail: Causes and Consequences*. Princeton, NJ: Princeton University Press, pp. 302–18.

Heritier, A. 2002. 'Introduction', in A. Heritier (ed.), *Common Goods: Reinventing European and International Governance*. Lanham, MD: Rowman & Littlefield, pp. 1–27.

Hirschman, A. 1970. *Exit, Voice and Loyalty: Responses to Decline in Firms, Organisations and States*. Cambridge, MA: Harvard University Press.

Hirst, P. 2000. 'Democracy and Governance', in J. Pierre (ed.), *Debating Governance: Authority, Steering and Democracy*. Oxford: Oxford University Press, pp. 13–35.

Hirst, P. and G. Thompson 1996. *Globalization in Question*. Cambridge: Polity.

Hobbes, T. 1946. *Leviathan*. Oxford: Blackwell.

Holmes, S. 1993. *The Anatomy of Anti-Liberalism*. Cambridge, MA: Harvard University Press.

Holmes, S. 1995. *Passions and Constraint: On the Theory of Liberal Democracy*. Chicago: University of Chicago Press.
Home Office 1994. *Partners Against Crime*. London: Home Office.
Home Office 2001. *Policing a New Century: A Blueprint for Reform*. London: Home Office. Cm. 5326.
Home Office 2004. *Building Communities, Beating Crime: A Better Police Service for the 21st Century*. London: Home Office. Cm. 6360.
Honneth, A. 2003. 'Redistribution as Recognition', in N. Fraser and A. Honneth, *Redistribution or Recognition? A Political-Philosophical Exchange*. London: Verso, pp. 110–97.
Hope, T. 1997. 'Inequality and the Future of Community Crime Prevention', in S. P. Lab (ed.), *Crime Prevention at a Crossroads*. Cincinnati, OH: Anderson Publishing, pp. 143–60.
Hope, T. 2000. 'Inequality and the Clubbing of Private Security', in T. Hope and R. Sparks (eds.), *Crime, Risk and Insecurity: Law and Order in Everyday Life and Political Discourse*. London: Routledge, pp. 83–106.
Hope, T. and S. Karstedt 2003. 'Towards a New Social Crime Prevention', in H. Kury and J. Obergfell-Fuchs (eds.), *Crime Prevention: New Approaches*. Mainz, Germany: Weisse Ring, pp. 461–89.
Hope, T., S. Karstedt and S. Farrall 2001. *The Relationship between Calls and Crimes*. London: Home Office.
Huggins, M. 1998. *Political Policing: United States and South America*. Durham, NC: Duke University Press.
Hughes, G. 2007. *The Politics of Crime and Community*. Basingstoke: Palgrave.
Hughes, G. and A. Edwards (eds.) 2002. *Crime Control and Community: The New Politics of Public Safety*. Cullompton: Willan.
Hume, D. 1951. *A Treatise of Human Nature*. Oxford: Oxford University Press.
Huysmans, J. 2002. 'Defining Social Constructivism in Security Studies: The Normative Dilemma of Writing Security', *Alternatives* 27: 41–62.
Huysmans, J. 2004. 'Minding Exceptions: The Politics of Insecurity and Liberal Democracy', *Contemporary Political Theory* 3: 321–41.
Huysmans, J. 2006. *The Politics of Insecurity: Fear, Migration and Asylum in the EU*. London: Routledge.
Ignatieff, M. 2001. *Human Rights as Politics and Idolatry*. Princeton, NJ: Princeton University Press.
Ignatieff, M. 1993. *Blood and Belonging*. London: BBC Books.
Ignatieff, M. 2003. *Empire Lite: Nation-Building in Bosnia, Kosovo and Afghanistan*. London: Vintage.
Ignatieff, M. 2004. *The Lesser Evil: Political Ethics in an Age of Terror*. Edinburgh: Edinburgh University Press.

Ikenberry, G. J. (ed.) 2002. *America Unrivalled: The Future of the Balance of Power*. Ithaca, NY: Cornell University Press.

Innes, M. 2004. 'Reinventing Tradition: Reassurance, Neighbourhood Security and Policing', *Criminal Justice* 4/2: 151–71.

James, C. L. R. 1963. *Beyond a Boundary*. London: Yellow Jersey Press.

Jefferson, T. and R. Grimshaw 1984. *Controlling the Constable: Police Accountability in England and Wales*. London: Muller.

Jessop, B. 1990. *State Theory: Putting the Capitalist State in its Place*. Cambridge: Polity.

Johnson, C. 2004. *The Sorrows of Empire: Militarism, Secrecy and the End of the Republic*. New York: Metropolitan Books.

Johnston, L. 1992. *The Rebirth of Private Policing*. London: Routledge.

Johnston, L. 1999. *Policing Britain: Risk, Security and Governance*. Harlow: Longman.

Johnston, L. 2000. 'Transnational Private Security', in J. Sheptycki (ed.), *Issues in Transnational Policing*. London: Routledge, pp. 21–42.

Johnston, L. 2003. 'From "Pluralisation" to "the Extended Police Family": Discourses on the Governance of Community Policing in Britain', *International Journal of the Sociology of Law* 31: 185–204.

Johnston, L. 2006. 'Transnational Security Governance', in J. Wood and B. Dupont (eds.), *Democracy, Society and the Governance of Security*. Cambridge: Cambridge University Press, pp. 33–51.

Johnston, L. and C. Shearing 2003. *Governing Security: Explorations in Policing and Justice*. London: Routledge.

Jones, T. 2003. 'The Governance and Accountability of Policing', in T. Newburn (ed.), *Handbook of Policing*. Cullompton: Willan, pp. 603–27.

Jones, T. and T. Newburn 1998. *Private Security and Public Policing*. Oxford: Oxford University Press.

Jones, T. and T. Newburn 2001. *Widening Access: Improving Police Relations with Hard to Reach Groups* (Police Research Series Paper 138). London: Home Office.

Jones, T. and T. Newburn 2002. 'The Transformation of Policing?: Understanding Current Trends in Policing Systems', *British Journal of Criminology* 42: 129–46.

Jones, T. and T. Newburn 2004. 'The Convergence of US and UK Crime Control Policy: Exploring Substance and Process', in T. Newburn and R. Sparks (eds.), *Criminal Justice and Political Cultures: National and International Dimensions of Crime Control*. Cullompton: Willan, pp. 123–51.

Jones, T. and T. Newburn (eds.) 2006. *Plural Policing in Comparative Perspective*. London: Routledge.

Jordan, B. 1996. *A Theory of Poverty and Social Exclusion.* Cambridge: Polity.

Jordana, J. and D. Levi-Faur (eds.) 2004. *The Politics of Regulation: Institutional and Regulatory Reform for the Age of Governance.* Cheltenham: Edward Elgar.

Kádár, A. (ed.) 2001. *Police in Transition.* Budapest: Central European University Press.

Kagan, R. 2003. *Of Paradise and Power: America and Europe in the New World Order.* New York: Alfred A. Knopf.

Kagan, R. 2004. 'America's Crisis of Legitimacy', *Foreign Affairs* 83/2: 65–87.

Kaldor, M. 1999. *New and Old Wars: Organized Violence in a Global Era.* Cambridge: Polity.

Kaldor, M. 2003. *Global Civil Society: An Answer to War.* Cambridge: Polity.

Kantorowicz, E. H. 1957. *The King's Two Bodies: A Study in Mediaeval Political Theology.* Princeton, NJ: Princeton University Press.

Karn, J. 2007. *Narratives of Neglect: Community, Exclusion and the Local Governance of Security.* Cullompton: Willan.

Kaul, I., P. Conceição, K. Le Goulven and R. U. Mendoza 2003a. 'Why do Global Public Goods Matter Today?', in I. Kaul, P. Conceição, K. Le Goulven and R. U. Mendoza (eds.), *Providing Global Public Goods: Managing Globalization.* Oxford: Oxford University Press, pp. 2–20.

Kaul, I., P. Conceição, K. Le Goulven and R. U. Mendoza 2003b. 'How to Improve the Provision of Global Public Goods', in I. Kaul, P. Conceição, K. Le Goulven and R. U. Mendoza (eds.), *Providing Global Public Goods: Managing Globalization.* Oxford: Oxford University Press, pp. 21–58.

Kaul, I., P. Conceição, K. Le Goulven and R. U. Mendoza (eds.) 2003c. *Providing Global Public Goods: Managing Globalization.* Oxford: Oxford University Press.

Kaul, I., I. Grunberg and M. A. Stern 1999a. 'Introduction', in I. Kaul, I. Grunberg and M. A. Stern (eds.), *Global Public Goods: International Cooperation in the 21st Century.* Oxford: Oxford University Press, pp. xix–xxxviii.

Kaul, I., I. Grunberg and M. A. Stern 1999b. 'Defining Global Public Goods', in I. Kaul, I. Grunberg and M. A. Stern (eds.), *Global Public Goods: International Cooperation in the 21st Century.* Oxford: Oxford University Press, pp. 2–19.

Kaul, I., I. Grunberg and M. A. Stern (eds.) 1999c. *Global Public Goods: International Cooperation in the 21st Century.* Oxford: Oxford University Press.

Keane, J. 2003. *Global Civil Society?* Cambridge: Cambridge University Press.
Keane, J. 2004. *Violence and Democracy*. Cambridge: Cambridge University Press.
Keenan, A. 2003. *Democracy in Question: Democratic Openness in a Time of Political Closure*. Stanford: Stanford University Press.
Keith, M. 1993. *Race, Riots and Policing*. London: University College London Press.
Kelling, G. and C. Coles 1996. *Fixing Broken Windows: Restoring Order and Reducing Crime in Our Communities*. New York: Free Press.
Kempa, M., R. Carrier, J. Wood and C. Shearing 1999. 'Reflections on the Evolving Concept of "Private Policing"', *European Journal of Criminal Policy and Research* 7: 197–223.
Kempa, M., P. Stenning and J. Wood 2004. 'Policing Communal Spaces: A Reconfiguration of the "Mass Private Property" Hypothesis', *British Journal of Criminology* 44/4: 562–81.
Kinsey, R., J. Lea and J. Young 1986. *Losing the Fight Against Crime*. Oxford: Basil Blackwell.
Kjaer, A. M. 2004. *Governance*. Cambridge: Polity.
Kleingeld, P. 1999. 'Six Varieties of Cosmopolitanism in Late Eighteenth-Century Germany', *Journal of the History of Ideas* 60: 505–24.
Kleingeld, P. and E. Brown 2002. 'Cosmopolitanism', in E. N. Zalta (ed.), *The Stanford Encyclopaedia of Philosophy*. Available at: http://plato.stanford.edu/archives/fall2002/entries/cosmopolitanism/
Klockars, C. 1985 *The Idea of Police*. Beverly Hills, CA: Sage.
Knemeyer, F. 1980. 'Polizei', *Economy and Society*, 9/2: 172–96.
Kostakopolou, D. forthcoming. 'The Area of Freedom, Security and Justice and the European Union's Constitutional Dialogue', in C. Barnard (ed.), *EU Law: Revisiting the Fundamentals in Light of the Constitutional Debate*. Oxford: Oxford University Press.
Krahmann, E. (ed.) 2005. *New Threats and New Actors in International Security*. Basingtoke: Palgrave.
Krause, K. and M. Williams (eds.) 1997. *Critical Security Studies*. London: University College London Press.
Kymlicka, W. 2005. 'Justice and Security in the Accommodation of Minority Nationalism', unpublished ms. (on file with the authors).
Laclau, E. and C. Mouffe 1985. *Hegemony and Socialist Strategy: Towards a Radical Democratic Politics*. London: Verso.
Laurie, P. 1972. *Scotland Yard*. Harmondsworth: Penguin.
Lawrence, P. 2005. *Nationalism: History and Theory*. Harlow: Pearson.
Lazarus, L. forthcoming. 'Mapping the Right to Security', in B. Goold and L. Lazarus (eds.), *Security and Human Rights*. Oxford: Hart.

Leander, A. 2006. 'Privatizing the Politics of Protection: Military Companies and the Definition of Security Concerns', in J. Huysmans, A. Dobson and R. Prokhovnik (eds.), *The Politics of Protection: Sites of Security and Political Agency*. London: Routledge, pp. 19–33.

Lee, J. 1981. 'Some Structural Aspects of Police Deviance in Relations with Minority Groups', in C. Shearing (ed.), *Organizational Police Deviance*. Toronto: Butterworth, pp. 51–82.

Lee, S. Y. 1990. 'Morning Calm, Rising Sun: National Character and Policing in South Korea and Japan', *Police Studies* 13: 91–110.

Levy, J. 2000. *The Multiculturalism of Fear*. Oxford: Oxford University Press.

Liang, H.-H. 1992. *The Rise of the Modern Police and the European State System from Metternich to the Second World War*. Cambridge: Cambridge University Press.

Lindahl, H. 2005. '*Jus Includendi et Excludendi*: Europe and the Borders of Freedom, Security and Justice', *King's College Law Journal* 16: 234–47.

Linden, R., D. Last and C. Murphy forthcoming. 'Obstacles on the Road to Peace and Justice: The Role of Civilian Police in Peacekeeping', in A. Goldsmith and J. Sheptycki (eds.), *Crafting Global Policing*. Oxford: Hart.

Lindseth, P. forthcoming. 'Agents without Principals? Delegation in an Age of Diffuse and Fragmented Governance', in F. Cafaggi (ed.), *Reframing Self-Regulation*. Dordrecht: Kluwer.

Little, R. 1997. 'International Regimes', in J. Baylis and S. Smith (eds.) *The Globalization of World Politics*. Oxford: Oxford University Press., pp. 299–316.

Loader, I. 1996. *Youth, Policing and Democracy*. Basingstoke: Macmillan/Palgrave.

Loader, I. 1997a. 'Thinking Normatively About Private Security', *Journal of Law and Society* 24/3: 377–94.

Loader, I. 1997b. 'Private Security and the Demand for Protection in Contemporary Britain', *Policing and Society* 7/3: 143–62.

Loader, I. 1997c. 'Policing and the Social: Questions of Symbolic Power', *British Journal of Sociology* 48/1: 1–18.

Loader, I. 1999. 'Consumer Culture and the Commodification of Policing and Security', *Sociology* 33/2: 373–92.

Loader, I. 2000. 'Plural Policing and Democratic Governance', *Social and Legal Studies* 9/3: 323–45.

Loader, I. 2002. 'Policing, Securitization and Democratization in Europe', *Criminal Justice* 2/2: 125–53.

Loader, I. 2006a. 'Fall of the "Platonic Guardians": Liberalism, Criminology and Political Responses to Crime in England and Wales', *British Journal of Criminology* 46/4: 561–86.

Loader, I. 2006b. 'Policing, Recognition and Belonging', *The Annals of the American Academy of Political and Social Science* 605/1: 202–21.

Loader, I. forthcoming a. 'The Cultural Lives of Security and Rights', in B. Goold and L. Lazarus (eds.) *Security and Human Rights*. Oxford: Hart.

Loader, I. forthcoming b. 'Playing with Fire?: Democracy and the Emotions of Crime and Punishment', in S. Karstedt, I. Loader and H. Strang (eds.), *Emotions, Crime and Justice*. Oxford: Hart.

Loader, I. and A. Mulcahy 2003. *Policing and the Condition of England: Memory, Politics and Culture*. Oxford: Oxford University Press.

Loader, I. and N. Walker 2001. 'Policing as a Public Good: Reconstituting the Connections Between Policing and the State', *Theoretical Criminology* 51: 9–35.

Loader, I. and N. Walker 2004. 'State of Denial?: Rethinking the Governance of Security', *Punishment and Society* 6/2: 221–8.

Loader, I. and N. Walker 2006. 'Necessary Virtues: The Legitimate Place of the State in the Production of Security', in J. Wood and B. Dupont (eds.), *Democracy, Society and the Governance of Security*. Cambridge: Cambridge University Press, pp. 165–95.

Loader, I. and L. Zedner 2007. 'Police Beyond Law?', *New Criminal Law Review* (formerly *Buffalo Criminal Law Review*) 10/1: 142–52.

Łoś, M. 2002. 'Post-Communist Fear of Crime and the Commercialization of Security', *Theoretical Criminology* 6/2: 165–88.

Łoś, M. and A. Zybertowicz 2000. *Privatizing the Police State: The Case of Poland*. New York: St Martin's Press.

Loughlin, M. 2003. *The Idea of Public Law*. Oxford: Oxford University Press.

Low, S. 2003. *Behind the Gates: Life, Security and the Pursuit of Happiness in Fortress America*. London: Routledge.

Luhmann, N. 1979. *Trust and Power*. Chichester and New York: Wiley.

Lyon, D. 2003. *Surveillance after September 11*. Cambridge: Polity.

Maanen, J. van 1983. 'The Boss', in M. Punch (ed.), *Control in the Police Organisation*. Cambridge, MA: MIT Press, pp. 275–317.

MacKinnon, C. 1989. *Toward a Feminist Theory of the State*. Cambridge, MA: Harvard University Press.

Maguire, M. 2000. 'Policing by Risks and Targets: Some Dimensions and Implications of Intelligence-Led Social Control', *Policing and Society* 9/4: 315–37.

Mair, P. 2005. *Democracy Beyond Parties (Paper 05–06)*. Center for the Study of Democracy, University of California, Irvine. Available at: http://repositories.cdlib.org/csd/05–06

Mann, M. 1986. *The Sources of Social Power*, Vol. 1. Cambridge: Cambridge University Press.

Mann, M. 2003. *Incoherent Empire*. London: Verso.

Manning, P. 1979. 'The Social Control of Police Work', in S. Holdaway (ed.), *The British Police*. London: Edward Arnold, pp. 41–65.

Manning, P. 2001. 'Theorizing Policing: The Drama and Myth of Crime Control in the NYPD', *Theoretical Criminology* 5/3: 315–44.

Marenin, O. 1982. 'Parking Tickets and Class Repression: The Concept of Policing in Critical Theories of Criminal Justice', *Contemporary Crises* 6/2: 241–6.

Marenin, O. 1996a. 'Policing Change, Changing Police: Some Thematic Questions', in O. Marenin (ed.), *Policing Change, Changing Police: International Perspectives*. New York: Garland, pp. 3–22.

Marenin, O. 1996b. 'Changing Police, Policing Change: Towards More Questions', in O. Marenin (ed.), *Policing Change, Changing Police: International Perspectives*. New York: Garland, pp. 309–30.

Marenin, O. (ed.) 1996c. *Policing Change, Changing Police: International Perspectives*. New York: Garland.

Marenin, O. forthcoming. 'Implementing Police Reforms: The Roles of the Transnational Condition', in A. Goldsmith and J. Sheptycki (eds.), *Crafting Global Policing*. Oxford: Hart.

Margalit, A. and J. Raz 1990. 'National Self-Determination', *The Journal of Philosophy* 87: 439–61.

Markell, P. 2003. *Bound by Recognition*. Princeton, NJ: Princeton University Press.

Marks, G., L. Hooghe and K. Blank 1996. 'European Integration from the 1980s: State-centric v. Multi-level Governance', *Journal of Common Market Studies* 34: 341–78.

Marquand, D. 2004. *Decline of the Public: The Hollowing out of Citizenship*. Cambridge: Polity.

Matthews, R. 2005. 'The Myth of Punitiveness', *Theoretical Criminology* 9/2: 175–202.

Mawby, R. I. 1990. *Comparative Policing Issues: The British and American Experience in International Perspective*. London: Routledge.

Mawby, R. I. (ed.) 1999. *Policing Across the World: Issues for the Twenty-First Century*. London: University College London Press.

Mawby, R. I. 2003. 'Models of Policing', in T. Newburn (ed.), *Handbook of Policing*. Cullompton: Willan, pp. 15–40.

Maynor, J. 2003. *Republicanism in the Modern World*. Cambridge: Polity.

Mayntz, R. 2002. 'Common Goods and Governance' in A. Heritier (ed.), *Common Goods: Reinventing European and International Governance*. Lanham, MD: Rowman & Littlefield, pp. 15–28.

Mazerolle, L. and J. Ransley 2006. *Third Party Policing*. Cambridge: Cambridge University Press.

McBride, C. 2005. 'Deliberative Democracy and the Politics of Recognition', *Political Studies* 53: 497–515.

McCabe, S., P. Wallington, J. Alderson, L. Gostin and C. Mason 1988. *The Police, Public Order and Civil Liberties*. London: Routledge.

McConville, M., A. Sanders and R. Young 1991. *The Case for the Prosecution*. London: Routledge.

McCormick, J. 1997. *Carl Schmitt's Critique of Liberalism: Against Politics as Technology*. Cambridge: Cambridge University Press.

McEvoy, K. and T. Newburn (eds.) 2003. *Criminology, Conflict Resolution and Restorative Justice*. Basingstoke: Palgrave.

McLaughlin, E. and K. Murji 1997. 'The Future Lasts a Long Time: Public Policework and the Managerialist Paradox', in P. Francis, P. Davis and V. Jupp (eds.), *Policing Futures*. London: Macmillan/Palgrave, pp. 80–103.

McLaughlin, E. and K. Murji 2001. 'Lost Connections and New Directions: Neo-Liberalism, New Public Managerialism and the "Modernization" of the British Police', in K. Stenson and R. Sullivan (eds.), *Crime, Risk and Justice*. Cullompton: Willan, pp. 104–22.

McSweeney, B. 1998. *Security, Identity and Interests: A Sociology of International Relations*. Cambridge: Cambridge University Press.

Melossi, D. 2005. 'Security, Social Control, Democracy and Migration within the "Constitution" of the EU', *European Law Journal* 11: 5–21.

Melossi, D. and R. Selmini 2000. 'Social Conflict and the Micro-Physics of Crime: The Experience of the Emilia Romagna Citta Sicure Project', in T. Hope and R. Sparks (eds.), *Crime, Risk and Insecurity*. London: Routledge, pp. 146–65.

Melossi, D., R. Sparks and M. Sozzo (eds.) forthcoming. *Travels of the Criminal Question*. Oxford: Hart.

Michalowski, R. 1992. 'Crime and Justice in Socialist Cuba: What Can Realists Learn?', in B. Maclean and J. Lowman (eds.), *Realist Criminology: Crime Control and Policing in the 1990s*. Toronto: University of Toronto Press, pp. 115–38.

Michnik, A. 1998. *Letters from Freedom: Post-Cold War Realities and Perspectives*. Berkeley: University of California Press.

Miliband, R. 1969. *The State in Capitalist Society*. London: Weidenfeld & Nicolson.

Miller, D. 1995. *On Nationality*. Oxford: Oxford University Press.

Morgan, G. 2005. *The Idea of a European Superstate: Public Justification and European Integration*. Princeton, NJ: Princeton University Press.

Morganthau, H. 1928. *Politics Among Nations: The Struggle for Power and Peace*. New York: Knopf.
Mouffe, C. (ed.) 1999. *The Challenge of Carl Schmitt*. London: Verso.
Mouffe, C. 2000. *The Democratic Paradox*. London: Verso.
Muir, W. K. 1977. *Police: Streetcorner Politicians*. Chicago: University of Chicago Press.
Mulcahy, A. 2005. *Policing Northern Ireland: Conflict, Legitimacy and Reform*. Cullompton: Willan.
Murphy, L. and T. Nagel 2002. *The Myth of Ownership: Taxes and Justice*. New York: Oxford University Press.
Muthien, J. and I. Taylor 2002. 'The Return of the Dogs of War?: The Privatization of Security in Africa', in R. Bruce Hall and T. J. Bierstaker (eds.), *The Emergence of Private Authority in Global Governance*. Cambridge: Cambridge University Press.
Nadelman, E. 1993. *Cops Across Borders: The Internationalization of US Criminal Law Enforcement*. Philadelphia: Pennsylvania State University Press.
Neocleous, M. 1998. 'Policing and Pin-Making: Adam Smith, Police and the State of Prosperity', *Policing and Society*, 8/4: 425–49.
Neocleous, M. 2000. *The Fabrication of Social Order: A Critical Theory of Police Power*. London: Pluto.
Neumann, F. 1957. 'Anxiety and Politics', in H. Marcuse (ed.), *The Democratic and Authoritarian State: Essays in Political and Legal Theory*. New York: Free Press, pp. 270–300.
Newburn, T. 2003. 'Community Safety and Policing: Some Implications of the Crime and Disorder Act 1998', in G. Hughes, E. McLaughlin and J. Muncie (eds.), *Crime Prevention and Community Safety: New Directions*. London: Sage, pp. 12–122.
Newburn, T. and R. Sparks (eds.) 2004. *Criminal Justice and Political Cultures: National and International Dimensions of Crime Control*. Cullompton: Willan.
Newman, S. 2004. 'Terror, Sovereignty and Law: On the Politics of Violence', *German Law Journal* 5/5: 569–84.
Nordstrom, C. 2002. 'Shadow Sovereigns', *Theory, Culture and Society* 17/4: 35–54.
North, D. C. 1993. *Institutions, Institutional Change and Economic Performance*. Cambridge: Cambridge University Press.
Nozick, R. 1974. *Anarchy, State and Utopia*. Oxford: Basil Blackwell.
Nussbaum, M. 2002. 'Patriotism and Cosmopolitanism', in J. Cohen (ed.), *For Love of Country?* Boston: Beacon Press, pp. 131–44.
Nye, J. S. 2002. *The Paradox of American Power: Why the World's Only Superpower Can't Go It Alone*. Oxford: Oxford University Press.

Oakley, R., M. Dziedzic and E. Goldberg (eds.) 2002. *Policing the New World Disorder: Peace Operations and Public Security*. Honolulu: University Press of the Pacific.

Oakshott, M. 1949/1991. *Rationalism in Politics and Other Essays*. Indianapolis: Liberty Press.

Ocqueteau, F. 2004. 'Public Security as "Everyone's Concern"?: Beginnings and Developments of a Useful Misunderstanding', *Policing and Society* 14/1: 66–75.

Offe, C. 2003. 'The European Model of "Social" Capitalism: Can It Survive European Integration?', *The Journal of Political Philosophy* 11/4: 437–69.

Olsen, M. 1971. *The Logic of Collective Action*. Cambridge, MA: Harvard University Press.

O'Malley, P. 1992. 'Risk, Power and Crime Prevention', *Economy and Society* 21/3: 251–68.

O'Malley, P. 1999. 'Volatile and Contradictory Punishment', *Theoretical Criminology* 3/2: 175–96.

O'Malley, P. and D. Palmer 1996. 'Post-Keynesian Policing', *Economy and Society* 25/2: 137–55.

Osborne, D. and T. Gaebler 1992. *Reinventing Government*. Harmondsworth: Penguin.

Parenti, C. 1999. *Lockdown America*. London: Verso.

Paris, R. 2001. 'Human Security: Paradigm Shift or Hot Air?', *International Security* 26/2: 87–102.

Parker, C. and J. Braithwaite, 2003. 'Regulation', in P. Cane and M. Tushnet (eds.), *The Oxford Handbook of Legal Studies*. Oxford: Oxford University Press, pp. 119–45.

Pasquino, P. 1991. 'Theatricum Politicum: The Genealogy of Capital-Police and the State of Prosperity', in G. Burchell, C. Gordon and P. Miller (eds.), *The Foucault Effect*. Brighton: Harvester, pp. 115–18.

Pastore, F. 2002. 'The Asymmetrical Fortress: The Problem of Relations between Internal and External Security Policies in the European Union', in M. Anderson and J. Apap (eds.), *Police and Justice Co-operation and the New European Borders*. The Hague: Kluwer, pp. 59–80.

Patten, C. 1999. *A New Beginning for Policing in Northern Ireland: The Report of the Independent Commission on Policing for Northern Ireland*. Belfast: HMSO.

Pettit, P. 1997. *Republicanism: A Theory of Freedom and Government*. Oxford: Oxford University Press.

Pettit, P. 2001a. *A Theory of Freedom: From the Psychology to the Politics of Agency*. Cambridge: Polity.

Pettit, P. 2001b. 'Is Criminal Justice Politically Feasible?', *Buffalo Criminal Law Review* 5: 427–50.

Pettit, P. 2004. 'Depoliticizing Democracy', *Ratio Juris* 17/1: 52–65.
Pfaff, W. 2006. 'France: The Children's Hour', *The New York Review of Books* 23/8: 40–3.
Pierre, J. (ed.) 2000. *Debating Governance: Authority, Steering and Democracy*. Oxford: Oxford University Press.
Poulantzas, N. 1978. *State, Power, Socialism*. London: New Left Books.
Power, M. 1997. *The Audit Society: Rituals of Verification*. Oxford: Oxford University Press.
Pyle, D. 1995. *Cutting the Costs of Crime*. London: Institute of Economic Affairs.
Rawls, J. 1971. *A Theory of Justice*. Oxford: Oxford University Press.
Rawls, J. 1993. *Political Liberalism*. New York: Columbia University Press.
Rawls, J. 1999. 'The Idea of Public Reason Revisited', in *The Law of Peoples*. Harvard: Harvard University Press, pp. 131–80.
Raz, J. 1986. *The Morality of Freedom*. Oxford: Oxford University Press.
Reiner, R. 1980. 'Fuzzy Thoughts: The Police and Law-and-Order Politics', *Sociological Review* 28/2: 377–413.
Reiner, R. 1995. 'Myth vs. Modernity: Reality and Unreality in the English Model of Policing', in J.-P. Brodeur (ed.), *Comparisons in Policing: An International Perspective*. Aldershot: Avebury.
Reiner, R. 2000. *The Politics of the Police*, 3rd edn. Brighton: Harvester, pp. 16–48.
Rigakos, G. 2002. *The New Parapolice: Risk Markets and Commodified Social Control*. Toronto: University of Toronto Press.
Roach, K. (ed.) 2001. *The Security of Freedom: Essays on Canada's Anti-Terrorism Bill*. Toronto: University of Toronto Press.
Robertson, R. 1992. *Globalization, Social Theory and Global Culture*. London: Sage.
Robin, C. 2004. *Fear: The History of a Political Idea*. Oxford: Oxford University Press.
Roche, D. 2002. 'Restorative Justice and the Regulatory State in South African Townships', *British Journal of Criminology* 42/3: 514–32.
Roche, D. 2003. *Accountability and Restorative Justice*. Oxford: Oxford University Press.
Roermund, B. van 2003. 'Sovereignty: Popular and Unpopular', in N. Walker (ed.), *Sovereignty in Transition*. Oxford: Hart, pp. 33–54.
Rorty, R. 2004. 'Post-Democracy', *London Review of Books*, 1 April, pp. 10–11.
Rose, D. 2004. *Guantanamo: America's War on Human Rights*. New York: The New Press.
Rotberg, R. 2003. 'Failed States, Collapsed States, Weak States: Causes and Indicators', in R. Rotberg (ed.), *State Failure and State Weakness*

in a Time of Terror. Cambridge, MA: World Peace Foundation, pp. 1–26.

Rothbard, M. 1985. *For a New Liberty: The Libertarian Manifesto*. New York: Libertarian Review Foundation.

Rothschild, E. 1995. 'What is Security?', *Daedalus* 124/3: 53–98.

Royal Commission into Aboriginal Deaths in Custody 1991. *Final Report*. Sydney: Royal Commission.

Runciman, D. 1997. *Pluralism and the Personality of the State*. Cambridge: Cambridge University Press.

Sandel, M. 1996. *Democracy's Discontent: America in Search of a Public Philosophy*. Cambridge, MA: Harvard University Press.

Sands, P. 2005. *Lawless World: Making and Breaking Global Rules*. Harmondsworth: Penguin.

Santos, B. de Sousa 1995. *Toward a New Common Sense*. London: Routledge.

Scharpf, F. 1999. *Governing in Europe: Effective and Democratic?* Oxford: Oxford University Press.

Scheuerman, W. 2002. 'Rethinking Crisis Government', *Constellations* 9/4: 492–505.

Schmitt, C. 1922/1985. *Political Theology: Four Chapters on the Concept of Sovereignty*. Cambridge, MA: MIT Press.

Schmitt, C. 1933/1996. *The Concept of the Political*. Chicago: University of Chicago Press.

Schulze, H. 1996. *Nations and Nationalism: From the Middle Ages to the Present*. Oxford: Basil Blackwell.

Scott, C. 2002. 'Private Regulation of the Public Sector: A Neglected Facet of Contemporary Governance', *Journal of Law and Society* 29: 56–76.

Scott, C. 2004. 'Regulation in an Age of Governance: The Rise of the Post-Regulatory State', in J. Jordana and D. Levi-Faur (eds.), *The Politics of Regulation: Institutional and Regulatory Reform for the Age of Governance*. Cheltenham: Edward Elgar, pp. 145–74.

Scott, J. C. 1998. *Seeing Like a State: How Certain Schemes to Improve the Human Condition Have Failed*. New Haven: Yale University Press.

Scraton, P. (ed.) 1987. *Law, Order and the Authoritarian State*. Milton Keynes: Open University Press.

Seldon, A. 1990. *Capitalism*. Oxford: Basil Blackwell.

Sennett, R. 2003. *Respect in a World of Inequality*. New York: W. W. Norton.

Shapiro, I. 2003. *The State of Democratic Theory*. Princeton, NJ: Princeton University Press.

Shearing, C. 1981. 'Subterranean Process in the Maintenance of Power', *Canadian Review of Sociology and Anthropology* 18/3: 283–98.

Shearing, C. 1996. 'Reinventing Policing: Policing as Governance', in

O. Marenin (ed.), *Policing Change, Changing Police: International Perspectives*. New York: Garland, pp. 285–307.

Shearing, C. 2001. 'Punishment and the Changing Face of Governance', *Punishment & Society* 3: 203–20.

Shearing, C. 2006. 'Reflections on the Refusal to Acknowledge Private Governments', in J. Wood and B. Dupont (eds.), *Democracy, Society and the Governance of Security*. Cambridge: Cambridge University Press, pp. 11–32.

Shearing, C. and L. Johnston 2005. 'Justice in the Risk Society', *Australian and New Zealand Journal of Criminology* 38: 25–38.

Shearing, C. and M. Kempa 2000. 'The Role of "Private Security" in Transitional Democracies', in M. Shaw (ed.), *Crime and Policing in Transitional Societies*. Johannesburg: Konrad Adenauer Stifting, pp. 205–13.

Shearing, C. and P. Stenning 1983. 'Private Security: Its Implications for Social Control', *Social Problems* 30: 125–38.

Shearing, C. and P. Stenning (eds.) 1987. *Private Policing*. Beverly Hills, CA: Sage.

Shearing, C. and J. Wood 2003a. 'Governing Security for Common Goods', *International Journal for the Sociology of Law* 31: 205–25.

Shearing, C. and J. Wood 2003b. 'Nodal Governance, Democracy, and the New "Denizen"', *Journal of Law and Society* 30/3: 400–19.

Shelley, L. 1997. *Policing Soviet Society: The Evolution of State Control*. London: Routledge.

Sheptycki, J. (ed.) 2000. *Issues in Transnational Policing*. London: Routledge.

Sheptycki, J. 2002. 'Accountability Across the Policing Field: Towards a General Cartography of Accountability for Post-Modern Policing', *Policing and Society* 12/4: 323–38.

Sheptycki, J. forthcoming. 'The Constabulary Ethic and the Transnational Condition', in A. Goldsmith and J. Sheptycki (eds.), *Crafting Global Policing*. Oxford: Hart.

Silver, A. 1967. 'The Demand for Order in Civil Society', in D. J. Bordua (ed.), *The Police: Six Sociological Essays*. New York: Wiley, pp. 1–24.

Simon, J. 2001. 'Megan's Law: Crime and Democracy in Late Modern America', *Law and Social Inquiry* 25/4: 1111–49.

Simon, J. 2006. *Governing Through Crime*. New York: Oxford University Press.

Singer, P. W. 2003. *Corporate Warriors: The Rise of the Privatized Military Industry*. Ithaca: Cornell University Press.

Skinner, Q. 1989. 'The State', in T. Ball, J. Farr and R. L. Hanson (eds.), *Political Innovation and Conceptual Change*. Cambridge: Cambridge University Press, pp. 90–131.

Skinner, Q. 1996. *Reason and Rhetoric in the Philosophy of Hobbes*. Cambridge: Cambridge University Press.

Sklar, J. 1989. 'The Liberalism of Fear', in N. Rosenblum (ed.), *Liberalism and the Moral Life*. Cambridge, MA: Harvard University Press, pp. 21–38.

Skolnick, J. 1966. *Justice Without Trial*. New York: Wiley.

Skolnick, J. 1969. *The Politics of Protest*. New York: Bantam.

Skolnick, J. and D. Bayley 1988. 'Theme and Variation in Community Policing', in M. Tonry and N. Morris (eds.), *Crime and Justice: An Annual Review of Research*, vol. 10. Chicago: University of Chicago Press, pp. 1–37.

Smith, A. D. 2001. *Nationalism*. Cambridge: Polity.

Smith, M. and N. Tilley (eds.) 2005. *Crime Science: New Approaches to Preventing and Detecting Crime*. Cullompton: Willan.

Sorensen, G. 2004. *The Transformation of the State: Beyond the Myth of Retreat*. Basingstoke: Macmillan/Palgrave.

Spitzer, S. 1981. 'The Political Economy of Policing', in D. Greenberg (ed.), *Crime and Capitalism: Readings in Marxist Criminology*. Palo Alto: Mayfield, pp. 314–40.

Stanley, W. 1996. 'International Tutelage and Domestic Political Will: Building a New Civilian Police Force in El Salvador', in O. Marenin (ed.), *Policing Change, Changing Police: International Perspectives*. New York: Garland, pp. 37–78.

Stenning, P. and LaPrairie 2003. ' "Politics by Other Means": The Role of Commission of Inquiry in Establishing the "Truth" about "Aboriginal" Justice in Canada', in G. Gilligan and J. Pratt (eds.), *Crime, Truth and Justice: Official Inquiry, Discourse, Knowledge*. Cullompton: Willan, pp. 138–60.

Taussig, M. 1997. *The Magic of the State*. London: Routledge.

Taussig, M. 2003. *Law in a Lawless Land: Diary of a Limpieza*. New York: New Press.

Taylor, C. 1991. *The Ethics of Authenticity*. Cambridge, MA: Harvard University Press.

Taylor, C. 1994. 'The Politics of Recognition', in A. Guttmann (ed.), *Multiculturalism*. Princeton, NJ: Princeton University Press, pp. 25–74.

Taylor, C. 1995. *Philosophical Arguments*. Cambridge, MA: Harvard University Press.

Taylor, C. 2004. *Modern Social Imaginaries*. Durham, NC: Duke University Press.

Taylor, I. 1999. *Crime in Context: A Critical Criminology of Market Societies*. Cambridge: Polity.

Terriff, T., S. Croft, L. James and P. M. Morgan 1999. *Security Studies Today*. Cambridge: Polity.

Thompson, G. 2003. *Between Hierarchies and Markets: The Logic and Limits of Network Forms of Organization*. Oxford: Oxford University Press.

Tilley, N. 2003. 'Community Policing, Problem-Oriented Policing and Intelligence-Led Policing', in T. Newburn (ed.), *Handbook of Policing*. Cullompton: Willan, pp. 311–39.

Tilly, C. (ed.) 1975. *The Formation of National States in Western Europe*. Princeton, NJ: Princeton University Press.

Tilly, C. 1985. 'War Making and State Making as Organized Crime', in P. Evans, D. Rueschemeyer and T. Skocpol (eds.), *Bringing the State Back In*. Cambridge: Cambridge University Press, pp. 169–91.

Todd, E. 2003. *After the Empire: The Breakdown of American Order*. New York: Columbia University Press.

Tshehla, B. 2002. 'Non-State Justice in Post Apartheid South Africa: A Scan of Khaylelistsha', *African Sociological Review* 6: 47–70.

Tully, J. 1995. *Strange Multiplicity: Constitutionalism in an Age of Diversity*. Cambridge: Cambridge University Press.

Tully, J. 2002. 'The Unfreedom of the Moderns in Comparison to Their Ideals of Constitutional Democracy', *Modern Law Review* 65/2: 204–28.

Turner, V. 1974. *Dramas, Fields and Metaphors: Symbolic Action in Human Society*. Ithaca: Cornell University Press.

Tyler, T. 2004. 'Enhancing Police Legitimacy', *Annals of the American Academy of Social and Political Science* 593/1: 84–99.

Uildriks, N. and P. van Reenan 2003. *Policing Post-Communist Societies: Police–Public Violence, Democratic Policing and Human Rights*. Antwerp: Intersentia.

United Nations 2000. *Report of the Panel on United Nations Peace Operations*. United Nations: New York.

Varese, F. 2001. *The Russian Mafia: Private Protection in a New Market Economy*. Oxford: Oxford University Press.

Vertovec, S. and R. Cohen (eds.) 2002. *Conceiving Cosmopolitanism: Theory, Context and Practice*. Oxford: Oxford University Press.

Vijver, K. van der and J. Terpstra (eds.) 2005. *Urban Safety: Problems, Governance and Strategies*. Enschede: IPIT.

Vincent, A. 2002. *Nationalism and Particularity*. Cambridge: Cambridge University Press.

Wacquant, L. 2003. 'How Penal Common Sense Comes to Europeans: Notes on the Transatlantic Diffusion of the Neoliberal *Doxa*', *European Societies* 1/3: 319–52.

Waddington, P. A. J. 1986. 'The Objectives Debate', *Policing* 2/2: 223–35.

Wæver, O. 1995. 'Securitization and Desecuritization', in R. Lipschutz (ed.), *On Security*. New York: Columbia University Press, pp. 46–86.

Wæver, O. 1996. 'European Security Identities', *Journal of Common Market Studies* 34: 103–23.

Wakefield, A. 2003. *Selling Security: The Private Policing of Public Space*. Cullompton: Willan.

Walden, K. 1982. *Visions of Order: The Canadian Mounties in Symbol and Myth*. Toronto: Butterworths.

Waldron, J. 1993. *Liberal Rights: Collected Papers 1981–1991*. Cambridge: Cambridge University Press.

Waldron, J. 2000. 'What Is Cosmopolitan?', *Journal of Political Philosophy* 8: 227–43.

Waldron, J. 2003a. 'Security and Liberty: The Image of Balance', *Journal of Political Philosophy* 2: 191–210.

Waldron, J. 2003b. 'Who Is my Neighbor? Humanity and Proximity', *The Monist* 86: 333–46.

Waldron, J. 2004. 'Liberty and Security: Security as a Public Good', paper presented at Conference on Political Thought, St Catherine's College, Oxford (on file with the authors).

Walker, N. 2000. *Policing in a Changing Constitutional Order*. London: Sweet & Maxwell.

Walker, N. 2002a. 'The Problem of Trust in an Enlarged Area of Freedom, Security and Justice: A Conceptual Analysis', in M. Anderson and J. Apap (eds.), *Police and Justice Co-operation and the New European Borders*. Dordrecht: Kluwer, pp. 19–34.

Walker, N. 2002b. 'Policing and the Supranational', *Policing and Society* 12/4: 307–22.

Walker, N. 2003. 'The Pattern of Transnational Policing', in T. Newburn (ed.), *Handbook of Policing*. Cullompton: Willan, pp. 111–35.

Walker, N. 2004. 'In Search of the Area of Freedom, Security and Justice: A Constitutional Odyssey', in N. Walker (ed.), *Europe's Area of Freedom, Security and Justice*. Oxford: Oxford University Press, pp. 3–40.

Walker, N. 2006a. 'Sovereignty, Global Security and the Regulation of Armed Conflict: The Possibilities of Political Agency', in J. Huysmans, A. Dobson and R. Prokhovnik (eds.), *The Politics of Protection: Sites of Security and Political Agency*. London: Routledge, pp. 154–74.

Walker, N. 2006b. 'EU Constitutionalism and New Governance', in G. de Burca and J. Scott (eds.), *Law and New Governance in the EU and the US*. Oxford: Hart, pp. 15–36.

Walker, N. 2006c. 'EU Constitutionalism in the State Constitutional Tradition', *Current Legal Problems* 59: 51–90.

Walker, N. forthcoming a. 'Making a World of Difference? Habermas, Cosmopolitanism and the Constitutionalization of International Law', in O. Shabani (ed.), *The Practice of Law-Making and the Problem of Difference*. Aldershot: Dartmouth.

Walker, N. forthcoming b. 'On Regulating the Regulation of Regulation', in F. Cafaggi (ed.), *Reframing Self-Regulation*. Dordrecht: Kluwer.

Walker, N. and M. Telford 2000. *Designing Criminal Justice: The Northern Ireland System in Comparative Perspective*. Belfast: The Northern Ireland Office.

Walker, R. B. J. 1997. 'The Subject of Security', in K. Krause and M. Williams (eds.), *Critical Security Studies*. London: University College London Press, pp. 61–82.

Walker, R. B. J. 2004. 'Conclusion: Sovereignties, Exceptions, Worlds', in J. Edkins, V. Pin-Fat and M. J. Shapiro (eds.), *Sovereign Lives: Power in Global Politics*. London: Routledge, pp. 239–50.

Walt, S. 1991. 'The Renaissance of Security Studies', *International Studies Quarterly*, 35: 211–39.

Walters, R. 2003. *Deviant Knowledge: Criminology, Politics and Public Policy*. Collumpton: Willan.

Waltz, K. 1959. *Man, the State and War*. New York: Columbia University Press.

Waltz, K. 1993. 'The Emerging Structure of International Politics', *International Security* 18: 50–78.

Warren, M. 1996. 'What Should We Expect from More Democracy? Radically Democratic Responses to Politics', *Political Theory* 24/2: 241–70.

Weber, M. 1948. *From Max Weber*, ed. and trans. H. Gerth and C. Wright Mills. London: Routledge & Kegan Paul.

Weiler, J. H. H. 1999. *The Constitution of Europe*. Cambridge: Cambridge University Press.

Weisburd, D., S. Mastroski, A. McNally, R. Greenspan and J. Willis 2003. 'Reforming to Preserve: Compstat and Strategic Problem Solving in American Policing', *Criminology and Public Policy* 2: 421–56.

Weitzer, R. 1995. *Policing Under Fire: Ethnic Conflict and Police-Community Relations in Northern Ireland*. New York: State University of New York Press.

Westley, W. 1970. *Violence and the Police*. Cambridge, MA: MIT Press.

Westmarland, L. 2001. *Gender and Policing*. Cullompton: Willan.

White House, The. 2002. *The National Security Strategy of the United States of America*. Washington: The White House. Available at: www.cdi.org/national-security-strategy/washington.cfm.

Whitman, J. Q. 2003. *Harsh Justice: Criminal Punishment and the Widening Divide Between America and Europe*. Oxford: Oxford University Press.

Williams, R. 1964. *The Long Revolution*. Harmondsworth: Penguin.

Wilson, J. M. 2006. 'Law and Order in an Emerging Democracy: Lessons from the Reconstruction of Kosovo's Police and Judicial Systems', *Annals of the American Academy of Social and Political Science* 605/1: 152–77.

Wilson, J. Q. and G. Kelling 1982. 'Broken Windows', *Atlantic Monthly*, March: 29–38.

Wong, K. 2002. 'Policing in the People's Republic of China: The Road to Reform in the 1990s', *British Journal of Criminology* 42: 281–316.

Wood, J. 2004. 'Cultural Change in the Governance of Security', *Policing and Society* 14/1: 31–48.

Wood, J. 2006. 'Research and Innovation in the Field of Security: A Nodal Governance View', in J. Wood and B. Dupont (eds.), *Democracy, Society and the Governance of Security*. Cambridge: Cambridge University Press, pp. 217–40.

Wood, J. and B. Dupont 2006a. 'Introduction: Understanding the Governance of Security', in J. Wood and B. Dupont (eds.), *Democracy, Society and the Governance of Security*. Cambridge: Cambridge University Press, pp. 1–10.

Wood, J. and B. Dupont (eds.) 2006b. *Democracy, Society and the Governance of Security*. Cambridge: Cambridge University Press.

Wood, J. and E. Font forthcoming. 'Crafting the Goverance of Security in Argentina: Engaging with Global Trends', in A. Goldsmith and J. Sheptycki (eds.), *Crafting Global Policing*. Oxford: Hart.

Wood, J. and C. Shearing 2006. *Imagining Security*. Cullompton: Willan.

Wright, A. 2002. *Policing: An Introduction to Concepts and Practice*. Cullompton: Willan.

Yack, B. 2003. 'Nationalism, Popular Sovereignty and the Liberal Democratic State', in T. V. Paul, G. J. Ikenberry and J. A. Hall (eds.), *The Nation-State in Question*. Princeton, NJ: Princeton University Press, pp. 29–50.

Young, I. M. 2000. *Inclusion and Democracy*. Oxford: Oxford University Press.

Young, J. 1971. 'The Role of the Police as Amplifiers of Deviance', in S. Cohen (ed.), *Images of Deviance*. Harmondsworth: Penguin, pp. 27–61.

Young, J. 1999. *The Exclusive Society: Social Exclusion, Crime and Difference in Late Modernity*. London: Sage.

Zedner, L. 2003. 'Too Much Security?', *International Journal of the Sociology of Law* 31: 155–84.
Zedner, L. forthcoming. *Security*. London: Routledge.
Zielonka, J. 1998. *Explaining Euro-paralysis: Why Europe is Unable to Act in International Politics*. New York: St Martin's Press.
Zimring, F. E. and D. T. Johnson 2006. 'Public Opinion and the Governance of Punishment in Democratic Political Systems', *Annals of the American Academy of Social and Political Science* 605/1: 265–80.

索 引

Abrahamsen, R. 235
Ackerman, B. 85, 90, 222(n)
Adler, E. 252
Afghanistan
  ghettos 23
  military patrols 88, 235
  policing 21, 123
Agamben, G. 56(n), 83-4, 89-91
Ahire, P. 77(n)
Albrow, M. 79
Alderson, J. 121
Alexander, G. 126
Althusser, L. 75-6
al-Qaeda 3
Anderson, B. 107
Anderson, D. 113
Anderson, M. 235, 249, 252
Andreas, P. 235
Anheier, H. 254
anti-terrorism legislation
  UK, 86
  USA, 86, 87(n)
Apap, J. 252
Aradau, C. 14
Archibugi, D. 256
Area of Freedom, Security and Justice (AFSJ) 87, 104
Arato, A. 86
Argentina
  gang violence 23
  legacy of state violence 132
  peace communities 138
  societies in transition 77
Association of Chief Police Officers 128
Audit Commission 128
Australia
  crime 9
  ethnic minorities 80
  local policing 20
authenticity, meaning of 17
Avant, D. 24, 210, 235
Ayres, I. 136

balance of liberty and security 54-5
Baldwin, D. 247(n)
Barber, B. 3, 250(n)
Barnett, M. 252
Baudrillard, J. 203
Bauman, Z. 19, 24, 70-1, 82, 90, 107
Bayley, D. 28, 60, 62, 121, 123, 132, 133, 138, 149, 189
Beck, U. 19
Becker, H. 28
Belgium, police 62
Benhabib, S. 222
Benjamin, Walter 82, 83, 85
Benson, B. 67 (n)
Bentham, Jeremy 55
Berki, R. N. 11
Bernstein, S. 76
Bigo, D. 5, 9, 87, 88, 235, 238, 252, 253
binary oppositions 12
Bittner, E. 100, 191
Blackstone, William 57
Blair, Tony 209
Blakely, E. 148
Bobbitt, P. 201, 203, 209(n)
Bodin, Jean 10, 41
Boer, M. den 126, 235
Bohman, J. 222(n)
bombings
  Bali 2
  London 2
  Madrid 2

bombings (cont.)
  '9/11' 2, 3, 9, 10, 21, 56, 64, 74, 84,
    85, 87, 88, 89, 112, 199, 234, 250
Bottoms, A. 202(n)
Bourdieu, P. 3, 27, 44(n), 107
Braithwaite, J. 130, 136, 188, 189
Bratton, W. 81, 123, 127
Brazil
  ghettos 23
  society in transition 77
  street kids 78
Brewer, J. 112
Britain
  Crime and Disorder Act 1998 126
  detention without trial 86
  jurisdiction 20
  private policing 22
Brodeur, J.-P. 77
Brogden, M. 74, 77(n), 113, 121, 136
Brooks, T. R. 28
Brown, E. 256(n)
Brown, M. 252
Brunkhorst, H. 179
Buchanan, K. 66
Bull, H. 113, 247
Bullock, K. 128
Bunyan, T. 251
Burca, G. de 254
Burke, A. 14
Burke, J. 3
Butler, A. 128
Buzan, B. 11, 16, 85, 130, 252

Cain, M. 123
Caldeira, T. 77(n), 148, 210
Cambridge School 37–8
Camp Delta 89
Campbell, D. 83
Canada
  ethnic minorities 80
  police 9, 127
  private policing 22
Canovan, M. 1, 69, 166, 201, 202
Carrera, S. 253
Cashmore, E. 75
Castells, M. 21
Castoriadis, Cornelius 44
Caygill, H. 88, 235

Chalmers, D. 234
civil society 132, 136, 221, 236, 241,
    246, 254–6, 257
civilization 10, 16
civilizing security
  generally 215–16, 263–4
  reasons 226–33
  recognition 220–3, 227
  resources 216–23
  rights 223–6, 227
Clark, I. 247
Clinton, Bill 209
Cohen, S. 75, 100, 103, 112, 135, 256
Cold War 21, 88, 249, 253
Coles, C. 122, 201
Colquhoun, Patrick 57
Colombia
  ghettos 23
  treet violence 78
Commission on Human Security 15
common good 133, 152, 153, 154
communitarianism 5, 135, 153
community building 136
Community Support Officers 124, 125
Condorcet, Marquis de 53
Cooper, R. 257
cosmic ordering 45(n), 47
cosmopolitanism 115, 237, 256–8
Cowell, D. 79
Cox, R. 38, 179
Crawford, A. 15, 125–31, 211
Creveld, M. van 209(n)
crime, war on 11, 15, 17(n)
criminology 4, 74, 189(n)
critical security studies 13, 74, 83, 98,
    115

Dalby, S. 92, 114
Deflem, M. 235, 238, 245
De Lint, W. 130
democracy
  constraints 24
  deliberation 213, 214, 220, 221,
    222(n), 229
  democratic societies 9
  rights and principles 2, 12, 14, 92
Della Porta, D. 79
Dennis, N. 81

Derrida, J. 84
Dillon, M. 5, 14, 83, 90, 92, 110, 115
Dixon, B. 124, 133
Dixon, D. 68, 99
Douzinas, C. 88
Doyle, M. 252
drugs, war on 9, 11
Dryzek, J. 222(n)
Dubber, M. D. 56–8, 61
Dunn, John 4
Dupont, B.1, 30, 121, 131, 133, 139, 174(n.2)
Dyzenhaus, D. 90

Edwards, A. 128
Elias, Norbert 17, 26, 59
Elliot, N. 67, 148
Ellison, G. 104, 123
El Salvador 77
Elster, J. 216
Emsley, C. 27, 37, 113, 177
equality of security provision 159
Ericson, R. 11, 102, 127, 128
Estlund, D. 187
Etzioni, A. 145(n)
European
  Arrest Warrant 87
  cities 37
  Crime Prevention Network 126
  Forum for Urban Safety 125
  languages 43
European Convention on Human Rights 13(n), 86
European Union (EU) 2, 3, 20, 21, 87, 88, 123, 124, 135, 190, 235, 250–2, 261(n)

Falk, R. 106
Feldman, N. 89
Ferguson, N. 250(n)
Ferret, J. 26
Fielding, N. 101
Fine, R. 179, 257
Finer, S. 37, 39, 50
Finland, police 62
Fishkin, J. 222(n)
Font, E. 134
Foucault, Michel 27, 59, 107

France
  civil disturbances 122(n)
  constitutional order 62
  jurisdiction 20
  penal moderation 197
  police 62
Fraser, N. 223, 263
Freeden, M. 52(n), 66
freedoms
  fundamental 54, 84, 111, 207, 224
  natural 51
  negative 35, 40
Friedman, M. 66
Friedrich, C. J. 191
Fukuyama, F. 203

Gaebler, T. 24, 121
Gambetta, D. 23
Gamble, A. 184(n)
Gandhi, Mahatma 17(n)
Gans, J. 127
Garland, D. 67, 198, 199, 203(n)
Germany
  local policing 20
  penal moderation 197
Gerstenberg, O. 135
Geuss, R. 145(n)
Giddens, A. 112, 160, 166
Gilmore, B. 87
Gilroy, P. 207
Girling, E. 204
Glaeser, A. 177
globalization
  conditions of 1, 15, 16, 64, 108, 123, 246, 122(n.2)
  impact on states 18–19
Goldberg, D. T. 75
Goldsmith, A. 62, 68, 77(n.1), 101, 123, 199, 235
Goldstein, H. 121, 202
Goold, B. 224
Gordon, P. 76
Gorer, G. 109
Gouldner, A. 109
governance
  generally 124, 130–2, 132(n.6), 194, 188, 194, 228
  global 244

governance (cont.)
  multi-actor 121, 131
  nodal 30, 120, 131–6, 165, 174(n)
  of security 22, 30, 120, 126–8, 175, 195–233, 235
  social 27, 59, 133
Grabosky P. 189
Grimm, D. 181, 244
Guild, E. 252, 253
Günther, K. 203, 234
Gutmann, A. 222(n)

Habermas, Jürgen 144, 153, 179, 181, 221, 222(n), 226, 229
Haggerty, K. 11, 127, 128
Hall, S. 16, 81
Haltern, U. 244
Harcourt, B. 201, 203(n), 205
Hardin, R. 147
Hardt, M. 250(n)
Hayek, F. von 67, 118, 129
Hayes, B. 88
Held, D. 19, 22, 25, 237, 242, 244, 256, 258
Herbert, S. 128, 202
Herbst, J. 182
Hertier, A. 145(n)
Hirschman, A. 66, 204
Hirst, P. 19, 137
Hobbes, Thomas 10, 40–4, 49–51
Holmes, S. 12, 85, 225
Honneth, A. 228
Hope, T. 149, 204, 211
Huggins, M. 77(n.1)
Hughes, G. 5, 128
human rights
  language of 55, 224
  movements 13
  protection of 76, 78, 92, 124, 137, 225, 236
Hume, David 42
Huysmans, J. 14(n), 87, 89, 111, 253

identity
  autonomy of individual 49–51, 55, 71, 77
  collective 18, 115, 138, 162, 163, 165, 179

individual 18, 36, 49, 138
Ignatieff, M. 3, 85, 90, 224, 249–50
Ikenberry, G. J. 250(n)
'imagined communities' 107
Innes, M. 121, 122, 202, 205
Inspectorate of Constabulary 128
'internal/external security' 9, 21, 23, 88, 98, 235, 240
international security studies 4, 5
Iraq
  military patrols 88, 235
  quasi-sovereign states 21
  US involvement 251
Ireland, police 62
Italy
  ghettos 23
  police 62

James, C. L. R. 6
Japan, social discipline 63
Jefferson, T. 74, 100
Jessop, B. 74
Johnson, C. 199, 250(n)
Johnston, L. 1, 22, 23, 24, 64, 99, 120, 125, 131–2, 136, 149, 174(n), 189, 215, 230, 235, 238
Jones, T. 64, 123, 128, 130, 147, 210, 214
Jordana, J. 188

Kagan, R. 253
Kaldor, M. 9, 235, 254, 262
Kant, Immanuel 5, 208, 256
Kantorowicz, E. H. 43
Karn, J. 125
Kaul, I. 239, 237, 241–3,
Keane, J. 12, 17, 58, 254
Keenan, A. 212, 232
Keith, M. 75
Kelling, G. 201
Kempa, M., 65, 124, 126
Killingray, D. 77, 113
king
  as sovereign 43
  two bodies doctrine 43
Kinsey, R. 139, 186, 222
Kjaer, A. M. 188

Kleingeld, P. 256
Klockars, C. 100
Knemeyer, F. 27, 57
Kostakopolou, D. 253
Krahmann, E. 1
Krause, K. 13
Kymlicka, W. 80

Laclau, E. 228
Laurie, P. 60
law
　authority 101
　international 85
　natural 41
　public 4
　rule of 76, 78, 99
Lazarus, L. 13, 224
Leander, A. 235
Lee, J. 75, 205
Lee, S. Y. 63
legal
　coercive structure 39, 49
　constraints 24
Levi-Faur, D. 188
Levy, J. 108
Lewis, C. 62
liberalism 51–6, 68–9, 73, 85, 90
liberty lobby, 10(n), 12, 13(n), 15
Liang, H. H. 26
Lindahl, H. 252
Linden, R. D. 114, 124, 235
Lindseth, P. 212
Lister, R. 127
Little, R. 252
Loader, I. 26, 27, 54, 58, 65, 67(n), 70, 75, 76, 90, 110, 112, 120, 129, 135, 150(n), 177, 198, 201, 209, 217, 222, 223–4
local policing 20
Locke, John 41, 42, 53
Łoś, M. 77 (n), 78
Loughlin, M. 43, 181
Low, S. 148
Luhmann, N. 167(n)
Lyon, D. 86, 235

Maanen, J. van 100
Machiavelli, Niccolò 41

Mackinnon, C. 75
Maguire, M. 127
Mair, P. 187
Mann, M. 182, 250(n.6)
Manning, P. 60, 127
Marenin, O. 68, 73, 75, 77, 95, 123, 208, 251
Margalit, A. 158
Markell, P. 70, 111, 136, 137, 204, 211, 232
Marquand, D. 29, 209
Marx, Karl 21
Mawby, R. I. 63, 77, 79
Maynor, J. 222, 230
Mayntz, R. 145(n)
Mazarolle, L. 64, 120
McBride, C. 223, 227
McConville, M. 76
McCormick, J. 83
McEvoy, K. 189(n)
McGrew, A. 25, 244
McLaughlin, E. 75, 128
Melossi, D. 123, 125, 252
Michalowski, R. 77(n)
Michnik, A. 9
Middle Ages 41
Mill, John Stuart 53(n)
Miller, D. 232
Miliband, R. 74
miners' strike (UK) 79
Monar, J. 88, 235
Montesquieu, Baron de 61
moral order 45, 49, 69
Morgan, G. 253
Morgenthau, H. 247(n)
Mouffe, C. 84, 228
Muir, W. K. 198
Mulcahy, A. 27, 76, 77(n), 81, 110, 111, 112, 177
Murji, K. 128
Murphy, L. 145(n.2), 183(n.4)
Muthien, J. 235

Nadelman, E. 88, 235
NAFTA 252
Nagel, T. 145(n), 183(n)
nationalism
　as ideology 107, 177(n), 179

nationalism (cont.)
  nationhood 38, 48, 176, 179
National Policing Improvement
  Agency 128
NATO 252
Negri, A. 250(n)
Neocleous, M. 27, 83
neo-liberalism 4, 68, 69, 73, 81–2,
  133, 139, 198
Newburn, T. 9, 64–5, 123, 126, 130,
  147, 189(n), 210, 214
Newman, S. 87, 90
New Public Management 128
Neumann, F. 8, 207
Nijhar, P. 121
Non-Governmental Organizations
  (NGOs) 3, 92, 235, 236, 254
non-state actors 2, 3, 7, 19, 20, 21,
  24, 217, 22; see also UN and
  EU
Nordstrom, C. 23
North, D. C. 191
Northern Ireland
  ghettos 23
  policing 80
Nozick, R. 66 (n), 182
Nussbaum, M. 108
Nye, J. 10, 251

Oakeshott, Michael 118–19
Oakley, R. M. 114, 124
Ocqueteau, F. 125
Offe, C. 70
Olsen, M. 146(n)
O'Malley, P. 20, 67, 189, 203(n)
Orwell, George 155
Osbourne, D. 24, 121

Paine, Thomas 53
Palmer, D. 189
Parenti, C. 81
Parker, C. 188, 189
Pasquino, P. 27
Pastore, F. 252
Patten, C. 81, 216, 222, 224
peace-keeping 21, 88, 124, 234
peace-making process 139
Peters, A. 126

Pettit, P. 187, 195, 213, 215, 220, 227,
  229, 230, 232
Pierre, J. 120
pluralism
  anchored 31, 193–5, 196, 264
  generally 208, 231
pluralization 16, 34, 129
Pocock, J. G. 37
Poland, police 62
police
  accountability 62
  as knowledge workers 127
  cultural work 95, 96, 100, 105,
    113–16, 125
  generally 20, 26–7, 77–9, 100–5
  governance 58
  history 37, 51, 56, 57–62, 64, 65
  ordering capacity 63(n), 68, 102–6
  professionalism 60, 198
  science 57, 60, 61
  violence 28, 75
Police Standards Unit 128
policing
  ethnic minorities 80
  intelligence-led 127, 129
  minimal 139, 232
  populist 201(n.1)
  private 22, 23, 65, 67, 121–7, 210
  resources 4, 100
  sociology of 4, 26, 27–9
  studies 25
  transnational 8, 20–5, 123, 235
  zero-tolerance 81, 122–3, 127, 201
political community
  membership of 38–9, 47–8, 69, 70,
    135, 158, 163, 176
  solidarities of 5, 18, 25, 48, 99, 107,
    108, 111, 130, 135, 138, 163,
    176, 226, 258, 262, 263
politics
  allocation of resources 182–5
  and security 5, 16, 217
  as commitment 243
  as regulation 188–90
  as technology 13, 115, 121
  coercion 76
  contemporary 3
  imagination 92, 110

law and order 80, 84
rationalism 118–19
third-way 209
Poulantzas, N. 74
Power, M. 129
Price, R. 235, 250
prisons 11
Private Residents' Association 126
private security 22–3, 64–6, 126, 136
Private Security Industry Authority 128
privatization 209(n)
Prum Convention, 254(n)
public good
 economic 38, 48, 66, 148–50, 162–3
 global 31, 234–7
 meaning of 5, 7, 92, 144–6, 181–3
 thick 16, 25, 31, 38, 140, 173
public interest 136, 137
Pyle, D. 67

Ransley, J. 64, 120
Rawls, John 42, 228
Raz, Joseph 145(n.2), 152, 158
realists, international relations 247(n), 248, 249, 252
reflexivity 131, 134, 164–5, 200, 211, 218, 230
refugees 87
Rehg, W. 222(n)
Reiner, R. 61, 97, 102, 184(n)
Reiter, H. 79
republicanism 213–14, 231
restorative justice 123(n), 189(n)
Rigakos, G. 21–2, 65, 92
Roach, K. 86
Robertson, R. 262
Roche, D. 133, 189(n)
Roermund, B. van 179
Rorty, Richard 85, 89, 207
Rose, D. 3, 89
Rothbart, M. 67(n)
Rousseau, Jean-Jacques 41, 57
Royal Canadian Mounted Police 109
Royal Ulster Constabulary 80
Runciman, D. 43
Russia, ghettos 23

Sabel, C. 135, 187, 221
Sandel, Michael 212
Sands, P. 235
Santos, B. de Sousa 188
Scharpf, F. 186
Scheuerman, W. 86
Schmitt, Carl 83–5, 110–11
Schulze, H. 39
Scott, C. 188
Scott, J. C. 119–20, 130, 136, 221
Scottish Enlightenment 57
secularization of authority 35
securitization 11–12, 16, 90, 130–1
security
 actors 2, 3, 24
 as a constitutive good 161–6
 as a global good 258–64
 as a good 10, 12, 91, 92, 139, 143, 211
 as a social good 151–61, 172
 as a thick public good 144–6, 167, 191, 197, 212
 as an instrumental good 146–51
 axiomatic 12, 167–9, 231, 232
 existential 11
 external/internal 9, 21, 23, 88, 98, 235, 240
 human 9, 14
 inter-subjective 155, 156
 lobby 10(n), 11, 12, 13(n), 14, 25, 92, 226
 'network 21' 131, 132, 137(n)
 networks 2, 88, 129
 ontological 15, 16, 112, 166, 167
 pervasive 12, 16, 131, 167–9, 205–6
 practice 3, 11
 private 22–3, 64–6, 126, 136
 resources 4
 right to 13(n), 224
 studies 25
 transnational 4, 234, 235–64
security institutions
 CIVPOL (UN) 114
 Department of Homeland Security 173, 250
 Drugs Enforcement Administration 250
 Eurojust 235

security institutions (cont.)
    Europol 20, 87, 235, 253
    Federal Bureau of Investigation (FBI) 250
    Interpol 235, 249
    National Crime Squad 173(n)
    National Criminal Intelligence Agency 173(n)
    Serious and Organised Crime Agency 21, 173(n), 199
    Task Force of European Police Chiefs 87
security pathologies
    authoritarianism 206–9, 214
    consumerism 64–6, 201–6, 209, 214
    fragmentation 209–12, 214
    meaning of 195–6
    paternalism 197–200, 214
Selmini, R. 125
Sennett, R. 210
Shapiro, I. 216, 222
Shearing, C. 22, 24, 28, 64, 65, 119, 124, 126, 131–7, 139, 148–9, 174(n), 189, 211, 215, 221, 230
Sheptycki, J. 199, 238
Silver, A. 97
Simon, J. 9, 20, 130, 199
Singer, P. 23, 235
Skinner, Quentin 37, 43, 46, 228
Sklar, J. 52
Skolnick, J. 28, 79, 121
Smith, A. D. 53
Smith, W. 257
Snyder, F. 148
Sparks, J. R. 9, 123
Spitzer, S. 74
social analysis 5
social anxiety 158–9, 160–1, 166, 168, 183, 204, 207
social, imaginary 30, 44–8, 51, 54, 56, 65, 70, 72, 105, 152, 162, 173 176, 178, 196, 245
social sciences 36
social welfare 15, 183
soldiers 21, 88
Sorensen, G. 39
South Africa
    Constitution 13(n), 224(n)
    gang violence 23
    legacy of state violence 132
    peace communities 135, 138
    private policing 22
    society in transition 77
South Korea, social discipline 63
speech act 11
state
    as cultural monolith 30, 94–116, 173, 176–82
    as idiot 30, 120–40
    as meddler 30, 35–72
    as partisan 30, 72–92
    authoritarian 4–5, 77, 78, 124
    building 114
    failed 4, 23, 78, 117, 235
    interests 14
    modern 1, 7, 8, 18–31, 37, 48–50, 56, 58, 62, 71, 88, 99, 105, 106, 176–80
    scepticisms 25–9, 35, 36, 60, 67–71, 74, 81, 90, 91, 94, 127, 139, 143, 190
    sovereignty 18, 25–7, 59, 62, 83, 106
    virtue of 170–94
Stenning, P. 126, 148

Taussig, M. 78, 84, 110
Taylor, Charles 17, 38, 44–7, 61, 108, 112, 139, 145(n), 151, 254, 164–5, 210, 212
Taylor, I. 235
technology 147, 148
Terpstra, J. 125
Terriff, T. S. 2
Tester, K. 71
terrorism
    age of 9
    generally 11, 234
    war on 2, 3, 9, 11, 21, 74, 84–6, 88, 89, 207, 234
Thatcher, Margaret 79, 184
Thompson, D. 222 (n)
Thompson, G. 129, 135
Tilley, N. 122, 128, 129, 199
Tilly, Charles 25, 26, 182
Todd, E. 150(n)

trust 167(n)
Tully, J. 18, 106, 229
Turner, V. 110
Tyler, T. 186, 222

Uildriks, N. 77(n)
United Nations (UN) 3, 15, 124, 237, 249
Universal Declaration of Human Rights 13(n)
USA
  as global hegemon 85, 86(n), 249, 250
  constitutional order 62–4
  local policing 20, 29
  police professionalism 198
  populist policing 202
  private policing 22
  special relationship 112
utilitarian calculus 13

Varese, F. 23
Vertovec, S. 256
Vijver, K. 125
Vincent, A. 106, 108
violence
  privatization of 23
  legitimate 39, 83–4
  physical 7, 8, 15, 22, 26, 68, 88, 91, 143
  symbolic 7, 18, 22

Wacquant, L. 81, 123
Wæver, O. 98, 111
Waddington, P.A.J. 128
Wakefield, A. 126

Walden, K. 104, 177
Waldron, J. 54, 145(n), 151, 157, 179, 224, 256, 257
Walker, N. 11, 26, 42, 60, 62, 63(n), 68, 85, 87, 90, 99, 123, 128, 135, 174(n), 181, 188, 198, 222, 235, 245, 250, 251, 253, 254
Walker, R. B. J 14, 83, 84, 107, 115
Walt, S.14
Walters, R. 5
Waltz, K. 240, 247(n)
war *see* terrorism *and* drugs
Warren, M. 232
Weber, Max 26, 37, 197
Weiler, J. H. H. 244
Weimar Republic 81
Weisburd, D. S. 127
Westley, W. 68
Westmarland, L. 75
Whitman, J. Q. 198
Williams, M. C. 235
Williams, Raymond 44(n)
Wilson, J. M. H. 114, 124,
Wilson, J. Q. 201
Wood, J. 1, 20, 30, 124, 131–4, 136, 139, 174(n)
Wright, A.129

Yack, B. 48, 179
Young, I. M. 222
Young, J. 28, 199

Zedner, L. 1, 2, 11, 58, 226
Zielonka, J. 257
Zimring, F. E. 199
Zwelethemba model 137(n), 211

译后记

学术著作的翻译可谓如人饮水、冷暖自知。在承接本书的翻译工作之初，没有想到其中涉及的学科领域如此庞杂，不仅涉及政治学、法学、管理学、犯罪学、经济学等多个学科，而且还涉及大量的背景知识和专业术语，这些都对译者是一个极大的挑战。尽管最后完成了翻译任务，但是对社会公共安全的学习仍然在路上。

本书的出版离不开众位师友的大力支持和帮助。书稿的翻译和出版得到了华东政法大学政治学与公共管理学院"上海市公共管理一流学科"建设项目和"上海市公共管理Ⅰ类高原学科"建设项目的资助。感谢张明军教授、吴新叶教授组织了"剑桥·公共安全管理译丛"的翻译和出版，并不断督促翻译工作的顺利进展。特别要感谢中央编译出版社各位同仁的支持和帮助，你们专业而细致的工作促成了本书尽快面世。由于译者学识和水平所限，译文中难免仍有不足之处，希望能够得到学界同仁的批评和指正。

译者谨识
2018 年 12 月